€ 10,–

Theorien alternativen Wirtschaftens

Gisela Notz

Theorien alternativen Wirtschaftens

Fenster in eine andere Welt

Reihe
theorie.org

Schmetterling Verlag

Bibliografische Informationen *Der Deutschen Bibliothek*
Die Deutsche Bibliothek verzeichnet diese Publikation in der Deutschen Nationalbibliografie; detaillierte Daten sind im Internet über
http://dnb.ddb.de
abrufbar.

Schmetterling Verlag GmbH
Lindenspürstr. 38b
70176 Stuttgart
www.schmetterling-verlag.de
Der Schmetterling Verlag ist Mitglied von aLiVe,
der assoziation Linker Verlage

ISBN 3-89657-676-3
2., erweiterte Auflage 2012
Printed in Tschechien

Satz und Reproduktionen: Schmetterling Verlag
Druck: EuroPB

Inhalt

Vorwort ... 7

1. Kritik der bestehenden Ökonomie aus alternativ-ökonomischer Sicht ... 13
1.1. Kritik am engen Arbeitsbegriff ... 14
1.2. Was verbirgt sich hinter dem «modischen» Begriff «Care-Ökonomie?» ... 20

2. Was ist alternative Ökonomie? ... 24
2.1. Ein einheitliches Theoriegebäude gibt es nicht ... 24
2.2. Versuch einer Begriffserklärung ... 27

3. Historische theoretische Zugänge zum alternativen Wirtschaften 32
3.1. Utopische Gesellschaftsentwürfe ... 33
3.2. Anarchistische Theorien ... 38
3.3. Landauers Utopie des «Anarchismus der Tat» ... 39
3.4. Die anarchosyndikalistischen Theorien Rudolf Rockers ... 43
3.5. Sozialistische Theorien ... 45
3.5.1. Karl Marx und die utopischen Sozialisten ... 46
3.5.2. August Bebels sozialistische Realutopie ... 48
3.5.3. Rosa Luxemburg und die sozialdemokratischen Revisionisten ... 50
3.6. Die sozialistische Genossenschaftsbewegung ... 54
3.7. Das Oppenheimersche Transformationsgesetz ... 63
3.8. Gesells Theorie der natürlichen Wirtschaftsordnung ... 66

4. Theorien der 1960er und 1970er Jahre – Entstehungsbedingungen und Motive ... 71
4.1. Utopische Flucht oder revolutionärer Kampf? ... 72
4.2. Gibt es ein richtiges Leben im falschen? ... 75
4.3. Ursachen und Motive für alternatives Wirtschaften ... 78
4.3.1. Kritik an den kapitalistischen Produktionsverhältnissen ... 79
4.3.2. Der Wunsch nach Einheit von Privatleben und Arbeit ... 80
4.3.3. Fehlende Berufsperspektiven insbesondere bei AkademikerInnen ... 82
4.3.4. Scheitern der Betriebsintervention linker Gruppen in den Fabriken ... 83
4.3.5. Die neu entstehende Ökologie-Diskussion ... 84
4.3.6. Die Herausbildung der Neuen Frauenbewegungen ... 85

5. Die Konzepte der 1970er Jahre 87
5.1. StudentInnen- und Alternativbewegung 87
5.2. Selbstverwaltete Wirtschaft 90
5.3. Feministische Theorien alternativen Wirtschaftens 98
5.3.1. Subsistenzwirtschaft 103
5.3.2. Wirtschaften für das «gemeine Eigene» 108
5.4. Dualwirtschaft und Eigenarbeit 110
5.5. Ökosozialismus 113

6. Aktuelle Konzepte 117
6.1. Solidarische Ökonomie 117
6.1.1. Versuche einer Definition von Solidarischer Ökonomie 119
6.1.2. Chancen und Risiken einer Solidarischen Ökonomie 121
6.2. Gemeinwesenökonomie 123
6.2.1. Tauschökonomie 124
6.2.2. Schenk-Ökonomie und Umsonstökonomie 128
6.2.3. Selbstverwaltete Dorfläden 129
6.2.4. Vom Guerilla-Gardening zu Kommunalen Gemeinschaftsgärten 130
6.3. Commons 133

7. Die Kommunebewegungen 137
7.1. Die Kommune Niederkaufungen 145
7.2. Schäfereigenossenschaft Finkhof 155
7.3. Die Bedeutung der Kommunen aus alternativ-ökonomischer Sicht 159

8. Kritische Betrachtungen zur alternativen Ökonomie 163
8.1. Gegenferment zur Erwerbslosigkeit? 163
8.2. Selbstausbeutung oder Fremdausbeutung? 165
8.3. Alternative Wirtschaft und Neoliberalismus 168

9. Perspektiven 171
9.1. Vernetzungen 173
9.2. Blick über den nationalen Tellerrand 175
9.3. Schlussbetrachtungen 176
Literaturverzeichnis 179

Vorwort

Mit dem Buch soll eine überschaubare und zugleich fundierte Darstellung exemplarischer Theorien alternativen Wirtschaftens und ihrer Umsetzung in die Praxis geleistet werden.

Ausgangspunkt meiner Überlegungen ist, dass eine zunehmende Anzahl von Menschen unzufrieden ist mit den Arbeitsbedingungen, der Arbeitsorganisation, der Arbeitsteilung und -verteilung und auch mit den Lebensformen, den «privaten» Beziehungen bzw. mit der Möglichkeit, diese in unserer Gesellschaft befriedigend zu gestalten. Viele Schäden, die die kapitalistischen Unternehmungen an der Mit- und Umwelt angerichtet haben, lassen sich nicht wieder rückgängig machen. Angesichts des drohenden ökologischen Kollapses und der nicht erst seit dem Desaster im Golf von Mexiko immer offener zutage tretenden «Kollateralschäden» einer Wirtschaftsordnung, die mit immer aggressiveren und damit gefährlicheren Methoden Bodenschätze ausbeutet und die Mit- und Umwelt zugrunde richtet, ist die Debatte um die Zukunft der Gesellschaft auf breiter Ebene notwendig. Politik versucht, soweit sie nicht am systemimmanenten Wachstumsglauben festhält, unter Mithilfe der Wissenschaften, die unheilvolle Bedrohung durch arbeitsmarkt- und sozialpolitische Gegenmaßnahmen zu bekämpfen. Die wenigsten sind geeignet, die Ursachen der Probleme zu beseitigen. Maßnahmen gegen die «Krise der Familie» sollen letztlich die bürgerliche Kleinfamilie rekonstruieren, und Maßnahmen gegen die «Krise der Arbeitsgesellschaft» sind geeignet, feudalherrschaftliche Abhängigkeiten zu rekonstruieren. Weder die Wiederherstellung des «Normalarbeitsverhältnisses» noch die Rekonstruktion der bürgerlichen Kleinfamilie mit dem männlichen «Haupternährer» und der Hausfrau bzw. weiblichen «Zuverdienerin» werden für die Zukunft mögliche Lösungsmodelle sein, auch wenn PolitikerInnen aller Couleur darauf hoffen. Das Rad der Zeit lässt sich nicht einfach zurückdrehen.

Erwerbsarbeit führt für viele Menschen nicht mehr zur Einkommenssicherung und damit verbundenen sozialen Absicherung, für manche nicht einmal, wenn sie den ganzen Tag über erwerbstätig sind. Eine Gesellschaft, die eine so ungleiche Verteilung von Wohlstand und Teilhabe hervorbringt, kann nicht mit Reparaturmaßnahmen, die neue Ungerechtigkeiten hervorbringen oder die alten untermauern, «reformiert» werden.

PolitikerInnen, SoziologInnen und GewerkschafterInnen streiten sich angesichts der zunehmenden Globalisierung und den damit verbundenen Krisen, Massenerwerbslosigkeit und zunehmender Prekarisierung und Armut um die Variante der Zukunft *jenseits* der Arbeitsgesellschaft. Dritter Sektor, Schattenwirtschaft, Bürgerarbeit, Neues Ehrenamt und Stärkung von Selbsthilfe und «alternativer Wirtschaft» jenseits oder zwischen Markt und Staat oder gar Bürgergeld oder Grundeinkommen nach dem Motto «Wenn wir schon keine existenzsichernde Arbeit bekommen können, dann gebt uns wenigstens Geld» heißen die «neuen Modelle». Sie werden als Allheilmittel gegen die Erwerbslosigkeit und gegen die Zerstörung der Mit- und Umwelt angepriesen. Oft sind sie nur alter Wein in neuen Schläuchen. Sie ändern nichts an der sozialen Ungleichheit, forcieren neue Unterschichtungen und beruhen auf einem alten Geschlechtervertrag, der die Frauen auf die Haus- und Sorgearbeiten verweist oder/und ihnen mit Steuergeld subventionierte «personenbezogene Dienstleistungen» anbietet, um Mittel- und Oberschichten wieder Putzfrauen, GärtnerInnen und andere DienstbotInnen zur Verfügung zu stellen.

Die gegenwärtige Krise markiert das Ende einer gigantischen Wachstumsphase.[1] Der Expansionsboom basierte auf der Neuorganisation der internationalen Arbeitsteilung. Immer mehr Ressourcen, Menschen und Lebensbereiche wurden in die Warenproduktion und den Profitzwang einbezogen. Mit dem durch den Globalisierungsboom erzeugten Wohlstand und Konsum gingen in hohem Maße versteckte soziale und ökologische Kosten, Armut, soziale Unsicherheit, Hunger, Ressourcennot und Umweltkatastrophen einher. Die globale Finanzkrise verursachte seit 2007 Billionenverluste, in ihrem Gefolge gehen inzwischen Abermillionen Erwerbsarbeitsplätze verloren, ganze Industriezweige brechen weg und die Masseneinkommen sinken. Weltproduktion und Welthandel haben 2009 erhebliche Einbrüche erlitten. Auch wenn sich die Lage augenblicklich ent-

1 Wichterich 2009, S. 22.

spannt zu haben scheint, ist ein «Ende der Krise», wie sie vom bürgerlichen Lager gesehen wird, nicht in Sicht. Elmar Altvater verweist darauf, dass die Umverteilungsmaßnahmen und der Staatseingriff der Rettung angeschlagener Finanzinstitutionen und Unternehmen dienen und keineswegs dazu gedacht sind, eine gesellschaftliche Kontrolle über die außer Rand und Band geratene Wirtschaft auszuüben.[2]

Bei der gegenwärtigen Krise handelt es sich ohnehin nicht nur um eine ökonomische Krise allein. Die Krise ist auch Ausdruck der desaströsen Folgen von 200 Jahre andauerndem Industriekapitalismus mit Raubbau an unseren natürlichen Grundlagen, Vergiftung von Erde und Wasser, Luftverschmutzung und zunehmender Strahlenbelastung, Verknappung der natürlichen Ressourcen und Klimawandel mit seinen Folgen für Mensch, Tier und Vegetation.[3] Hinzu kommen die verheerenden Folgen immer wiederkehrender Kriege, die nicht zuletzt durch die weltweite Jagd nach immer knapper werdenden Bodenschätzen und anderen Ressourcen immer skrupelloser geführt werden, und umweltfeindliche und giftige Transporttechnologien, die sich ebenfalls als Klimakiller erweisen.[4] Kaum diskutiert werden die psychischen Kosten der Wachstumsorientierung der Gesellschaft. Die Kehrseite der Leistungs- und Konkurrenzorientierung bildet die zunehmende Zahl derjenigen, die den Anforderungen nicht gewachsen sind oder sie auch nicht erfüllen wollen. Wir leben also auch in einer gesellschaftlichen, ökologischen und politischen Krise. Umwelt-, Ernährungs-, Wasser-, Energie- und Rohstoff-, Beziehungs- und Sinnkrisen fordern ebenso zum Umdenken über einen radikalen Wandel auf. Es wäre höchste Zeit, die Krise als Chance zum Umdenken zu benutzen, hin zu einer anderen ressourcenschonenden Wirtschaft. Stattdessen nutzen Unternehmen die Krise als Chance zur Flexibilisierung auf Kosten der ArbeitnehmerInnen (besonders der Frauen). Allerdings ist Christa Wichterich beizupflichten, wenn sie sagt: «Ein Gutes hat diese Krise: Der Mythos, dass der Markt alles richtet und ein Win-Win-Spiel für alle sei, ist zerplatzt wie eine Spekulationsblase. Gut ist auch, dass die öffentliche Empörung darüber wächst, dass die Krise menschengemacht und der Profitlogik

2 Altvater 2009.
3 Vgl. Engert 2010b, S. 7f.
4 Vgl. Wolf 2009.

des Kapitalismus geschuldet ist»[5]. Sie plädiert dafür, dass, so wie feministische Ökonomie das Ganze von Wirtschaft und Arbeit, Produktion und Reproduktion, Haushalts- und Marktökonomie in den Blick nimmt, auch das Ganze der Krise in den Blick genommen werden muss.

Die aktuelle globale Krise bringt Menschen und ökologisches Gleichgewicht aus der Balance, verstärkt das Auseinanderklaffen zwischen Arm und Reich und lässt nicht nur linke KritikerInnen wieder stärker darüber nachdenken, wie eine Wirtschaft jenseits der marktwirtschaftlichen Krisenlogik organisiert werden müsste. Wie eine solche Alternative aussehen soll, ist jedoch weitgehend ungewiss. Denn ökologisch und sozial nachhaltige Wirtschaft schmälert (angeblich) die Profite und ist daher schwer durchzusetzen. Verstärktes quantitatives Wachstum bedeutete noch mehr Belastung der Mit- und Umwelt.

Seit den 1980er Jahren hat die neoliberale Politik mit der Parole «Weniger Staat, mehr Eigeninitiative» den Ausbau des Sozialstaates blockiert. Gefördert hingegen hat sie den Fürsorgestaat, der sich nur um die Ärmsten zu kümmern habe. Aber auch das soll möglichst in «Eigeninitiative» geschehen. Leider lehrt die Erfahrung, dass die Krise und die von ihr erzeugten Ängste die Subjekte demokratischer Veränderungen nicht zur «Eigeninitiative» anstachelt, sondern lähmt. Nur indem wir an der Kritik am Bestehenden ansetzen und über wirkliche gesellschaftliche Alternativen nachdenken und sie auch ausprobieren, kann die Krise als Chance begriffen werden, weil deutlich gemacht wird, dass der Neoliberalismus, der uns jetzt abverlangt, private Banken mit Hunderten von Milliarden Dollar oder Euro zu füttern, nicht die einzige und dazu eine unbrauchbare Lösung darstellt.

Sozialistische TheoretikerInnen glauben nicht mehr an einfache Lösungen und schon gar nicht vertrauen sie darauf, dass das System mit erneuerten technischen Lösungen oder Umweltauflagen zu retten sei, der menschliche Erfindergeist eine Lösung finden oder sich die zugrundegerichtete Umwelt von selbst wieder einrenken werde. Sie diskutieren daher verstärkt Alternativen zu einer auf Privateigentum, Profit und Ausbeutung beruhenden kapitalistischen Marktwirtschaft. Für manche scheint sich dabei der Rückgriff auf die «guten Seiten» der

5 Wichterich 2009, S. 23.

DDR-Planwirtschaft und deren Verstaatlichungspolitik anzubieten. Andere verweisen auf die umweltschädlichen Seiten auch des ehemals real existierenden sozialistischen Systems und orientieren sich an Theorien und Modellen der alternativen Ökonomie, wie sie in diesem Buch dargestellt werden. Ihnen geht es um eine Arbeitspolitik, die in Zusammenhang steht mit einer übergreifenden Politik der Bewahrung und Mehrung der Lebensqualität der Menschen.

Vorwort zur zweiten Auflage

Das Buch ist als Einführung konzipiert. Der Schwerpunkt liegt – wie es die Konzeption der theorie.org-Reihe erfordert – auf der Darstellung theoretischer Konzepte. Die beiden am Abschluss des Buches dargestellten Praxis-Beispiele sollen demonstrieren, dass es auch innerhalb des kapitalistischen Wirtschaftssystems möglich ist, Fenster in eine andere Welt zu öffnen und über lange Jahre hinweg zu zeigen: es geht auch anders. Sie haben ansteckend gewirkt. Immer wieder gibt es Neugründungen und neue Literatur zum Thema. Dass die Unterstützung von Seiten der Politik und Gewerkschaften noch immer dürftig ausfällt, zeigen versuchte Betriebsübernahmen als Genossenschaftsgründungen in jüngster Zeit. Zum Beispiel Bike Systems in Nordhausen, eine Fahrradfabrik, die 1989 den Übergang von der Planwirtschaft zur Marktwirtschaft nicht geschafft hatte, im Oktober 2007 von der Belegschaft besetzt und anschließend in Selbstverwaltung übernommen wurde, dem großes Interesse von Öffentlichkeit und Medien entgegengebracht wurde. Die ArbeiterInnen hatten in dem bereits geschlossenen Betrieb in Eigenregie und ohne Chef die Produktion von Fahrrädern wieder aufgenommen und die bekannt gewordenen knallroten Strike Bikes mit der fauchenden schwarzen Katze auf dem Lenkrad produziert. Sie bekamen Aufträge und Solidaritätsbekundungen aus aller Welt. Der Plan, eine Genossenschaft mit Einlagen der Mitarbeiter zu gründen, scheiterte schließlich am Geld. Die Thüringer Landesregierung zeigte kein Interesse, sie sah keine Möglichkeit, auf unternehmerische Entscheidungen Einfluss zu nehmen. Nach jüngsten Meldungen wurde der Textilversand Hessnatur, der ökologisch und «fair» hergestellte Produkte vertreibt, Ende Juni 2012 an den Private Equity Fonds Capvis verkauft und nicht, wie die MitarbeiterInnen, viele StammkundInnen und UnterstützerInnen erhofft hatten, an die Genossenschaft hnGeno. Dennoch ist weiter einiges in Bewegung. So planen von der Firma Schlecker entlassene Verkäuferinnen eine Genossenschaftsgündung. Man darf gespannt sein.

Das Buch beschränkt sich der Konzeption zufolge vor allem auf die Situation in Deutschland. Wobei die Theorien und die kritische Auseinandersetzung auch in andere Länder wirkten. Einen Blick über den nationalen Tellerrand mit Angaben zu weiterführender Literatur findet sich in Abschnitt 9.2. Gerade in den lateinamerikanischen Ländern gibt es viele neue Beispiele. Sie sollten zu weiteren Forschungen anregen, in deren Rahmen theoretische Konzepte und praktische Beispiele sinnvoll verbunden werden.

1. Kritik der bestehenden Ökonomie aus alternativ-ökonomischer Sicht

Nach wie vor dominiert – offensichtlich europaweit – das Verständnis, dass wirtschaftliches Wachstum zwangsweise mit steigendem Ressourcenverbrauch verbunden sein muss. AkteurInnen der alternativen Wirtschaft bezweifeln die Zukunftsfähigkeit dieses Konzepts. Drängende Probleme wie Klimawandel und Zerstörung der Mit- und Umwelt bestätigen ihre Zweifel. Eine zukunftsfähige Wirtschafts- und Lebensweise muss an Prinzipien der Nachhaltigkeit und Ressourceneffizienz ausgerichtet sein. Dabei darf Nachhaltigkeit nicht nur die Verknüpfung von wirtschaftlichen, ökologischen und sozialen Aspekten umfassen, sondern muss auch die politischen und gesellschaftlichen Dimensionen des (Zusammen-)Lebens erfassen. Die Frage, welcher institutionellen Regelungen es bedarf, um den Übergang von der auf rasches Wachstum programmierten Wirtschaft bisherigen Typs zu der in Umrissen erkennbaren alternativen wirtschaftlichen Entwicklung ohne Gefährdung der Stabilität des gesellschaftlichen Gesamtgefüges zu gewährleisten, wird schon länger gestellt. Knut Borchardt schrieb 1973 zu den «Perspektiven der Wachstumsgesellschaften»: «Es ist schwer vorstellbar, wie innerhalb dieser Gesellschaften eine regionale oder gar globale Zähmung der Expansionsprozesse durchgeführt werden könnte. Man sollte eigentlich erwarten, dass nur prinzipiell andere Gesellschaftsmodelle ökonomische Zustände produzieren können, die im Hinblick auf die zum Ideal erhobenen Ziele gezügelten Wachstums angemessener sind»[6]. Darauf wollen die VertreterInnen der alternativen Ökonomie nicht warten. Die praktischen politischen Entscheidungsverfahren stellen für einen Übergang zu einer alternativen Produktions- und Konsumweise auf breiter Ebene auch weiterhin einen Hemmfaktor dar.

6 Borchardt 1973, S. 163.

1.1. Kritik am engen Arbeitsbegriff

Im Zusammenhang mit der Debatte um die «Zukunft der Arbeit» ist der Bereich der alternativen Ökonomie zu einem diskussionswürdigen wirtschaftlichen Sektor geworden. In den aktuellen Diskussionen um Alternativen und um Nachhaltigkeit geht es immer noch vor allem um betriebsbezogene Lösungen, die möglichst nicht mit einzelwirtschaftlichen Unternehmenszielen und Interessen der Arbeitnehmer an Einkommen und sozialer Sicherheit kollidieren dürfen. Die Haus-, Pflege- und Sorgeökonomie und ökonomische Prozesse in der informellen Ökonomie oder im «Non-Profit-Bereich» bleiben überwiegend unerwähnt. Auf welchem Wege das Ziel der gleichberechtigten Verknüpfung der drei Säulen der Nachhaltigkeit (Wirtschaft, Umwelt, Soziales) erreicht werden soll, bleibt ohnehin weitgehend unklar.[7]

Wenn Alternativen nicht nur für eine «sekundäre Ökonomie», sondern für «das Ganze» entwickelt werden sollen, wird es notwendig, den Blick auf die «Arbeit als Ganzes» zu richten. Das heißt, Arbeit ist nicht nur als die instrumentell gebundene, mehr oder weniger gut entlohnte zielgerichtete Tätigkeit in Produktion und Dienstleistung zu verstehen, sondern Arbeit findet ebenso außerhalb der Lohnarbeit (oder einer anderen das Einkommen sicherstellenden Erwerbsarbeit) statt. Arbeit ist auch Haus- und Sorgearbeit, Erziehungsarbeit, Pflegearbeit für Alte, Kranke und Behinderte, unbezahlte Konsumarbeit, Subsistenzarbeit, bürgerschaftliches Engagement, ehrenamtliche politische, soziale und kulturelle Arbeit, unbezahlte Arbeit in Selbsthilfegruppen und andere «Gratisarbeit». Diese Arbeiten werden traditionell nicht unter den Begriff Arbeit subsumiert, weil sie dem «Reich der Freiheit», das dem «Reich der Notwendigkeit» entgegengesetzt wird[8], zugeordnet sind. Sie werden jenseits der materiellen Produktion geleistet und werden aufgrund der geschlechtshierarchischen Arbeitsteilung immer noch wesentlich von einem Geschlecht erwartet und auch meist ge-

---

7 Vgl. Notz 2003, S. 424.

8 Karl Marx formulierte diese Trennung eindeutig: «Das Reich der Freiheit beginnt in der Tat erst da, wo das Arbeiten, das durch Not und äußere Zweckmäßigkeit bestimmt ist, aufhört; es liegt also der Natur der Sache nach jenseits der Sphäre der eigentlichen materiellen Produktion» (MEW Bd. 25, Berlin 1978, S. 828).

leistet. Wir leben in einer Gesellschaft, die eine ungleiche Verteilung von bezahlt und unbezahlt geleisteter Arbeit, von Wohlstand und Teilhabe hervorbringt.

Der hier verlangte Blick auf die «ganze Arbeit», der die «Arbeit des Alltages» als Grundvoraussetzung des Wirtschaftens einschließt, wird nur in der alternativen Wirtschaft geleistet.

Eine Neubewertung und Neuverteilung, wie sie hier vorgeschlagen wird, setzt auch voraus, dass die ökologische Dimension und die Sinnhaftigkeit der Arbeit hinterfragt wird. Das erfordert die Frage zu stellen, welche Arbeiten in den verschiedenen Arbeitsbereichen wünschenswert, sinnvoll und gesellschaftlich nützlich sind. Daher sind Tätigkeiten, die der Zerstörung der Umwelt und der zwischenmenschlichen Beziehungen sowie kriegerischen Auseinandersetzungen dienen, in einem alternativ-ökonomischen Arbeitsbegriff nicht enthalten. Diese Tätigkeiten sind in der bestehenden Wirtschaftsordnung meist mit großer gesellschaftlicher Anerkennung verbunden und werden zumeist gut entlohnt. Nach den Kriterien gesellschaftlich sinnvoller und nützlicher Arbeiten fallen sie nicht unter Produktionsarbeiten und gehören auch nicht zu den Reproduktionsarbeiten. Zerstörerische Arbeiten sollen hier zum Bereich der Destruktion – in Abgrenzung zum Begriff Produktion – gezählt werden. Arbeit in Initiativen, die sich gegen Destruktion wenden, wäre gesellschaftlich nützliche Arbeit und daher unter die Reproduktionsarbeiten zu subsumieren. Betriebliche Initiativen zur Konversion von Vernichtungs- und Rüstungsindustrie gehören selbstverständlich in den Bereich der Produktionsarbeiten, ggf. sind sie der alternativen Ökonomie zuzuordnen.

Die Schwierigkeiten einer Abgrenzung zwischen Destruktion und Produktion – wie auch zwischen Produkt und Destrukt – liegen in der moderneren Technikgesellschaft auf der Hand und sind auch für die Alternativökonomie nicht von der Hand zu weisen. Betrachten wir das unter ökologischen Gesichtspunkten viel diskutierte Auto: Es kann Gebrauchsgegenstand für den Menschen sein, mit dem er schneller von Ort zu Ort kommt, auch Schutzraum gegen Männergewalt und damit Vehikel für persönliche Freizügigkeit (z. B. Nachttaxi), aber auch – global betrachtet – Instrument von Umweltvernichtung. Trotz seiner situativen Vieldeutigkeit ist das Auto, wie zahlreiche andere technische Instrumente, nach meiner Definition kein Produkt, sondern ein Destrukt. Freilich bedarf eine Ablehnung des Autos als Destrukt nicht nur alternativer Verkehrs- und Stadtplanung, sondern auch einer Konversion des Automobilsektors für gesellschaftlich nützliche Zwecke und anderer Fortbewegungsmittel, damit Arbeitsplatzverlust auf breiter Ebene verhindert wird. Diese Chance ist angesichts der aktuellen Krise versäumt worden. Selbstverständlich kann die Ausgrenzung aus der Typologie von «Arbeit» nicht zum Verschwinden von Destruktion und erzeugten Destrukten führen. Wenn der Anspruch, die Lebensqualität für alle Menschen und die Lebensgrundlagen künftiger Generationen zu sichern, ernst genommen wird, wird Umdenken auf breiter Ebene dringend notwendig. Auch ein Vollwert-Öko-Kuchen kann unter psychisch und physisch krank machenden, menschenunwürdigen Arbeitsbedingungen gebacken werden und die nach den Kriterien humanisierter Arbeitsbedingungen gestaltete kleine Fabrik wird zum Destruktionsapparat, wenn dort Kriegsmaterial produziert wird.

Ein Arbeitsbegriff, der sich auf die Analyse des gesamten Spektrums von Arbeit bezieht, unabhängig von der Entlohnung, muss auch von verschiedenen Arbeitsorten ausgehen: Neben Industriebetrieben, kleinen und mittleren Unternehmen, Verwaltungen und Projekten und Betrieben aus der Alternativökonomie sind das Einrichtungen im Sozial- und Gesundheitsbereich, Wohlfahrtsorganisationen, Vereine und Verbände, die bürgerschaftliches Engagement und ehrenamtliche Arbeit organisieren, Projekte der sozialen Bewegungen und freilich auch Familien oder andere Wohn- und Lebensgemeinschaften, in denen Haus- und Sorgearbeit organisiert wird. Ein solcher Arbeitsbegriff erfordert einen erweiterten Begriff von Wirtschaften, der Erwerbs-, Gemeinwesen-, Versorgungs-, Subsistenz- und Haushaltsökonomie einschließt und gleichgewichtig betrachtet. Es geht also nicht nur um einen neuen Arbeitsbegriff, sondern um einen neuen Begriff von Wirtschaft, der alle ökonomischen Bereiche beinhaltet, den Aufbau gemeinschaftlicher, kollektiver Strukturen, in denen die Menschen wieder selbstverantwortlich tätig werden können, als wichtige Arbeit berücksichtigt und den Zusammenhang zwischen unbezahlter und bezahlter Arbeit herstellt sowie die Trennung zwischen ökonomischen und (scheinbar) außerökonomischen Bereichen überwindet. Die bestehenden Geschlechterverhältnisse sind so strukturiert, dass die in der Familie und anderen Lebensformen sowie sozialen Organisationen geleistete unbezahlte Arbeit (meist Frauenarbeit) Marktaktivitäten (meist Männerarbeit) überhaupt erst möglich macht. Andererseits sind die bezahlt geleisteten Marktaktivitäten Voraussetzung für die angebliche Unbezahlbarkeit der Haus-, Sorge- und Fürsorgearbeiten. Wesentliche wirtschaftliche Zusammenhänge können daher nicht verstanden werden, wenn der Blick nicht auf die gesamte Ökonomie und die Arbeit als Ganzes gerichtet wird und wenn die unterschiedlichen Arbeits- und Lebenssituationen von Frauen und Männern in den verschiedenen Bereichen nicht in Betracht gezogen werden. Auch die Auseinandersetzung zwischen Kapital und Arbeit findet nicht alleine im Innern der Fabrik statt.

Dass ein erweiterter Arbeitsbegriff auch einen anderen Streikbegriff erfordert, bedarf eigentlich keiner Erklärung. Ein solcher Streikbegriff richtet sich auf die Verweigerung der (jetzt) bezahlt und der (jetzt) unbezahlt geleisteten Arbeit in Produktion und Reproduktion, also auf die Verweigerung der ganzen Arbeit zu Hause, in der Fabrik, im Büro und anderswo. Diesen Zusammenhang herzustellen ist – das sei selbstkritisch vermerkt – auch nicht beim Frauenstreiktag am 8. März 1994 gelungen; zumal die Gewerkschaften nicht zu betrieblichen Streiks aufgerufen haben und der DGB mit dem «FrauenProtestTag», verbunden mit eigenen Plakaten, eigene Pfade trampelte.[9] Für eine Neuauflage der Generalstreikdebatte, wie sie von linken Gewerkschaftern aktuell gefordert wird[10], hieße das aber auch, dass neben allen Organisierten auch Nichtorganisierte, neben allen Erwerbstätigen auch «kleine Selbstständige» und «Soloselbstständige» (die meist weder Produktionsmittel besitzen, noch andere Menschen für sich arbeiten lassen), Menschen aus der Schatten- und Alternativwirtschaft, aus der lokalen Ökonomie und der Hauswirtschaft, aus bürgerschaftlichem Engagement und ehrenamtlicher Arbeit und auch Erwerbslose in die Strategien einbezogen werden müssen. Ohne Allianzen zwischen verschiedenen gesellschaftlichen Kräften – Politik, Gewerkschaften, Wohlfahrtsverbänden, sozialen Bewegungen, Frauenverbänden – und ohne die Kooperation zwischen verschiedenen AkteurInnen werden Streikaufrufe keine Wirksam-

9 Vgl. Unabhängiger Frauenverband Berlin 1995.
10 Vgl. z.B. Sauerborn 2009.

keit haben. Freilich kann ein Massenstreik heute, ebenso wenig wie früher, «generalstabsmäßig von oben» verordnet werden.[11] Und selbstverständlich müssen die Streikforderungen verbunden werden mit konkreten Utopien für Leben und Arbeit ohne Unterdrückung von Menschen durch Menschen.

Aus alternativ-ökonomischer Sicht wird eine Wissenschaftskritik notwendig, die den traditionellen Begriff «Arbeit» kritisiert und als völlig falsch entlarvt. Die bloße Erweiterung um Reproduktionsarbeiten reicht dennoch nicht. Die Kritik der Arbeit in kapitalistischen Verhältnissen zielt über die Forderung nach Einbeziehung aller jetzt unbezahlt geleisteten Arbeiten in die Lohnform hinaus. Es geht auch um eine Kritik an der Lohnförmigkeit der jetzt bezahlt geleisteten Arbeit und der Abhängigkeit der bloßen Existenz vom gezahlten Lohn. Und diese Kritik muss geschlechtsspezifisch geführt werden. Unter diesem Aspekt ist das Phänomen Arbeit zweifach zu analysieren. Einmal unter dem Aspekt einer funktionalisierten, d. h. entpersonalisierten Form, bei der es um den optimalen Einsatz der Arbeit zur wirtschaftlichen Zielerreichung geht, zum anderen in einer personalisierten, d. h. entfunktionalisierten Form, bei der die TrägerIn der Arbeit, also die ArbeiterIn/AkteurIn, im Mittelpunkt der Analyse steht. Die Kritik muss auch die Inhalte aller Arbeitsbereiche erfassen. Sie muss auch die Scheidung zwischen dispositiven Faktoren (Planung, Anweisung, Organisation, Kontrolle) und ausführenden Faktoren in allen Arbeitsbereichen enthalten, ebenso wie sie die Ausrichtung auf lebenslange Ganztagsarbeit (für Männer) kritisieren muss, wie die Ausrichtung auf lebenslange Sorgearbeit (für Frauen). Neben die Problematisierung inhumaner fremdbestimmter Arbeitsbedingungen in der Produktionsarbeit muss die Problematisierung des kommunikationslosen Charakters der Arbeit in den isolierten Küchen treten, die ebenso wie viele Formen der «Eigenarbeit» und nicht marktvermittelter Versorgungsarbeit vom toten Kapital definiert wird, genauso wie die Arbeit in der großen und kleinen Fabrik.

Die Kritik muss auch die herrschenden Arbeitsbedingungen erfassen, die sich sowohl auf die bezahlt geleisteten Arbeiten in Produktion und Verwaltung als auch auf die Organisation, Struktur und Verteilung der unbezahlten Haus- und Sorgear-

---

11 Vgl. Luxemburg 1972, S. 142f.

beiten in der Familie und anderen Lebensformen beziehen. Darauf, dass die Probleme der fremdbestimmten, an den Verwertungsinteressen der Kapitaleigner orientierten Bedingungen des Wirtschaftens nicht alleine durch veränderte Bedingungen in der Erwerbsarbeit gelöst werden können, hat nicht nur die soziologische Frauenforschung seit langem hingewiesen. Ebenso wenig können die Probleme, die die geschlechterhierarchische Arbeitsteilung mit sich bringt, *alleine* mit veränderten Bedingungen in Produktion und Verwaltung und mit der Einbeziehung der Frauen in diese Arbeitsbereiche gelöst werden, das wird am Beispiel der Nachkriegsgeschichte der Frauenarbeit in den fünf neuen Bundesländern deutlich.

Die Funktion der Familie als Platzanweiser für die Rollenverteilung im Reproduktionsprozess – wie sie bereits die Frühsozialisten erkannt haben – blieb unangetastet. Sie wurde in der DDR als «kleinste Zelle des sozialistischen Staates» als einzige Form des Zusammenlebens angesehen, im Familiengesetzbuch verankert und gefördert[12]. Ein struktureller Wandel hinsichtlich der geschlechtshierarchischen Arbeitsteilung in Betrieb und Familie oder hinsichtlich der Struktur der Familie insgesamt unterblieb in der realsozialistischen DDR jedoch ebenso wie im kapitalistisch-patriarchalen System der Bundesrepublik, das die Familie unter den besonderen Schutz der staatlichen Ordnung stellt (Art. 6, Abs. 1 GG). DDR-Forscherinnen sprechen daher vom «sozialistischen Patriarchat»[13]. Die Verschränkungen und Widersprüche patriarchaler Strukturen zu analysieren ist auch eine Aufgabe der AkteurInnen alternativer Wirtschaft. Sie könnte Grundlage für Maßnahmen sein, um bestehende geschlechtsspezifische Diskriminierungen zu beseitigen.

In der wiedervereinigten Bundesrepublik wird Wirtschaft fälschlicherweise immer noch oft mit «Marktwirtschaft» gleichgesetzt. Dies obgleich alle modernen Wirtschaftsmodelle aus einer Mischung zwischen privatem, öffentlichem und genossenschaftlichem bzw. Non-Profit-Sektor bestehen. (Nicht nur) die Frauenforschung hat immer wieder darauf hingewiesen, dass ein Großteil menschlicher Bedürfnisse nicht durch die Markt-

12 Familiengesetzbuch der Deutschen Demokratischen Republik vom 20. Dezember 1965 in der Fassung des Einführungsgesetzes zum Zivilgesetzbuch der Deutschen Demokratischen Republik vom 19.Juni 1975.

13 Schröter/Ullrich 2004.

wirtschaft befriedigt wird, sondern durch unbezahlte Arbeit, die weit überwiegend durch Frauen geleistet wird. Feministinnen haben aus unterschiedlichen Positionen heraus schon lange die Selbstzerstörung globaler und tendenziell totaler Vermarktung kritisiert und sich für Alternativen eingesetzt.[14]

Organisation und Verteilung der Arbeit werden keinesfalls durch «den Markt» alleine geregelt. Organisation und Verteilung der Arbeit werden sowohl durch private Wirtschaft, Staat, selbstorganisierte Gemeinschaften und Kollektive und private Haushalte (Familien und andere Zusammenlebensformen) geregelt. Wie oben gezeigt, umfasst Arbeit landwirtschaftliche, handwerkliche, technisch-wissenschaftliche, künstlerische, sorgende und versorgende Tätigkeiten. Die verschiedenen Arbeitsorte bestimmen darüber, ob die dort arbeitenden Menschen ihre Existenz selbständig sichern können, ob sie sich ihre sozialen Lebensbedingungen schaffen können und ob sie ihre gesellschaftlichen Lebensbedingungen bewusst und ihren Bedürfnissen entsprechend gestalten können. Unter kapitalistisch-patriarchalen Produktionsbedingungen bleibt die Gestaltung der Erwerbsarbeit den Gesetzen der Profitmaximierung überlassen. Daran ändern alle Bemühungen zur Humanisierung des Arbeitslebens[15], so notwendig sie zweifelsohne sind, nichts. Sie bleiben reformistische Strategien, vor allem dann, wenn sie unter Arbeit nur die bezahlte Erwerbsarbeit fassen und alternative Betriebsstrukturen außer Acht lassen.

1.2. Was verbirgt sich hinter dem «modischen» Begriff «Care-Ökonomie?»

Der Begriff Care-Ökonomie bezieht sich auf alle bezahlt und unbezahlt geleisteten Tätigkeiten, bei denen Menschen für andere sorgen oder für die alltägliche Versorgung anderer Menschen zuständig sind. Diese Tätigkeiten beziehen sich auf die Umwandlung von standardisierten und industrialisierten Gütern und Dienstleistungen für einen den unterschiedlichsten Be-

14 Vgl. Möller 1997, Notz 1991.

15 Zu HdA: vgl. Fricke/Notz/Schuchardt 1982.

dürfnissen angepassten täglichen Verbrauch innerhalb und außerhalb des Haushalts, auf das Aufziehen von Kindern, auf die Pflege von Menschen und andere Formen von Beziehungsarbeit. All diese Tätigkeiten und die Art und Weise, wie sie getan werden, machen einen wesentlichen Teil des Lebensstandards einer Gesellschaft aus.[16] Die Arbeitsabläufe für die Care-Ökonomie sind weit weniger planbar als im übrigen Produktionsbereich. Mascha Madörin kritisiert, dass auf Grund der Borniertheit der Wirtschaftstheorien das ökonomische Merkmal «Care», also «Sorge», in Statistiken nicht berücksichtigt wird, deshalb könne auch der Zeitanteil, der auf solche Tätigkeiten entfällt, nur geschätzt werden.[17]

Schilliger führt diese Nichtbeachtung in der Statistik vor allem darauf zurück, dass diese Arbeiten – trotz der Forderungen der Neuen Frauenbewegung «Das Private ist politisch» – als «Privatsache» taxiert werden – jedenfalls so weit es sich um unbezahlte Care-Arbeiten handelt.[18] Auch das hängt mit dem verengten Arbeitsbegriff zusammen. Care-Ökonomie wird in ihrer bezahlt und unbezahlt geleisteten Form hauptsächlich durch Frauen geleistet. Madörin schätzt, dass in der Schweiz vier Fünftel der gesamten Arbeitsstunden von Frauen auf diese Arbeiten entfallen, bei den Männern sind es zwei Fünftel. Etwa ein Zehntel der Erwerbsarbeitsstellen der Männer gehören zur Care-Ökonomie, bei den Frauen etwa ein Drittel. Das unbezahlte Volumen ist in der Schweiz siebenmal größer als das bezahlte. Das ist in der BRD nicht anders. Für das unbezahlte Arbeitsvolumen wird mit dem Ruf nach Gemeinsinn geworben, das bezahlte fällt mehr und mehr dem Sozialabbau zum Opfer. Und angesichts der aktuellen globalen Krise breitet sich die Care-Ökonomie immer weiter aus. Die unbezahlten Care-Arbeiten nehmen in dem Maße zu, wie sie im bezahlten Bereich abgebaut werden. Aus dem siebten Familienbericht der Bundesregierung (BRD) geht es hervor: Wir stehen vor einer «kopernikanischen Wende» bezüglich der Gestaltung von «Care», weil die Rückkehr zur ehemaligen Geschlechterlösung des Ernährermodells in demokratischen Gesellschaften nicht mehr möglich sei. Konstatiert wird dennoch: «Diese Entwicklungen [Zunahme der Care-Ar-

---

16 Madörin 2001, S. 41.

17 Madörin 2001.

18 Schilliger 2010.

beit] betreffen immer noch vorrangig den weiblichen Part in der Familie, wiewohl die Beteiligung der männlichen Seite langsam zunimmt.»[19] Frauen werden also trotz zunehmender Erwerbstätigkeit weder vom Staat noch von den Männern von der enormen Gratisarbeit entlastet. Der Ausbau einer öffentlichen Care-Infrastruktur bleibt aus. Verbreiteter scheinen, zumindest für besser verdienende Familien, neue Dienstbotinnenmodelle, durch die weiße deutsche Frauen auf Kosten von Frauen, die illegalisiert leben oder aus den armen Ländern der Welt kommen, begünstigt werden.

Das ist eine schlechte Lösung des Problems, denn so werden auch diese Arbeiten weiter privatisiert. Care-Arbeit wird kommerzialisiert und verwandelt sich zu einer äußerst schlecht bezahlten Ware, die man auf dem Dienstleistungsmarkt «einkaufen» kann. Das führt nicht nur zur Beibehaltung der geschlechtsspezifischen Arbeitsteilung, sondern auch zu neuen Unterschichtungen (auch) unter Frauen. Was Lily Braun bereits um die Jahrhundertwende schrieb, gilt auch heute noch: «Der Arbeiter verkauft einen, wenn auch den allergrößten Teil seiner Arbeitskraft, der Dienstbote verkauft seine Person.»[20] Und heute gibt es keine Dienstmädchenvereine, die – wie im Zusammenhang mit der «alten» Frauenbewegung – für mehr Rechte dieser extrem ausgebeuteten Frauen kämpfen. Die Frage, ob unter emanzipatorischen Gesichtspunkten eine Ausweitung des Beschäftigungsfelds von Dienstboten überhaupt wünschenswert ist, wird nicht mehr diskutiert, im Gegenteil: Die Rückkehr der Dienstbotengesellschaft wird als Innovation gefeiert. Dass die Pflege von hilfsbedürftigen Menschen und die Erziehung von Kindern professionell ausgebildetes Personal, das dann auch entsprechend zu entlohnen ist, voraussetzt, wird dabei total außer Acht gelassen, ist aber eine Binsenweisheit.

Wenn die Rollenaufteilung zwischen Hauptnährer und Hausfrau bzw. Zuverdienerin in kleinfamiliären Lebensformen nicht bzw. nur auf Kosten anderer Frauen aufzuweichen ist, wird es notwendig, die Kritik an der kleinfamiliären Lebensform, wie sie Anfang der 1970er Jahre (in der BRD) geführt wurde und wie sie in die Konzepte einiger Kommunen aufgenommen worden

19 BMFSFJ 2006, S. 170.

20 Braun 1979, S. 46.

ist,[21] ebenso zu diskutieren wie die Kritik an der betrieblichen Arbeitsorganisation und am Arbeitsbegriff[22].

Konstruktive Kritik an traditionellen Wirtschaftskonzepten und an der kapitalistisch-patriarchalen Arbeitsgesellschaft kann nur unter den Bedingungen einer Zielvorstellung, also einer Vorstellung vom anderen, besseren Leben und von sinnvoller Lebens-Arbeit erfolgen. Schließlich geht es um die Aufhebung der entfremdeten Arbeit in allen Arbeitsbereichen und um die Teilhabe von Männern und Frauen am ganzen Leben. Der Kritikbegriff muss daher mit einem neuen Utopiebegriff zusammengebracht werden. Es gilt der Frage nachzugehen, wie und mit welcher Zielvorstellung wir in der Zukunft (zusammen) leben und (gemeinsam) arbeiten wollen. Und es muss auch danach gefragt werden, was wir für das «gute Leben» brauchen. Es kann dabei nicht um Arbeit um jeden Preis gehen, sondern es muss auch darum gehen, was und wieviel unter welchen Bedingungen, mit wem und für wen produziert werden soll. Es gilt, Kritik an den Berufsstrukturen ebenso zu üben wie an den Strukturen der Familie. Das hieße, eine Verallgemeinerung der gesellschaftlichen Gesamtarbeit (bezahlter und unbezahlter, auch gemeinwesenorientierter und ehrenamtlicher Arbeit) auf alle anzustreben, ebenso wie ein Recht auf existenzsichernde, sinnvolle und selbstbestimmte Arbeit für alle Menschen, die das wollen. Erst dann könnten die befreienden Dimensionen nichtmarktförmiger Arbeit ohne zusätzliche Ausbeutung Wirklichkeit werden. Ziel wäre eine Arbeit, die so gestaltet ist, dass Erwerbsarbeit, Hausarbeit und die Arbeit im sozialen, politischen, kulturellen, künstlerischen und gemeinwesenorientierten Bereich kollektiv organisiert und gleich wichtig sind. Und – das «gute Leben» muss für alle gelten und darf nicht auf Ausbeutung der «Dritten Welt», der Natur oder der Frauen basieren. Auch nicht auf der Ausbeutung der Zukunft, also der nächsten Generation.

---

21 Siehe Kapitel 7.1. in diesem Buch.

22 Vgl. Notz 2006a.

2. Was ist alternative Ökonomie?

Die Sorge, Verantwortung und Hilfe für menschenwürdiges Leben von Kindern, Jugendlichen, Kranken und alten Menschen könnte in einen Arbeitsbegriff, der die ganze Arbeit umfasst, integriert werden. Dies wäre eine Gesellschaft, in der die «freie Entwicklung eines jeden die Bedingung für die freie Entwicklung aller ist».[23] Eine solche Gesellschaft ist bis heute Utopie. Aber es ist heute genauso wichtig wie im 19. Jahrhundert, konkrete Utopien zu entwickeln, denn ohne Utopien – ohne die Vorstellung von einer anderen, besseren, friedlichen Gesellschaft in den Köpfen der Menschen, werden sie auf der Stelle treten oder es besteht die Gefahr, dass die viel zitierten «kleinen Schritte» im Kreis herumführen oder an eine Stelle, zu der diejenigen, die nach dem «guten Leben» suchen, wirklich nicht hinwollen. Konstruktive Kritik an der kapitalistisch-patriarchalen Arbeitsgesellschaft kann nur unter den Bedingungen einer Zielvorstellung, also einer Vorstellung vom Anderen, Besseren, vom vielzitierten «Guten Leben» oder der anderen Welt, von deren Möglichkeit immer mehr Menschen überzeugt sind, geübt werden.

2.1. Ein einheitliches Theoriegebäude gibt es nicht

Alternative Wirtschaft kann Vieles sein. Bis heute gibt es kein einheitliches Theoriegebäude im bisher üblichen Verständnis eines geschlossenen Denkmodells zu einer alternativen Ökonomie. Es gibt viele verschiedene historische und aktuelle Theorieansätze, und auch die Akteurinnen selbst haben aus ihren Erfahrungen Ansätze entwickelt, die lohnende Anknüpfungspunkte sind[24]. Carola Möller verweist darauf, dass es zu bedenken sei, ob ein einheitlicher Theorieansatz überhaupt erstrebenswert sei oder ob es nicht vielmehr darum gehen sollte, «prozessorientierte Handlungsweisen aufzuzeigen, um wechselnde Hand-

23 Marx/Engels, Manifest, MEW 4, S. 482.

24 Z. B. Kollektiv KommuneBuch 1996.

lungssituationen und die Interpretation von Handeln bzw. situationsbedingte Zusammenhänge zwischen Handlungsbedingungen und Handeln auszumachen.»[25] Sie plädiert für theoretische Erkenntnisse, die den Charakter eines Patchworks von flexibel sich ergänzenden Theorieteilen haben. Um eine theoretische Beliebigkeit zu vermeiden, müsste nach ihrer Meinung allerdings eine Anbindung an «marktkritisch formulierte Wirtschaftsziele» geschehen. Durch «Teil-Erkenntnisse» würde es möglich, «auf die erstrebenswerte Vielfalt solidarischen Wirtschaftens, auf Veränderungen und qualitative Weiterentwicklungen zu reagieren.» Das klingt plausibel, erweist sich aber deshalb als schwierig, weil die «Teilerkenntnisse» oft gar nicht miteinander kompatibel sind und weil VertreterInnen einzelner «Richtungen» immer wieder behaupten, ihr Zugang sei der einzig richtige und alle anderen würden doch nur mit einem roten oder grünen Mäntelchen überdecken, was eigentlich der neoliberalen Politik ganz gut ins Konzept passt. So behaupten TheoretikerInnen mit verschiedenen, zum Teil konträren Ansätzen gleichermaßen, den *einzigen* richtigen ganzheitlichen Gesellschaftsentwurf für ein Leben in einer Welt ohne Ausbeutung und Zerstörung und zudem eine sanfte Umleitung auf Wege hin zur Verwirklichung gefunden zu haben. Kein Wunder, dass sich manche «sanfte Umleitung» als eine Einbahnstraße, die als Sackgasse endet, erweist. Gemeinwesenorientierte Projekte, Solidarische Ökonomie, Arbeit im «Dritten Sektor» oder im «Dritten System», Aktivitäten im Selbsthilfebereich, vor allem im Sozial- und Gesundheitsbereich, Bürgerarbeit und bürgerschaftliches Engagement sind soziale «Erfindungen» der letzten Jahre.[26] Oft sind sie nur alter Wein in neuen Schläuchen. Sie sollen helfen, dem Sozialstaat Kosten zu sparen, Arbeitskräfte, die im marktwirtschaftlichen Sinne «nichts wert» sind, versorgen und dienen letztlich dem Fortbestand bzw. der Festschreibung sozialer Ungleichheiten.

Ein Teil der Schwierigkeiten der Gegenkulturbewegungen resultiert möglicherweise aus einer gewissen Theoriefeindlichkeit oder aber auch aus der Tatsache, dass die Praxis alternativen

25 Carola Möller: Theoretische Zugänge zu Solidarischer Ökonomie aus feministischer Sicht. http://www.coforum.de/?197. (Zugriff: 23.8.2009).

26 Notz 1999a.

Handelns (scheinbar) zu wenig Zeit und Raum für die theoretische Hinterfragung lässt. Damit ist dann nicht selten ein unhistorisches Vorgehen verbunden, durch das verhindert wird, dass aus den Erfahrungen vorhergehender Generationen Schlüsse für die eigenen Aktivitäten gewonnen werden können. Stattdessen werden allzu oft affektive und emotionale Reaktionen an die Stelle von bewussten Strategien und klaren Zielen gesetzt. Die Gefahr, dass sich die Bemühungen um eine bessere Zukunft in romantischen Träumen und Abkehr von der Realität verlieren, ist unter diesen Bedingungen groß. Andererseits geht es bei der alternativen Ökonomie darum, auch hinter einer problematischen Wirklichkeit bessere Möglichkeiten zu suchen und Handlungswege zu eröffnen. Das geht oft nicht ohne extreme Belastungen. Denn das Problem, dass auch «Alternative» Geld brauchen, um ihre Existenz zu sichern, darf nicht außer Acht gelassen werden. Ebenso wie «der (oder die) Alternative» kein Kollektivsubjekt ist, kann schon gar nicht eine Kollektiv-Identität in einer Gesellschaft vermutet werden, die wirkliche Identität immer wieder zu verhindern weiß. Die Alternativbewegung hat sich in den letzten Jahrzehnten immer weiter ausdifferenziert. Daraus den Schluss zu ziehen, dass alles gleich gültig ist, wäre fatal, denn es hieße auch, dass es gleichgültig ist, welche der vielfältigen neuen Lebensstile, Bedürfnisse und Interessen oder Lebens- und Arbeitsperspektiven in unserer Multioptionsgesellschaft als alternativ gelten. Notwendige Reflexion über die Inhalte und Ziele der politischen Arbeit und deren Wirksamkeit würden unterbleiben. Vielfältige Bemühungen können keine einheitlichen politischen Strategien ersetzen, die mit eindeutigen Zielen verbunden werden müssen. Auch dafür braucht es verallgemeinerbare Theorien.

Ohne Zweifel haben die Akteure der alternativen Ökonomie unterschiedliche Vorstellungen und Wünsche, und vielfältige Sozialisations- und Lebenserfahrungen prägen ihre Gesichter, ihr Denken und ihr Tun. Ebenso verschieden sind ihre Interessen, aber vor allem ihre Möglichkeiten, Konzepte zu entwickeln und dann mit anderen gemeinsam zu verwirklichen. Dies vor allem deshalb, weil die ihnen im Blick auf ihre Lebensgestaltung offenstehenden Optionen zunehmend enger werden. Eine weitere Schwierigkeit bei der Entwicklung von Theorien alternativer Ökonomie ist, dass es nicht wünschenswert, ja unmöglich ist, sie von der politischen Praxis abzuspalten. WissenschaftlerInnen, die sich mit alternativer Ökonomie beschäftigen, müssen ebenso wie die durch sie entwickelten Theorien geeignet sein, die AktivistInnen in den verschiedenen gesellschaftlichen Bereichen in ihrem politischen Engagement zu ermutigen und ihre Aktionen zu unterstützen. Es gilt, neu zu denken, anders zu denken und zu handeln, an den Analysen und praktischen politischen Erfahrungen der Bewegungen anzusetzen und lebbare, reale Utopien im Hier und Jetzt zu entwickeln und zu erproben.

Für die beteiligten WissenschaftlerInnen heißt das, dass TheoretikerInnen ohne politische Praxis überflüssig sind. Die gewonnenen Erkenntnisse und Erfahrungen können nur gemeinsam mit den AktivistInnen, die in den Betrieben und Projekten zu finden sind, verallgemeinert und weitervermittelt werden. Die daraus entwickelten theoretischen und praktischen Konsequenzen werden an der erlebten Handlungspraxis der Bewegungen anknüpfen. Mit ihrer Umsetzung wird hier und heute begonnen. So verstandene Zusammenarbeit zwischen Theorie und Praxis könnte zum Motor für neue Ideen und widerständige Praxis gegen die herrschenden Verhältnisse werden. Die Erkenntnisse sind nicht neu, es geht um ihre Umsetzung.

2.2. Versuch einer Begriffserklärung

Fehlt schon das geschlossene Theoriemodell, so kann eine allumfassende Definition von «alternativer Wirtschaft» ebenso wenig geleistet werden. Man kann alternative Wirtschaft als Alternativökonomie, Solidarische Ökonomie, Lokale Ökonomie, Moralische Ökonomie, Gemeinwesenökonomie oder auch als Gegenökonomie oder Gegenkultur bezeichnen. Die Vorstellungen, die sich hinter den Begriffen verbergen, sind so unterschiedlich, wie die Begriffe selbst und zum Teil auch ebenso gegensätzlich. Die OrganisatorInnen des Kongresses «Wie wollen wir wirtschaften? Solidarische Ökonomie im globalisierten Kapitalismus», der vom 24. bis 26. November 2006 in Berlin stattfand, waren daran interessiert, die Pluralität der Ansätze sichtbar zu machen und zu diskutieren.[27] Und sie waren stolz

27 Die Autorin war Mitorganisatorin des Kongresses. Siehe auch Kapitel 6.3. in diesem Buch.

darauf, dass es durch den Kongress gelungen ist, den Begriff «Solidarische Ökonomie» in Deutschland einzuführen und zu besetzen.[28]

Auf jeden Fall markiert alternative Wirtschaft einen Übergangsbereich zwischen der marktzentrierten kapitalistischen Wirtschaft, dem öffentlichen Produktions- und Dienstleistungssektor und der sogenannten informellen Ökonomie. In diesem Grenzbereich haben wir es mit höchst unterschiedlichen ökonomischen Strukturen zu tun. Alternativökonomie umfasst sowohl genossenschaftliche und selbstverwaltete Betriebe als auch vielfältige gemeinwesenorientierte Projekte und Non-Profit-Organisationen. In der BRD fällt mit zunehmender Prekarisierung der Arbeitsbedingungen die Abgrenzung gegenüber dem Non-Profit-Bereich, der Schwarzarbeit, der Scheinselbstständigkeit und den Sozialbetrieben oft schwer. Nicht alles, was im «alternativen» Gewand daherkommt, verdient, unter «alternative Wirtschaft» subsumiert zu werden. Das gilt für theoretische Konzepte ebenso wie für deren Umsetzung in praktisches alternativ-ökonomisches Handeln.

Um eine Verständigungsbasis herzustellen, soll hier eine kurze Erklärung der wichtigsten Begriffe vorgenommen werden[29]. Dabei werden Betriebe und Betriebsformen erklärt, die Ansätze eines alternativen Wirtschaftens verfolgen.

- Alternativbetriebe sind danach Betriebe, in denen die Mitglieder selbstverwaltet und in kollektiven, nicht hierarchischen Strukturen unter selbstbestimmten Normen Tätigkeiten verrichten, die der Erstellung von Produkten oder Dienstleitungen dienen. Idealtypisch gibt es kein privates Eigentum, Betriebsvermögen und Betriebsertrag sind neutralisiert, d. h. der persönlichen Verfügbarkeit entzogen. Viele Alternativbetriebe und Projekte sind aus den Studenten- und Lehrlingsbewegungen, aus der Ökologiebewegung und aus den «Neuen Frauenbewegungen» entstanden. Neben den Produktivbetrieben sind es Sozial-, Gesundheits- und Dienstleistungsprojekte. Einige bestehen heute noch. Andere sind in der Zwischenzeit zu Betrieben von EinzelunternehmerInnen geworden.[30] Hoffnungsvolle Neugründungen

28 Embshoff/Giegold 2008, S. 11f.

29 Vgl. Notz et al. 1991d, S. 21f.

30 Plogstedt 2006, S. 215ff.

sorgen dafür, dass die Konzepte fortgesetzt werden und der Gedanke nicht verloren geht.

- Selbstverwaltung heißt, dass die Menschen die Lösung der Probleme, die in ihrem Projekt oder Betrieb entstehen, selbst in die Hand nehmen. Das heißt nicht je individuell, sondern als kollektiver, politischer und sozialökonomischer (Lern-)Prozess einer überschaubaren Menge von Menschen. Selbstverwaltet können neben Projekten und Betrieben auch Wohn-, Lebens-, Bildungs-, Konsum-, Erwerbslosen oder (Aus-)Bildungsprojekte sein.
- Genossenschaften sind Betriebe, Dienstleistungsunternehmungen, Lebensmittel- und andere Läden und Wohnprojekte, in denen die GenossInnen als EigentümerInnen gemeinsam die wichtigsten betriebsinternen sowie produktorientierten Entscheidungen treffen. Während bei Produktionsgenossenschaften im Wesentlichen die im Betrieb Beschäftigten mit den Genossen identisch sind, sind bei den absatzorientierten Konsumgenossenschaften die entscheidenden Mitglieder die Konsumenten oder Nutznießer der Produkte.
- Bei Betriebsübernahmen versuchen von der Schließung der Betriebe bedrohte Belegschaften ihre Betriebe in Selbstverwaltung zu übernehmen. Mitunter gehen Betriebsübernahmen mit einer Konversion der Produkte einher. Das wichtigste Beispiel für Produktkonversion kann unter dem Stichwort «Produkte für das Leben, statt Waffen für den Tod» zusammengefasst werden.[31]
- Unter Kommunen werden freiwillige Zusammenschlüsse von Menschen verstanden, die auf Grundlage gemeinsamer Überzeugungen ihr Zusammenleben radikaldemokratisch organisieren. D. h., alle Menschen haben die gleichen Rechte und Pflichten, das betrifft sowohl das gemeinsame selbstverwaltete Arbeiten als auch die gemeinsame Alltagsgestaltung und politische Aktionen.[32] Damit entfällt die Trennung zwischen Produktionssphäre, Lebenswelt und kollektiver Aktion.
- Gemeinwesenorientierte Wirtschaft kann vielerlei sein. Ullrich bezeichnet mit «Gemeinwirtschaft» einen Zwischensek-

---

31 Cooley 1988.

32 Kollektiv KommuneBuch 1996.

tor zwischen dem schrumpfenden Sektor der Erwerbswirtschaft und dem wachsenden Sektor der Subsistenztätigkeit und der Hauswirtschaft.[33] Zu diesem Zwischensektor zählt er genossenschaftliche, kommunale Tätigkeit, die nicht über Geld entlohnt, sondern über Zeit verrechnet wird und mit der steuerfrei Nachbarn geholfen wird. In den letzten Jahren wurde diese Arbeitsform meist im sogenannten Dritten Sektor oder Dritten System verortet.[34] Feministische Konzepte zum «Gemeinwesenorientierten Wirtschaften»[35] begreifen eben jenes als eine alternative Wirtschaftsform, die nicht auf den «heutigen Markt und seine Gesetzmäßigkeiten» ausgerichtet ist[36]. Die Arbeiten sollen nicht patriarchal organisiert sein. Neben Tauschringen gehören Fairer Handel, Direkter Handel, Regionalläden und -währungen, Umsonstökonomie und Geschenkökonomie, Kommunale Gemeinschaftsgärten und anderes zur Gemeinwesenorientierten Wirtschaft.

- Der Begriff Solidarische Ökonomie wird für vielfältige Formen der alternativen Ökonomie gebraucht. Embshoff und Giegold verstehen darunter Formen des Wirtschaftens, die menschliche Bedürfnisse auf der Basis freiwilliger Kooperation, Selbstorganisation und gegenseitiger Hilfe befriedigen. Das Prinzip Solidarität sehen sie im Gegensatz zur Orientierung an Konkurrenz, zynischer Eigenverantwortung und Gewinnmaximierung in kapitalistischen Marktwirtschaften.[37]

Allen Ansätzen gemeinsam ist, dass es diesen Wirtschaftsbereichen vor allem um die Wirkung im lokalen und regionalen Umfeld geht und um den Ausbau regionaler Wirtschaftskreisläufe. Insofern stellt die alternative Wirtschaft eine Negation der vielzitierten und problematisierten Globalisierungsprozesse dar und sie befindet sich zunächst auch in bestimmter Negation zur je herrschenden Ökonomie.[38] Sie kann die herrschende Ökonomie jedoch nicht gänzlich ignorieren. Die Miete von Räumen, der Kauf von Produktionsmitteln, die Kommunikationsmedien und die Versicherung ihrer Mitglieder kosten Geld, egal wie groß der Betrieb oder die Gruppierung ist. Das gilt für den

33 Ullrich 1993, S. 95.
34 Anheier et al. 1997, S. 13.
35 Möller et al. 1997.
36 Ebd. S. 18.
37 Embshoff/Giegold 2008.
38 Schwendter 1999, S. 55.

kleinen Zimmereibetrieb ebenso wie für die großen Betriebe, wie sie zum Beispiel in Mondragon im Baskenland zu finden sind.[39]

Die Finanzierungsquellen alternativer Wirtschaft sind sowohl Markt und Staat als auch andere Einkünfte (Mitgliedsbeiträge, Spenden, Fund-Raising, Sponsoring, Stiftungen, Benefizveranstaltung, Erbschaften), die allesamt abhängig von Markt oder Staat sind. Auch die vielfach besonders in sozialen Projekten und in Projekten des Gesundheitsbereichs geleistete Gratisarbeit ist abhängig von anderen bezahlt geleisteten Arbeitsverhältnissen. Im Zweifelsfall ist alternative Wirtschaft immer in gewisser Weise marktorientiert, auch wenn sie weder konzern- noch profit- noch zinsorientiert und nicht Kosten-Nutzen-orientiert im herkömmlichen Sinne ist.[40]

---

39 Heisig 1991.

40 Schwendter 1999, S. 59.

3. Historische theoretische Zugänge zum alternativen Wirtschaften

Konzepte der alternativen Ökonomie sind keine neue Erfindung. Mindestens solange die kapitalistische Wirtschaft besteht, gibt es auch Menschen, die andere Wünsche und Vorstellungen haben und alternative Konzepte entwickeln. Man denke zum Beispiel an die Utopien des englischen Philosophen Thomas Morus (1478–1535), des italienischen Philosophen, Dichters und Politikers Tommaso Campanella (1568–1639), des englischen Frühsozialisten, Unternehmers und Gewerkschafters Robert Owen (1771–1858) oder des französischen Gesellschaftstheoretikers und Kritikers des frühen Kapitalismus Charles Fourier (1772–1837) und an die seit etwa 1820 bestehenden Produktions- und Konsumgenossenschaften und deren Kritik und Würdigung durch Karl Marx und Friedrich Engels.

Vorläufer der alternativen Ökonomie fanden sich auch in Selbsthilfeprojekten der Arbeiterbewegung. Dazu gehören nicht nur die Produktions- und Konsumgenossenschaften, sondern hier sind auch die Kleingartenanlagen zu nennen, Nachbarschaftshilfen, Projekte der Arbeiterkultur bis hin zu wirtschaftlichen Organisationen wie Lebensmittelläden oder Wohnungsbau-Gesellschaften. Die PionierInnen der Gemeinschaftsbewegung kämpften gegen abstrakten Individualismus, gegen Atomisierung und Fetischsierung und gegen den Verlust des sozialen Kontextes in der Betrachtung der Individuen. Damit forderten sie auch eine Abkehr von der Waren- und Konsumgesellschaft hin zu fürsorgender und am Anderen interessierter Gemeinschaft zwischen Frauen, Männern und Kindern. Um einen Einblick in Diskussionen während verschiedener historischer Epochen zu geben, sollen im Folgenden exemplarisch einige theoretische Gemeinschaftsansätze dargestellt werden.

Nach der Darstellung frühsozialistischer utopischer Gesellschaftsentwürfe und allgemein-anarchistischer Theorien wird ein Ansatz von Gustav Landauer – der sich selbst als «Sozialist vom Sozialistischen Bunde» bezeichnete – vorgestellt. Auf Landauers Theorien bezogen sich vor allem Praxisprojekte in den 1920er Jahren während der Zeit der Weimarer Republik. Es folgt ein Konzept des Anarchisten Rudolf Rocker, das während der Aufbruchstimmung nach dem Zweiten Weltkrieg entwickelt wurde und in der folgenden konservativen Adenauer-Ära mit der Zeit des Kalten Krieges, in der alles Abweichende und Andere diskriminierte wurde, wenig (öffentliche) praktische Umsetzung erfuhr. Es wäre noch zu erforschen, inwieweit solche anarchistischen/sozialistischen Konzepte sowie vereinzelt aus der Not der Nachkriegszeit entstandenen Projekte in Wohnungen, Siedlungen und Nachbarschaften Wegbereiter für später umgesetzte Gemeinschaftsprojekte waren.

3.1. Utopische Gesellschaftsentwürfe

*I*n den letzten Jahrzehnten verweisen zahlreiche AutorInnen auf mehr oder weniger konkrete Vorstellungen von einer egalitären Gesellschaft frei von Unterdrückung und Ausbeutung der Menschen durch den Menschen, wie sie «konkrete Utopien» und «urkommunistische» Kommunen und frühchristliche Sektengemeinschaften sowie erste klösterliche Gemeinschaften[41] entwickelt und zum Teil auch praktiziert haben[42], bei denen das Privateigentum an Produktions- und Konsumtionsmitteln sowie die Besitzansprüche an Menschen aufgehoben werden sollten. Die Autoren des 18. und 19. Jahrhunderts, die entsprechende Gesellschaften entworfen haben, wurden später als utopische oder Frühsozialisten bezeichnet. Der Name geht auf den englischen Philosophen Thomas Morus zurück, der in seinem Werk «Utopia» (1516) eine Zukunftsgesellschaft entwarf. «Utopia» kommt aus dem Griechischen und bedeutet «Nirgendwo». Er verlegte seinen idealen Staat auf eine Insel, damit folgte er Utopien, die bereits Platon mit seinem Modell der «Philosophenherrschaft» entwickelt hatte. Das Bemerkenswerte ist, dass in Morus' Modell die zentralen Merkmale einer egalitären Gesellschaft zu finden sind. Vor allem gibt es kein Privateigentum, kein Geld oder andere Tauschmittel. Die hergestellten Güter

---

41 Klöster wurden später selbst zu Herrschaftsinstrumenten der Kirche und verloren auch ihre Bedeutung als Zufluchtsorte für die Armen, wogegen immer wieder Bewegungen, die – allerdings ohne Erfolg – die Wiederherstellung des Kommunismus der Urgemeinden forderten, revoltierten.

42 Engert 2010b, S. 33ff.

werden entsprechend dem Bedarf der Familien verteilt. Es soll nach einem System der Arbeitsrotation gearbeitet werden, das heißt, jede/r EinwohnerIn erlernt mehrere Berufe und jede/r betreibt auch Ackerbau, denn in zweijährigem Rhythmus findet ein Wechsel der Arbeitenden zwischen Stadt und Land statt. Damit alle arbeiten können, wird der Sechsstundentag eingeführt. Während der gewonnenen Zeit bilden sich die Menschen weiter und unterrichten die Kinder in Literatur, Naturwissenschaften und Technik. Unterricht bekommen *alle* Kinder und auch viele Erwachsene, Männer und Frauen beschäftigen sich während der arbeitsfreien Zeit mit Wissenschaften. Die Familienstruktur ist die der Großfamilie, sie besteht aus ca. vierzig Personen. Dreißig dieser Familien wählen einen Vertreter, zehn solcher «Delegierten» einen Obersippenvertreter. Diese wählen auf Stadtebene aus vier vom Volk vorgeschlagenen Kandidaten den Bürgermeister. Wie in anderen Sozialutopien vorgesehen, ist die Aufhebung der Ehe nicht Gegenstand des Zukunftsmodells; Morus war gläubiger Katholik.

Anders der italienische Dominikaner Tommaso Campanella. Er entwarf 1602 in seinem Buch «Der Sonnenstaat» die Utopie eines Gemeinwesens mit Zügen der spanischen Universalmonarchie, des Katholizismus, des Sozialismus. Im Sonnenstaat lebt eine brüderliche Gemeinschaft ohne Privateigentum zusammen; die Familie ist aufgelöst; alles ist Gemeinbesitz. Geradezu revolutionär klingt heute noch die beabsichtigte Arbeitsumverteilung: «Im Sonnenstaat sind die öffentlichen Dienste, Künste, Handwerke und Arbeiten unter Alle vertheilt, so daß auf den Einzelnen kaum vier Stunden treffen, die er zu arbeiten hat. Die übrige Zeit kann er mit angenehmem Studium, Disputiren, Lesen, Erzählen, Schreiben, Spazierengehen, geistigen und körperlichen Uebungen und mit Vergnügen zubringen.» Die vierstündige Arbeit gilt allerdings als Pflicht für alle.[43] Sein Sonnenstaat blieb eine Utopie. Ein Versuch, sich an einem Aufstand zu beteiligen, um die Vorstellung von Freiheit und Gleichheit, einschließlich des friedlichen Zusammenlebens von Christen, Juden und Muslimen durchzusetzen, brachte ihm schon vor dem Verfassen des Sonnenstaates 27 Jahre Kerker ein. Dort schrieb er die Utopie.

43 Campanella 1602.

Auch Charles Fourier wollte sowohl die gesellschaftlich notwendige Arbeit als auch das Zusammenleben der Geschlechter ändern. Seine Utopie ist eine genossenschaftliche Ordnung, die er selbst meist «Harmonie» nennt. Harmonie ist nicht nur eine Wirtschaftsgemeinschaft, sondern auch eine Liebesgemeinschaft ohne bürgerliche Ehe. In seiner «Phalanx» sind die beiden Geschlechter vollkommen gleichberechtigt. Sie arbeiten, vergnügen und lieben sich, wie die Neigung sie zueinander führt. Fourier sieht den glücklichen Menschen als ein durch Leidenschaften bewegtes und gesteuertes Wesen. Seiner Bestimmung gemäß strebt der Mensch nach dem Glück. Und Reichtum und Gesundheit sind sein Glück.[44] Der Mensch will Reichtum, um sich Genuss zu verschaffen, und Gesundheit, um sie genießen zu können. Das Hauptgewicht seines Wirtschaftsmodells liegt bei der Ackerbaugenossenschaft, die er als geeignete Grundlage für die menschliche Existenz ansieht, weil sie die meiste Abwechslung bietet. Aber auch Hauswirtschaft, Handel und Gewerbe, die gemeinsame Kindererziehung, die Künste und die Wissenschaften werden genossenschaftlich betrieben. Auch für Fourier ist die (Erwerbs-)Arbeit für alle, unabhängig von Alter und Geschlecht, eine Notwendigkeit. Sie darf jedoch keine Last, sondern muss eine Lust sein, daher soll jede/r nur das arbeiten, was ihm oder ihr Spaß macht. Das erfordert häufigen Tätigkeitswechsel und kurze Arbeitssitzungen sowie eine Zusammenarbeit in kleinen Gruppen von Gleichgesinnten, die die Arbeit kollektiv verrichten. Fourier geht es um eine Befreiung der Arbeit, die ohne eine Befreiung der Sexualität nicht möglich ist, so wie es auch umgekehrt nicht der Fall sein kann. Für die von ihm phantasierte Gemeinwirtschaft sind freilich andere Gebäude notwendig als für die Privatwirtschaft, und deshalb entwickelte er die Phalanx, d. h. ein Zentrum mit produzierenden und konsumierenden Kommunen, mit zwei mittleren, oder Haupt- und zwei seitlichen oder Nebenflügeln, in denen ca. 2000 Personen arbeiten, leben und sich weiterbilden können. Der Unterschied des Besitzes besteht bei Fourier fort; Klassengegensätze und Klassenkämpfe sind ihm fremd.

Fourier hatte tatsächlich mit seiner Theorie der freien Liebe und der Aufdeckung der gaunerhaften Strategien des Handels einen Sturm der Entrüstung gegen sich wachgerufen, so dass

44 Bebel 2008, S. 19.

er sein Konzept später relativierte und einräumte, dass erst die dritte Generation, nach der Einführung seines Systems, in der Lage sei, die freie Liebe zu verwirklichen. Ein 1832 gestarteter Versuch, sein Konzept umzusetzen, scheiterte nach kurzer Zeit an Geldmangel. Dennoch ist Fouriers Einfluss auf die Utopien des 20. Jahrhunderts groß.[45]

August Bebel hingegen stellte zu seiner Zeit bereits den Tod des Fourierismus fest, war aber fest davon überzeugt, dass der Sozialismus lebt. Und er wies darauf hin, dass die neuen sozialen Ideen des wissenschaftlichen Sozialismus in Frankreich immer mehr Wurzeln gefasst haben und dass es nicht zuletzt Charles Fourier war, der den Boden dafür vorbereitet hatte.

Diesen Utopien als Modelle, die auf einer einsamen Insel fernab von der Realität entstehen sollten, standen die realen Utopien entgegen, die nicht auf einer utopischen Insel, sondern innerhalb des herrschenden Systems, im Hier und Jetzt mit einem besseren Leben beginnen sollten. Der schon erwähnte Robert Owen versuchte bereits auf dem Wege der Genossenschaft zum Sozialismus zu gelangen. In seiner Wollspinnereifabrik New Lanark verband er die neuen Techniken der Industrialisierung mit Sozialreformen (Gesundheitsvorsorge, Hygiene, Wohnungen, Verbot von Kinderarbeit), was sich in einer enormen Steigerung der Produktivität bemerkbar machte. Gleichzeitig trat er für die Einführung sozialpolitischer Maßnahmen in der gesamten Industrie ein. Die Abkehr von traditionellen Repressionsmethoden in der Arbeitswelt, die damals bis hin zu physischer Gewalt reichten, hin zu «humanen» Mitteln wie einem speziellen Monitor-System nahm spätere Entwicklungen wie Kontrolle durch Gruppendruck vorweg. Ein farbiges Drehelement über jedem Arbeitsplatz zeigte die Leistung der Arbeitenden an. Owen hatte großen Erfolg, er war davon überzeugt, dass es unerlässlich sei, alle Welt von den Segnungen der neuen Technik und der humanen fortschrittlichen Arbeitsmethoden zu überzeugen, um eine Verbesserung für alle Menschen zu erreichen. Das schloss die Steigerung der Produktivität nicht aus, Robert Owen wurde reich. Den Reichtum wollte er nicht für sich behalten, denn alle Menschen sollten in die Lage versetzt werden, ein angenehmes Leben zu führen[46].

45 Vgl. auch Schwendter 1994, S. 10.

46 Owen 1813.

1825 verkaufte er die Fabrik, weil er nicht länger Fabrikherr sein wollte, und gründete eine Art Kommune in New Harmony (Indiana/USA), um seine Thesen zu beweisen. In der demokratisch aufgebauten Kommune gab es eine eigene Währung (labour notes), mit der man gegen geleistete Arbeit einkaufen konnte. Damit sollten das Geld und der Profit, der sich aus dem Überschuss, den der Preis einer Ware über ihre Herstellungskosten erzielte, abgeschafft werden. Revolutionär für diese Zeit war, dass alle den gleichen Lohn bekamen, und nicht nur alle Männer, sondern auch alle Frauen wählen durften. Über die Erziehung, so seine Theorie, konnten alle Menschen zur Glückseligkeit gelangen, da sie in erster Linie die Produkte ihrer Verhältnisse seien und ihr Elend lediglich auf Unwissenheit und Unkenntnis beruhe. Aus den Genossenschaften sollte ein völlig neues Menschengeschlecht hervorgehen, das den Sozialismus so lange verbreiten werde, bis die ganze Gesellschaft davon erfasst sei[47].

Robert Owen kommt das Verdienst zu, eine Modellvorstellung entwickelt zu haben, die basisdemokratisch organisiert war und gleich gute Bildung für alle vorsah. Die Kommune scheiterte nach zwei Jahren, lediglich die Bildungseinrichtungen konnten überleben. Rolf Schwendter vermutet, dass er sein Vermögen für seine gesellschaftlichen Experimente verbraucht hat.[48] Klaus Engert führt das Scheitern darauf zurück, dass «insulare soziale Reformprojekte»[49] meist scheitern. Andere vermuten, dass das Modell «allzu utopisch» und kaum mehr am Arbeitsethos orientiert war, sondern sich nur noch der absoluten Gleichheit verpflichtet fühlte.[50] Robert Owen selbst sah sein Leben und sein Werk nicht als gescheitert an: «Mein Leben war nicht nutzlos. Ich brachte der Welt wichtige Wahrheiten. Und wenn sie ihrer nicht achtete, so weil sie sie nicht verstand. Ich bin meiner Zeit voraus.» Das sollen am 17. November 1858 seine letzten Worte auf dem Sterbebett gewesen sein.

Offensichtlich war er seiner Zeit tatsächlich weit voraus. Der Einfluss Owens auf das Entstehen der britischen und der weltweiten Genossenschaftsbewegung und der Gartenstädte sowie

47 Stavenhagen 1969, S. 134f.

48 Schwendter 1994, S. 10.

49 Engert 2010b, S. 44.

50 Deutschlandradio vom 21.11. 2008.

seine Ideen zur Erziehungs- und Bildungsreform wirkten nachhaltig weiter. Seine Ideen fanden sogar das Interesse von Karl Marx und Friedrich Engels, die utopischen Entwürfen sonst sehr kritisch gegenüberstanden. Engels schrieb über ihn, dass alle gesellschaftlichen Bewegungen und alle wirklichen Fortschritte, die in England im Interesse der Arbeiter zustande gekommen sind, an den Namen Owen anknüpfen.[51] Somit kann er mit Fug und Recht als Vordenker der Arbeiterbewegung bezeichnet werden. Tatsächlich orientieren sich bis heute viele reale Utopien, bewusst oder unbewusst, und auch funktionierende Projekte an Ideen, die Owen bereits entwickelt hat.[52]

3.2. Anarchistische Theorien

AnarchistInnen haben seit mehr als 120 Jahren immer wieder die Möglichkeit einer herrschaftsfreien Gesellschaft postuliert, durchdacht und auch nachgewiesen. Ihre ersten funktionierenden Experimente wurden zerstört und unmöglich gemacht. Seit dem 19. Jahrhundert haben AnarchistInnen unermüdlich versucht, Lebens- und Arbeitsgemeinschaften als Alternativen zum kapitalistischen System zu gründen, von kleinen Gruppen bis hin zu großen Siedlungsgemeinschaften und Vernetzungen. Einige waren erfolgreich, andere gingen wieder unter – an eigenen inneren Widersprüchen oder durch den Druck des Staates. Die meisten anarchistischen Kooperativgemeinschaften existieren in Nordamerika und Europa. AnarchistInnen wollen nicht auf Gottes Hilfe und auch nicht auf staatliche Hilfe warten. Von den Anhängern der Anarchie wird eine anarchistische Gesellschaft als freiwilliger Zusammenschluss von selbstbestimmten Individuen und Kollektiven propagiert. Unter Anarchie wird ein gesellschaftlicher Zustand verstanden, «wo die wirtschaftliche Ausbeutung und die politische Unterdrückung der breiten Volksmassen durch privilegierte Minderheiten unmöglich ist». Mit anderen Worten, ein gesellschaftlicher Zustand, «wo die Produzenten selbst Besitzer und Verwalter der Produktionsmittel und aller sozialen Reichtümer sind und wo folglich jede Form der politischen Herrschaft und des wirtschaftlichen Mo-

---

51 Vgl. Engert 2010b, S. 44.

52 Vgl. das Kapitel 7: Die Kommunebewegungen in diesem Buch.

nopolismus Dinge der Vergangenheit sind».[53] Eine anarchistische Gesellschaft ist ein freiwilliger Zusammenschluss von selbstbestimmten Individuen und Kollektiven, in der wirtschaftliche Gleichheit, politische und geistige Freiheit eine Synthese bilden und in der die volle Entwicklung der individuellen Fähigkeiten und die größtmögliche persönliche Unabhängigkeit gewährleistet ist. Noch immer arbeiten AnarchistInnen daran, dass aus der Utopie Wirklichkeit wird, das heißt, hier an diesem Ort, die Träume aus den Wolken auf die Erde geholt werden. Die Idee des Anarchismus ist, dass kein Mensch über den Anderen herrscht. AnarchistIn sein heißt, vor allem selber denken und selber handeln. «Anarchie ist nicht Chaos, sondern Ordnung ohne Herrschaft», so lautete eine Mauerparole im Mai 1968 anlässlich der Arbeiter- und Studentenunruhen in Paris. Der Anarchist Horst Stowasser definierte Anarchismus als «Sozialismus plus Freiheit».[54] Dabei war ihm bewusst, dass auch die Anarchie kein perfektes Paradies sein kann. Auch wenn sie sich auf breiter Ebene durchsetzen würde, würde es Aggressionen und Eifersucht, Eitelkeiten und Kriminalität geben. Die Frage für ihn war vor allem, wie eine Gesellschaft mit diesen Problemen umgeht.

3.3. Landauers Utopie des «Anarchismus der Tat»

Gustav Landauer initiierte 1908 die Gründung des Sozialistischen Bundes (SB). Für diese Ideen prägend waren die Bekanntschaft mit den Anarchisten Pjotr Kropotkin (1842–1921) und Erich Mühsam (1878–1934) und mit dem jüdischen Sozialphilosophen Martin Buber (1878–1965) sowie die Auseinandersetzung mit Pierre-Joseph Proudhon.[55] Nach Landauers zentraler Vision «durch Absonderung zur Gemeinschaft» sollte Menschen mit gleicher Gesinnung der allmähliche Ausstieg aus der kapitalistischen Warengesellschaft gelingen, und zwar beginnend im «Hier und Jetzt».

---

53 Milly Witkop am 28.8.1916 während ihrer Anhörung in London, die über ihre weitere Inhaftierung entschied. Zit. nach: Rocker 1925, S. 292f.

54 Stowasser 1995, S. 8.

55 Landauer 1967.

Nach seinen Konzepten sollten sich Menschen, die eine wirklich neue Gesellschaft wollten, nicht von der übrigen Welt abschließen. Kommunen, Genossenschaften und sozialistische Gemeinden sollten mit dem richtigen Leben im falschen beginnen und sich den konservativen Kräften, die ihnen entgegentreten, widersetzen. Die Lohnarbeiter sollten nicht mehr für den kapitalistischen Warenmarkt produzieren, sondern die gesellschaftlich notwendige Arbeit gemeinsam mit anderen Menschenbrüdern und -schwestern verrichten und in den Dienst des eigenen Verbrauchs stellen.[56] Für Landauer war das die Verwirklichung der Utopie der sozialistischen Gesellschaft in (zunächst) kleineren Gemeinschaften. In einem Flugblatt des SB aus dieser Zeit heißt es: «Wir beginnen mit dem Sozialismus, indem wir aufhören, Knechte des Kapitals zu sein. Wir beginnen mit dem Sozialismus, indem wir nicht mehr als Lohnarbeiter für den Warenmarkt produzieren. Die eigene Arbeit, um des schönen Lebens und der inneren Seligkeit willen, zusammen mit arbeitenden und helfenden Menschenbrüdern und Schwestern in den Dienst des eigenen Verbrauchs stellen – das ist der Beginn des Sozialismus.»[57] Dieser Sozialismus sollte mit der Neuorganisation «des Konsums» beginnen. Der gemeinsame Besitz von Grundstücken, Baulichkeiten, Fabriken, Maschinen und allem, was der Mensch braucht, waren die Voraussetzung.

Mit dieser Theorie wandte sich Landauer einerseits gegen die von Marxisten propagierte revolutionäre Geduld, mit der die Realisierung eines besseren Lebens in der Gegenwart abgewiesen wurde[58], andererseits war er sich bewusst, dass die sozialistischen Gemeinden nicht ohne den Kampf um die Gewinnung der Rohstoffe durch die Produzenten und ohne den Kampf um den Besitz von Grund und Boden für die Gemeinschaftssiedlungen entstehen könnten. Solange Rohstoffe und Grundbesitz den «Monopolisten» gehörten, würde der Aufbau des sozialen Marktes und das Ende der kapitalistischen Warengesellschaft nicht zu haben sein. Gustav Landauer war der festen Überzeugung, dass die sozialistische Gesellschaft nur außerhalb des bestehenden Staates reifen kann, ihre Realisierung jedoch bereits

56 Vgl. Herrmann 1999, S. 26.

57 Was ist zunächst zu tun?; zweites Flugblatt des Sozialistischen Bundes. In: Landauer 1977, S. 98ff.

58 Vgl. auch Cantzen 1987, S. 240f.

im bestehenden System beginnen müsse, damit im Zuge der Revolution auf die neuen Kräfte zurückgegriffen werden kann. Er war überzeugt davon, dass der Geist des Sozialismus die Kraft des Menschen entfaltet, je weiter er aus dem kapitalistischen System heraustritt. Durch dezentrale Selbstverwaltung in Landwirtschaft, Industrie und Handwerk im Rahmen von Dorfgemeinschaften erhoffte sich Landauer, dass sich die Bewegung immer mehr ausbreitet und an Stärke gewinnt.[59] Eigentum an Grund und Boden sollten aufgelöst, Geld sollte durch die freie Tauschwirtschaft allen anderen Waren gleich werden. In seinem «Aufruf zum Sozialismus» unterstützte er die Vorstellungen von Silvio Gesell, durch die Einführung von «Freigeld» für eine schnellere Zirkulation des Geldes zu sorgen.[60]

Cantzen leitet aus der an Landauer und Kropotkin anknüpfenden Tradition einen emanzipatorischen Gemeinschaftsbegriff ab. Das Ziel gemeinschaftlicher Lebensformen sollte dabei immer die (solidarische) Selbstbestimmung des Einzelnen bleiben.[61] In der Vorstellung über freie Zusammenschlüsse von Einzelnen und Familien zu Gemeinschaften und weiter zu Bünden von Gemeinden kann eine Verbindung zwischen politisch-emanzipatorischen und sozialintegrativen Ansätzen gesehen werden.[62] Vielfalt, Flexibilität und Heterogenität sollen die Individualität der Menschen entwickeln und sie in gemeinschaftliche Zusammenhänge integrieren. Wichtig dabei ist, dass das Ziel gemeinschaftlicher Lebensformen immer die (solidarische) Selbstbestimmung des Einzelnen bleibt. Die einzelnen Elemente der Vergemeinschaftung sind:

Eine Gruppe selbstbestimmter Individuen schließt sich in freier Vereinbarung zusammen und wirkt so dem Verfall verbindlicher sozialer Beziehungen entgegen. Diese Gemeinschaft soll dem Individuum den notwendigen Rückhalt bieten, um seine Individualität entwickeln zu können. Sie soll aber auch Raum bieten, um kollektiven Widerstand gegen herrschende Institutionen und Lebensformen organisieren zu können und sich Anpassungszwängen zu widersetzen. Sie soll der Unifor-

59 Landauer 1977.

60 Zu Silvio Gesells Theorie siehe Abschnitt 3.8. in diesem Buch.

61 Vgl. Cantzen 1983.

62 Vgl. Cantzen 1987.

mierung der Konsumgesellschaft entgegenwirken, indem sie Heterogenität und Vielfalt schafft. Die Gemeinschaft soll also gleichermaßen der Verfolgung individueller und kollektiver Interessen dienen.[63]

Wichtig ist bei diesem Konzept die Widerstandsfunktion. Landauer rief dazu auf, mit den autoritären Vermittlern (Staat, Kirche, Kapitalismus, Führer etc.) aufzuräumen, indem er sagte: «Räumt mit den autoritären Vermittlern auf; schafft die Schmarotzer ab; sorgt für unmittelbare Verbindung der Interessen»[64]. Kommunen, Genossenschaften und sozialistische Gemeinden sollten damit – also mit dem richtigen Leben im falschen – beginnen.

Landauer selbst setzte seine Theorie nicht in die Praxis um. Dennoch gab es eine Reihe von Siedlungsversuchen nach seinem Konzept. Eine Geliebte Landauers, die sozialistische Anarchistin Margarethe Hardegger, gründete 1915 mit Gleichgesinnten im Berner Pflugweg eine Kommune nach Landauers Theorie.[65] Die Gruppe, für die die gemeinsame Kasse ebenso wichtig war, wie die gemeinsame Gesinnung, vereinte Intellektuelle und Handwerker ebenso wie heimatlose Kriegsdienstverweigerer und wurde pedantisch von der Polizei überwacht. Mit der Gründung einer größeren anarchistischen Kolonie scheiterte Hardegger. Dennoch startete sie nach Ende des Ersten Weltkrieges einen neuen Siedlungsversuch, der wieder nur kurze Zeit funktionierte. Nach dem Tode Landauers, der 1919 im Zuge der Niederschlagung der Räterepublik durch antirepublikanische Freikorpssoldaten ermordet worden war, nahm sie ein Zitat des Freundes auf: «Sozialismus ist die Willenstendenz geeinter Menschen, um eines Ideals willen Neues zu schaffen» und begann erneut mit dem Aufbau einer Kommune in einem Haus im Tessin am Lago Maggiore, die bis 1924 bestand. Den Kampf um eine freie Gesellschaft hat sie – wie viele AnarchistInnen – bis zu ihrem Tod 1963 nicht aufgegeben.

---

63 Vgl. Cantzen 1989, S. 47.

64 Landauer zit. nach: Cantzen 1987, S. 66.

65 Zu konkreten Siedlungsprojekten nach den Ideen, die Landauer propagierte, aber selbst nicht lebte, siehe: Boesch 2003.

3.4. Die anarchosyndikalistischen Theorien Rudolf Rockers

Nach dem Zweiten Weltkrieg nahm der Anarcho-Syndikalist Rudolf Rocker (1873–1958) die anarchistischen Konzepte in ähnlicher Form wieder auf.[66] Nach seinem Konzept sollte die kleinste Einheit, der einzelne Mensch bzw. der einzelne Betrieb, die initiierende Kraft sein, die sich aus eigenem Antrieb und durch freie Vereinbarung mit anderen zusammenschließt, um Vereinigungen «gesinnungsverwandter, von freiheitlichem Geist getragener Menschen» zu gründen.

Rudolf Rocker war bereits in den 1920er Jahren politisch aktiv. Während des Naziregimes musste er nach England emigrieren, wo er sein theoretisches Werk fortsetzte. Sein Wirken galt dem Anarcho-Syndikalismus; sein Organisationsprinzip war der Föderalismus, d. h. der Organisationsaufbau erfolgte von unten nach oben. Nach dem Ende des Nazifaschismus fühlte er sich wie viele Exilanten aufgerufen, daran zu arbeiten, dass Faschismus und Krieg nie wieder das Leben der Menschen zerstören sollten. Aus der faschistischen Vergangenheit hatte er die Lehre gezogen, dass allein die kritische Betrachtung der bestehenden Zustände nicht ausreichte, wenn sie von keinem praktischen Tun begleitet wurde. Und dieses praktische Handeln müsse – hier nahm er die Gedanken Kropotkins und Landauers auf – im «Hier und Jetzt» beginnen. Er ergänzte seinen basisdemokratischen Ansatz um den ganzheitlichen Erziehungsansatz von Pjotr Kropotkin (1913) und wies auf die Notwendigkeit der ergänzenden Erziehung für die Jugend hin. Danach sollten Feldarbeit, Handwerk und dezentrale Industrie eine Einheit bilden. Ohne eine entsprechende Erziehung sah er seinen Ansatz als verfehlt. Die jungen Menschen – Männer *und* Frauen – sollten zugleich in Wissenschaft *und* Handwerk unterrichtet werden. Erst durch eine solche polytechnische Ausbildung könne an die Stelle der industriellen Arbeitsteilung die Vereinigung von Hand- und Kopfarbeit treten.

Nachdrücklich warnte er davor, den von vielen Seiten versprochenen Verheißungen, die aus der «Krise» der Nachkriegszeit, verbunden mit Hunger, Wohnungsnot und Erwerbslosigkeit, führen sollten, blindlings zu folgen. Er sah die Gefahr vom

66 Rocker 1947.

erneuten Glauben «an absolute Wahrheiten»[67] und plädierte für einen Weg, der geeignet erschien, die Menschen für neue kommunikative Wirtschafts- und Lebensmöglichkeiten auf regionaler Ebene empfänglich zu machen. Er schrieb: «So mancher Weg, der uns heute von einem Doktor Eisenbart als Aufstieg angepriesen wird, ist nur ein Abweg, der uns bloß tieferen Abgründen zuführen muss, wenn wir die Gefahr nicht rechtzeitig erkennen und uns von Trugbildern blenden lassen, die wie schillernde Seifenblasen an der Wirklichkeit des Lebens zerschellen müssen.»[68] Auf den Wiederaufbau der Parteien setzte er keinerlei Hoffnungen. Damit distanzierte er sich nicht nur von den neu- und wiedergegründeten Parteien in Ost und West, sondern auch von der Form des Sozialismus, wie sie im Osten Deutschlands aufgebaut wurde.

Auch Rocker stellte die Frage nach dem richtigen Leben im falschen. Nach seinem Konzept durften sich Menschen, die eine wirklich neue Gesellschaft wollten, nicht von der Welt abschließen. Die AkteurInnen sollten entschlossen sein, durch ihre «Betätigung nach außen hin immer weitere Gebiete zu erschließen und ihre Anschauungen in neue Kreise zu tragen, wo sie sich fruchtbar auswirken können».[69] Obwohl aus der Not der Nachkriegszeit eine Vielzahl von Gruppen entstanden waren, die eine ganz andere Republik mit anderen Lebens- und Arbeitsformen wollten und diese auch praktizierten, hat sich die Hoffnung auf eine dahingehende politische Wende in der Nachkriegsgesellschaft nicht erfüllt.

Das hat sicher viele Gründe. Schließlich hatte auch die SPD nach 1945 den sozialistischen Neuaufbau der Wirtschaft mit planwirtschaftlicher Lenkung, Gemeinwirtschaft, Bodenreform und allgemeine Wirtschaftsdemokratie gefordert.[70] Sie ging zunächst von einem gesamtdeutschen Wirtschaftskonzept aus.[71] Und auch das Ahlener Programm der CDU von 1947 strebte eine grundlegende soziale und wirtschaftliche Neuordnung an. Während in einigen Länderverfassungen wirtschaftsdemokratische Regelungen eingebracht werden konnten, war bei den

---

67 Rocker 1947, S. 6.

68 Ebd. S. 5f.

69 Ebd. S. 13.

70 Antoni 1992, Bd. 2, S. 133.

71 Notz/Wickert 2009, S. 52.

Auseinandersetzungen um das Grundgesetz für den westlichen Teil der Bundesrepublik von der Absicherung wirtschaftsdemokratischer Leitlinien kaum noch die Rede. Das GG schrieb schließlich keine bestimmte «Wirtschaftsordnung» fest. Für die Festschreibung einer an sozialen Grundrechten orientierten Wirtschaftsordnung waren keine Mehrheiten zu erzielen. Die Diskussion wurde auch später nicht wieder aufgenommen. Der bekannte Slogan «keine Experimente», den die christlichen Parteien, die 1949 die Regierung in der Bundesrepublik übernahmen, verfolgten, hat sicher seine Wirkung nicht verfehlt. So entstand nicht nur die kapitalistisch-patriarchale Wirtschaftsordnung neu, auch die Zwei-Generationen-Familie wurde – trotz des «Frauenüberschusses» von über sieben Millionen und trotz der 40 % Mütter, die ihre Kinder alleine erzogen, und trotz des Satzes «Männer und Frauen sind gleichberechtigt», der 1949 ins Grundgesetz aufgenommen wurde – zum Leitbild der Nachkriegsgeneration der BRD. Familie schien «die letzte Stabilität in einer sich auflösenden Welt» zu sein, wie der Soziologe Helmut Schelsky (1967) das nach dem Zweiten Weltkrieg beschrieben hat.[72] Alternative Lebens- und Arbeitsformen schienen in Theorie und Praxis keine AnhängerInnen zu finden.

3.5. *Sozialistische Theorien*

Die meisten hier dargestellten Theorien sind heute vergessen und dennoch wirken sie bis in die zu Beginn des dritten Jahrtausends bestehenden Projekte hinein. Zunächst waren es die jüngeren Anhänger und Schüler, die nicht nur dafür sorgten, dass die Bücher und Schriften ihrer Lehrmeister veröffentlicht wurden, sondern sich auch deren Lehren weiterentwickelten. Ein solches Beispiel war Robert Owens Schüler William Thompson (1785–1833). Er entwickelte die Mehrwertlehre seines Lehrmeisters weiter, hin zu einer frühen Kritik an der kapitalistischen Ausbeutung. Seine Ideen beeinflussten sowohl die Genossenschafts- und Gewerkschafts- als auch die Reformbewegung der Chartisten und inspirierten ganz offensichtlich auch Karl Marx.

72 Ein struktureller Wandel hinsichtlich der geschlechtshierarchischen Arbeitsteilung in Betrieb und Familie oder hinsichtlich der Struktur der Familie insgesamt blieb in der realsozialistischen DDR ebenso aus wie im kapitalistisch-patriarchalen System der Bundesrepublik.

In seinem 1824 in London (in Deutschland 1903 unter dem Titel «Untersuchung über die Grundsätze zur Verteilung des Reichtums zu besonderer Förderung des menschlichen Glücks») erschienenem Buch ging Thompson davon aus, dass die Arbeit die alleinige Quelle des Reichtums sei, deshalb stehe dem Arbeiter der gesamte Ertrag seiner Produktion ebenso zu wie die Steuerung der Produktion. Owens autoritären und antidemokratischen Tendenzen gegenüber war Thompson allerdings kritisch eingestellt. Obwohl Thompson selbst der subalternen Klasse angehörte, missfiel ihm Owens Werbung für sein Projekt bei Reichen und Mächtigen, weil er sich sicher war, dass die Klasse der Reichen niemals für ein Vorhaben Geld geben würde, das den Armen zugutekäme und damit ihre eigenen Privilegien in Frage stellen würde. Er vertrat die Position, dass die ArbeiterInnen selbst sich in Kooperativen zusammenschließen müssten, um Land- und Kapitalansprüche durchsetzen zu können.

Die Differenzen zwischen Owen und Thompson führten zu offenen Konflikten auf dem Dritten Kongress der Kooperative, der 1832 in London stattfand. Owen, ernüchtert durch den Misserfolg von New Harmony, bestand auf der Notwendigkeit der Unterstützung durch Regierungshandeln und Börse, und er bestand darauf, dass man große Gemeinschaftsprojekte vorantreiben müsse. Thompson und seine Anhänger waren sicher, dass man kleine Gemeinschaften etablieren müsse, die sich aus der Bewegung selbst entwickeln und weitertragen konnten.[73] Auf diesem Kongress wurde die Frage nicht gelöst, beim nächsten war Thompson bereits schwer krank und starb fünf Monate später an seiner Lungenerkrankung.

3.5.1. Karl Marx und die utopischen Sozialisten

Das politische Ziel von Karl Marx (1818–1883) war die Überwindung des Kapitalismus. An dessen Stelle sollte eine sozialistische oder kommunistische Gesellschaft treten, in der das Privateigentum an Produktionsmitteln abgeschafft ist und daher auch nicht mehr mit dem Ziel der Profitmaximierung produziert werde.[74] Dennoch setzte er sich in seinem Werk «Das Elend der Philosophie» ebenso wie im Kapital mit Thompsons

73 Thompson 1830.

74 Vgl. ausführlich Heinrich 2005.

Werk auseinander. Bei einem Besuch in Manchester 1845 war Karl Marx auf Thompsons Werk gestoßen. Der Frühsozialismus (Morus, Saint-Simon, Fourier) erregte seinen Widerspruch, beeinflusste damit aber auch sein Denken. Die Tatsache, dass die Erwartungen, zu denen der Aufschwung der englischen Genossenschaftsbewegung Anlass gegeben hatte, nicht in Erfüllung gegangen waren, unterstützte die Position des wissenschaftlichen Sozialismus. Karl Marx selbst schrieb zu den Unterschieden zwischen utopischem und wissenschaftlichem (realem) Sozialismus:

«Die ersten Sozialisten (Fourier, Owen, Saint-Simon etc.) mussten sich – da die sozialen Verhältnisse noch nicht genug entwickelt waren, um der Arbeiterklasse die Konstituierung als politische Partei zu ermöglichen – auf Träume von der Mustergesellschaft der Zukunft beschränken und alle Versuche wie Streiks, Koalitionen, politische Aktionen, verurteilen, die von Arbeitern unternommen worden waren, um ihre Lage etwas zu verbessern. Wenn wir aber kein Recht haben, diese Patriarchen des Sozialismus zu verleugnen, ebenso wenig wie die modernen Chemiker das Recht haben, ihre Väter, die Alchimisten zu verleugnen, müssen wir uns doch hüten, in ihre Fehler zurückzufallen, die, würden sie von uns begangen, unverzeihlich wären.»[75]

Karl Marx und Friedrich Engels (1820–1895) sahen letztlich, infolge der Entwicklung des wissenschaftlichen Sozialismus, den utopischen Sozialismus als entbehrlich an. Und Ernst Bloch (1885–1977), marxistischer Philosoph und Erfinder des Begriffs «konkrete Utopie», wies darauf hin, dass Marx gute Gründe hatte, sich von den Frühsozialisten abzugrenzen.[76] Bloch misst sowohl die Frühsozialisten als auch Marx später daran, ob sie in der Lage sind, die Analyse des Bestehenden zu leisten, um daraus das Instrumentarium für das Verändern zu entwickeln. Er fand heraus, dass die abstrakten Utopien des utopischen Sozialismus neun Zehntel ihres Raums dem Gemälde des Zukunftsstaats gewidmet haben, hingegen nur ein Zehntel der kritischen, oft nur negativen Beachtung des Jetzt. Dadurch blieb der Weg zu ihrem bunten und lebhaften Bild des Sozialismus versteckt. Marx hingegen hatte mehr als neun Zehntel seiner

75 MEW 18, S. 301.

76 Vgl. Engert 2010b, S. 65 und 103.

Schriften an die kritische Analyse des Jetzt verwendet und somit sei der «Marxismus keine Antizipation, sondern das Novum einer prozeßhaft konkreten Antizipation»[77].

Die aus Marx' Kapitalismusanalyse abgeleitete gesellschaftliche Konsequenz der Aufhebung der kapitalistisch-patriarchalen Wirtschafts- und Gesellschaftsordnung und deren Übernahme durch die Produzenten selbst misst bestenfalls den Gewerkschaften als Bewegung, die für den Klassenkampf der Arbeiter bedeutend ist, prinzipielle Bedeutung bei.

Genossenschaften fanden die Anhänger des wissenschaftlichen Sozialismus für diesen Kampf unfruchtbar. Allerdings misst Karl Marx Genossenschaften einen – im Unterschied zu den utopischen Sozialisten allerdings sehr kleinen – experimentellen Wert bei, wenn er schreibt:

«Die Kooperativfabriken der Arbeiter selbst sind, innerhalb der alten Form, das erste Durchbrechen der alten Form, obgleich sie natürlich überall, in ihrer wirklichen Organisation, alle Mängel des bestehenden System reproduzieren müssen.»[78]

3.5.2. August Bebels sozialistische Realutopie

Der Vorsitzende der Sozialdemokratischen Partei Deutschlands (SPD) und als Marxist bekannte August Bebel (1840–1913) setzte sich vor allem mit der Theorie Charles Fouriers auseinander. Er kritisierte, dass Fouriers Sozialismus auf die Versöhnung, die Harmonie der gegensätzlichen Klassen gerichtet sei.[79] Tatsächlich versicherte Fourier selbst, Sozialismus, so wie er ihn verstehe, könne sich allen Regierungsformen und allen Religionssystemen anpassen. Bebels weitere Kritik am Konzept Fouriers war, dass er sich nicht an die Arbeitenden richtete, sondern an die Einsicht der «Großen und Reichen», von denen er sich die Mittel zur Gründung einer Versuchsphalanx, von deren Zustandekommen die Einführung seines Systems abhing, erhoffte. Aus der Tatsache, dass alle seine Mühen, Geld für seinen Plan zu bekommen, scheiterten, zog August Bebel den Schluss, dass Entwicklungsperioden, die das Bestehende von Grund auf umgestalten wollen, nie durch fertige, detaillierte Pläne von einer

77 Bloch 1959, S. 724ff.

78 Marx: Kapital, 3. Bd., I, S. 427.

79 Bebel 2008, S. 22.

Idealgesellschaft herbeigeführt werden können, sondern dass sich die Umgestaltung aus dem Entwicklungsprozess der gesamten Gesellschaft vollziehen muss, wenn die Bedingungen einer neuen Gesellschaft vorhanden sind. «Sie wird nicht gemacht, sie vollzieht sich, und stets unter der Form von Klassenkämpfen, *gegen* den Willen der alten Gesellschaftsschichten.»[80]

Dem widerspricht, dass Bebels berühmtestes Werk «Die Frau und der Sozialismus» mit einer Realutopie abschließt[81]. Danach sollten im Sozialismus, wie er ihn verstand, nicht nur die Arbeit in der Industrie, sondern auch die Haus- und Sorgearbeit ebenso wie Kunst und Literatur neu gestaltet werden. Alle Arbeitsmittel sollten in Gemeineigentum überführt werden, Männer und Frauen sollten die gleichen Rechte und Pflichten und das gleiche Vergnügen haben. Die Erwerbsarbeit sollte so gestaltet sein, dass sie gesellschaftlich nützlich ist, sinnvolle Produkte hergestellt werden und die Arbeitsbedingungen so sind, dass die Arbeit bei erheblich reduzierten Arbeitszeiten die physische und psychische Gesundheit nicht schädigt, aber für alle Spaß macht. Da der Gewinn des Lebensunterhalts in der sozialistischen Gesellschaft nicht mehr Zweck des Lebens alleine sei, wird eine «Ära für Künste und Wissenschaft entstehen, wie sie die Welt nie gesehen hat».[82] Die Umwandlung des häuslichen Lebens würde von der individualisierten zur zentral organisierten Arbeit führen und zahllose Arbeiten erübrigen. Bemerkenswert sind seine Überlegungen in Bezug auf die ökologischen Fragen in einer sozialistischen Gesellschaft. Er beruft sich auf den englischen Physiker Sir S. Thomson[83], der bereits im August 1909 bei einer Rede auf den bevorstehenden Energiemangel durch die Erschöpfung der Kohlevorräte hinwies und *Sonnenenergie* als neue Energiequelle propagierte.

80 Bebel 2008, S. 24.
81 Bebel 1980, S. 337ff.
82 Bebel 1980, S. 409.
83 Bebel 1980, S. 354.

3.5.3. Rosa Luxemburg und die sozialdemokratischen Revisionisten

Auch das emanzipatorische Sozialismuskonzept Rosa Luxemburgs (1871–1919) geht von der Vorstellung aus, dass eine sozialistische Wirtschaft und Gesellschaft und damit auch ein sozialistisches politisches und wirtschaftliches Modell erst nach der Machtergreifung der SozialistInnen realisiert werden kann. Sie wandte sich gegen die Idee des französischen utopischen Sozialisten Charles Fourier, der im Phalanstère-System eine Möglichkeit zur friedlichen Zusammenarbeit von Kapital und Arbeit sieht. Rosa Luxemburg, die keinen Zweifel daran hegte, dass sie und ihre MitstreiterInnen nach der Eroberung der politischen Macht streben mussten, wenn sich die gesellschaftlichen Verhältnisse ändern sollten, sah die wichtigste Aufgabe der Arbeiterbewegung sogar darin, die politische Macht zu erobern und den staatlichen Zwangsapparat zu zerschlagen. Denn sie wollte, dass der Weg frei wird für das Ziel der Revolution für eine qualitativ andere Gesellschaft. Allerdings war sie sich nicht sicher, ob die erstrebte Revolution quasi automatisch zu einer menschenwürdigen Produktion führen würde. Sie stellte sogar die Frage, «ob wir, wenn wir an die Macht kommen, imstande sind, die Produktion zu einer gesellschaftlichen zu gestalten»[84]. Damit meinte sie allerdings nicht, dass «das sozialistische Programm in irgend einem Augenblick der politischen Herrschaft des Proletariats völlig versagen» könne. Eine Überführung der Gesellschaft aus der kapitalistischen in die sozialistische Ordnung könne jedoch nicht «auf einen Schlag» geschehen, sondern setze einen langen, hartnäckigen Kampf voraus.[85]

Auf dem Parteitag der SPD in Hannover im Oktober 1899, bei dem es wieder einmal zu heftigen Auseinandersetzungen zwischen den «Radikalen» und den «Revisionisten» kam, machte sie zum wiederholten Male und kompromisslos deutlich, dass es um nichts anderes gehen kann als darum, eine «gänzliche Umbildung der herrschenden kapitalistischen Wirtschaftsordnung» anzustreben, «die nur durch Ergreifung der Staatsgewalt und niemals auf dem Wege der sozialen Reform im Schoße der heutigen Gesellschaft herbeigeführt werden

84 Luxemburg 1898.

85 Luxemburg 1899b.

kann». Diejenigen, die sich dieser Hoffnung hingaben, würden sich auf den Standpunkt stellen, auf den sich nur Ignoranten in Bezug auf die Vergangenheit und Optimisten hinsichtlich der Zukunft stellen könnten.[86]

Rosa Luxemburg kritisierte damit die Theorien der Revisionisten wie Eduard Bernstein (1850–1932) und Georg von Vollmar (1850–1922), die, um Wählerstimmen für die Sozialdemokraten zu gewinnen, zu ideologischen Kompromissen bereit waren, ja sogar bereit gewesen wären, das «sozialistische Endziel» fallen zu lassen. In ihrer Schrift «Sozialreform oder Revolution» bezeichnete sie es als eine «Besonderheit der kapitalistischen Ordnung, dass in ihr alle Elemente der künftigen Gesellschaft in ihrer Entwicklung vorerst eine Form annehmen, in der sie sich dem Sozialismus nicht nähern, sondern von ihm entfernen».[87] Produktivgenossenschaften inmitten der kapitalistischen Wirtschaft nennt sie ein «Zwitterding (...), eine im kleinen sozialisierte Produktion bei kapitalistischem Austausche». Da der Austausch in der kapitalistischen Wirtschaft die Produktion beherrscht und, angesichts der Konkurrenz, rücksichtslose Ausbeutung durch die Interessen des Kapitals für die Unternehmen zur Existenzbedingung macht, bestehe auch für die Genossenschaften die Notwendigkeit, die Arbeit möglichst zu intensivieren, je nach Marktlage zu verkürzen und zu verlängern und «die Arbeitskraft je nach den Anforderungen des Absatzmarktes heranzuziehen oder sie abzustoßen und aufs Pflaster zu setzen, mit einem Worte, all die bekannten Methoden zu praktizieren, die eine kapitalistische Unternehmung konkurrenzfähig machen. In der Produktivgenossenschaft ergibt sich daraus die widerspruchsvolle Notwendigkeit für die Arbeiter, sich selbst mit dem ganzen erforderlichen Absolutismus zu regieren, sich selbst gegenüber die Rolle des kapitalistischen Unternehmers zu spielen.» An diesem Widerspruche musste die Produktivgenossenschaft zugrunde gehen, indem sie sich entweder zur kapitalistischen Unternehmung zurückentwickelt oder, falls die Interessen der Arbeiter stärker sind, sich auflöst. Das war eine Feststellung, die kurze Zeit vorher Franz Oppenheimer bereits getroffen hatte[88], und Bernstein selbst hatte sie

86 Luxemburg 1899a, S. 101ff.

87 Luxemburg 1899b.

88 Oppenheimer 1896.

konstatiert, nach Ansicht von Luxemburg allerdings missverstanden, indem er die Ursache des Unterganges der Produktivgenossenschaften in England in der mangelnden Disziplin der Arbeitenden sah. Luxemburg interpretierte diese Disziplin als das natürliche absolute Regime des Kapitals, das die Arbeiter sich selbst gegenüber gar nicht ausüben können.

Luxemburg folgerte daraus, dass die Produktivgenossenschaft sich ihre Existenz inmitten der kapitalistischen Wirtschaft nur dann sichern kann, wenn sie den in ihr verborgenen Widerspruch zwischen Produktionsweise und Austauschweise aufhebt, indem sie sich den Gesetzen der freien Konkurrenz entzieht. Sie muss sich also von vornherein einen festen Kreis von Konsumenten sichern. Dafür dienten den sozialistischen Genossenschaften die Konsumvereine. Damit waren die Existenzbedingungen der Produktivgenossenschaften an die Konsumvereine gebunden, die zum Hauptträger der sozialistischen Reform wurden. Daraus wiederum folgte, dass sie auf kleinen lokalen Absatz und auf wenige Produkte des unmittelbaren Bedarfs angewiesen waren. Die wichtigen Zweige der kapitalistischen Produktion: die Textil-, Kohle-, Metall-, Petroleumindustrie sowie der Maschinen-, Lokomotiven- und Schiffsbau waren vom Konsumverein, also auch von der Produktivgenossenschaft, von vornherein ausgeschlossen. Luxemburg kritisierte neben dem «Zwittercharakter» der Produktivgenossenschaften, dass eine Einführung auf breiter Ebene «auf dem Boden der gegenwärtigen Gesellschaft» die Abschaffung des Weltmarktes und die Auflösung der bestehenden Weltwirtschaft in kleine lokale Produktions- und Austauschgruppen erfordern würde. Darin konnte sie keine soziale Reform sehen, denn das setzte «einen Rückgang von großkapitalistischer auf mittelalterliche Warenwirtschaft» voraus. Ergo ließ sich «die Genossenschaftlichkeit» inmitten der kapitalistischen Produktion nicht durchführen, denn das Konzept verzichtete auf die Vergesellschaftung der Produktion und kam auf die Reform des Handels, den Konsumverein, heraus. Damit gaben Revisionisten wie Bernstein die materialistische Geschichtsauffassung, die ökonomische Theorie von Karl Marx und damit die Grundsätze des wissenschaftlichen Sozialismus und den Klassenkampf auf und verkündeten stattdessen die Aussöhnung mit dem bürgerlichen Liberalismus.[89]

---

89 Luxemburg 1899b.

Luxemburgs Kritik richtete sich auch gegen die Spitze der Gewerkschaften, die Arbeitskämpfe fürchteten, bei denen es um mehr ging als um höhere Löhne und unbedeutende Verbesserungen der Arbeitsbedingungen. Sie kritisierte, dass die Betätigung der Gewerkschaften sich vor allem darauf erstreckte, dass die Arbeitenden ihre Arbeitskraft nach dem jeweiligen Marktpreis verkaufen und Konjunkturen für sich ausnützen können. Sie setzten sich damit selbst außerstande, das Lohngesetz umzustürzen oder auf die Regulierung der Produktion, deren Umfang oder die angewendeten technischen Verfahren einen bedeutsamen Einfluss zu gewinnen, bestenfalls waren ihre Strategien geeignet, die kapitalistische Ausbeutung in die jeweilig «normalen» Schranken zu verweisen, keinesfalls die Ausbeutung selbst aufzuheben.[90] Ihr hingegen war jede Strategie recht, die geeignet war, die Stunde zu beschleunigen, «wo die heutige Gesellschaft unter den Hammerschlägen des revolutionären Proletariats in Trümmer stürzt».[91]

Rosa Luxemburg war klar in ihrer Zielvorstellung und ihrer Strategie. Daher entwickelte sie auch kein Minimalprogramm, wie die Reformisten und Zentristen und keine «Übergangsforderungen» wie die Trotzkisten.[92] Ganz deutlich drückte sie das noch einmal beim Gründungsparteitag der KPD aus: «Für uns gibt es jetzt kein Minimal- und kein Maximalprogramm; eines und dasselbe ist der Sozialismus: das ist das Minimum, das wir heute durchzusetzen haben».[93]

---

90 Luxemburg 1899b.

91 Luxemburg 1912.

92 Geras 1979, S. 118.

93 Zit. nach Geras 1979, S. 119.

3.6. Die sozialistische Genossenschaftsbewegung

Genossenschaften sind ein praktisches und theoretisches Projekt der alternativen Ökonomie, das in seiner Begründung und seinem Verlauf zum Träger sehr unterschiedlicher politischer und sozialer Inhalte und Ziele wurde. Die moderne Genossenschaftsbewegung entwickelte sich mit der Herausbildung des industriellen Kapitalismus und seinen ökonomisch-sozialen Umwälzungen in Europa.[94] Wie bereits aufgezeigt, findet sich ihre politisch-ökonomische Programmatik erstmals in den Schriften der Frühsozialisten formuliert. Sowohl in den sozialen Interessenlagen wie von den politischen Orientierungen her finden sich in den europäischen Ländern und in Deutschland in der zweiten Hälfte des 19. Jahrhunderts unterschiedliche Ansätze zur Begründung von Genossenschaften.[95] Sie reichen in Deutschland von den christlich-konservativen Ideen über liberal-soziale Programme, den Konzepten für Siedlungsgenossenschaften bei Oppenheimer bis zu den libertär-anarchistischen Vorstellungen. Auch innerhalb der Arbeiter- und Gewerkschaftsbewegung sind Genossenschaften durchaus kein monolithischer Block. Die Idee der Arbeiterselbstverwaltung nahm im Verlauf der Zeit unterschiedliche theoretische Deutungen und praktische Gestalt an.

Umstritten war bereits Ferdinand Lassalles Position während der Phase der Herausbildung der eigenständigen politischen Arbeiterbewegung in Deutschland. Die umstrittene Parole hieß: «Produktivgenossenschaften mit Staatshilfe». Formuliert wurde sie 1863 in einem «Offenen Antwortschreiben» an das Leipziger Zentralkomitee zur Berufung eines allgemeinen deutschen Arbeiterkongresses. Sie sollte der «Verbesserung der Lage des Arbeiterstandes in politischer, materieller und geistiger Beziehung» dienen. Da er von der unumstößlichen Geltung seines «ehernen Lohngesetzes» ausging, das der Arbeiterklasse immer den vollen Arbeitsertrag vorenthält, sah Lassalle die «einzige nicht illusionäre Verbesserung der Lage des Arbeiterstandes» darin, dass «sich der Arbeiterstand durch freiwillige Assoziationen als sein eigener Unternehmer organisiert». Dabei setzte er auf die «stützende und fördernde Hand des Staates» im Inte-

---

94 Vgl. Sperling 1991, S. 28ff.

95 Faust 1977.

resse der Arbeiter.[96] Mit dieser Forderung grenzte er sich deutlich gegen die Auffassungen des liberalen Genossenschaftsgründers Schulze-Delitzsch ab, der vor allem die durch den Kapitalismus sich verschlechternde sozial-ökonomische Lage der handwerklich Beschäftigten im Auge hatte. Durch die Bildung von Kredit-, Rohstoff- und Konsumvereinen in Selbsthilfe und Selbstverantwortung hoffte er, ihre Situation zu verbessern und wurde zum Wegbereiter der mittelständischen Genossenschaften, die bis in die Gegenwart wirken.

Die Forderung nach der Einrichtung von Produktivgenossenschaften fand schließlich, nach einigen Auseinandersetzungen zwischen den verschiedenen Flügeln der Sozialdemokraten, Eingang in das Gothaer Programm der vereinigten Sozialistischen Arbeiterpartei von 1875: «Die deutsche Arbeiterpartei verlangt, um die Lösung der sozialen Frage anzubahnen, die Errichtung von sozialistischen Produktivgenossenschaften mit Staatshilfe unter der demokratischen Kontrolle des arbeitenden Volkes. Die Produktivgenossenschaften sind für Industrie und Ackerbau in solchem Umfange ins Leben zu rufen, dass aus ihnen die sozialistische Organisation der Gesamtarbeit entsteht.»

Damit hatte sich die SPD – zumindest programmatisch – entschieden, im Hier und Jetzt mit dem Aufbau alternativ-ökonomischer Projekte zu beginnen. Das Programm erntete harsche Kritik von Karl Marx, der es als opportunistisch und als Kniefall vor den «Lassallianern» brandmarkte. Er warf ihnen vor, dass sie vom Standpunkt der Klassenbewegung zum Standpunkt der Sektenbewegung zurückgehe. Marx schrieb: «Daß die Arbeiter die Bedingungen der genossenschaftlichen Produktion auf sozialem und zunächst bei sich, also [auf] nationalem Maßstab herstellen wollen, heißt nur, daß sie an der Umwälzung der jetzigen Produktionsbedingungen arbeiten, und hat nichts gemein mit der Stiftung von Kooperativgesellschaften mit Staatshilfe! Was aber die jetzigen Kooperativgesellschaften betrifft, so haben sie nur Wert, soweit sie unabhängige, weder von den Regierungen noch von den Bourgeois protegierte Arbeiterschöpfungen sind.»[97]

Damit lehnte er die bestehenden Genossenschaften nicht grundsätzlich ab. Hatte er doch bereits 1864 in der von ihm ver-

96 Lassalle 1964.

97 Marx 1890/91.

fassten «Inauguraladresse der Internationalen Arbeiter Assoziation» – dem Gründungsdokument der Ersten Internationale – den Wert der Genossenschaftsbewegung fast überschwänglich hervorgehoben: «Der Wert dieser großen Experimente kann nicht überschätzt werden. Durch die Tat, statt durch Argumente, bewiesen sie, dass Produktion auf großer Stufenleiter und im Einklang mit dem Fortschritt moderner Wissenschaft vorgehen kann, ohne die Existenz einer Klasse von Meistern, die eine Klasse von ‹Händen› anwendet; dass, um Früchte zu tragen, die Mittel der Arbeit nicht monopolisiert zu werden brauchen als Mittel der Herrschaft über die Mittel der Ausbeutung gegen den Arbeiter selbst.» Damit trat Marx der Auffassung, Arbeiter seien unfähig, Betriebe zu führen, entgegen. Gleichzeitig bezweifelte er in der gleichen Adresse jedoch, dass die Genossenschaftsbewegung in der Lage wäre, «die Massen zu befreien, ja die Wucht ihres Elends auch nur merklich zu erleichtern»[98].

Es war ausgerechnet der Wortführer der revisionistischen Fraktion der SPD, Eduard Bernstein, der das Vertrauen in die Arbeiter, ihre Arbeit selbst zu organisieren, in Frage stellte. Er rechtfertigte die Leitung der Betriebe durch kapitalistische Unternehmer, weil die «sich selbst regierende genossenschaftliche Fabrik» unhaltbar sei:

«Aber für die Aufgaben, welche die Leitung eines Fabrikunternehmens mit sich bringt, wo Tag für Tag und Stunde für Stunde prosaische Bestimmungen zu treffen sind und immer Gelegenheit zu Reibereien gegeben ist, da geht es einfach nicht, dass der Leiter der Angestellten, der Geleiteten, in seiner Stellung von ihrer Gunst und ihrer üblen Laune abhängig sein soll».[99] Bernstein empfahl, sich nicht der Illusion hinzugeben, dass mit der Entfernung der kapitalistischen Eigentümer als «Zentrum, in das alle anderen Organe zusammenlaufen» eine Umwandlung kapitalistischer Unternehmungen in lebensfähige sozialistische Gebilde geschehen kann, daher solle man sie lieber in Ruhe lassen.

Tatsächlich kam es in den sechziger und siebziger Jahren des 19. Jahrhunderts zu einer ersten und in den achtziger und

98 Marx 1864.

99 Bernstein 1969, S. 131.

neunziger Jahren zu einer zweiten Welle von Produktivgenossenschaftsgründungen.[100]

Die ersten Genossenschaften entstanden oft in direktem Zusammenhang mit Streikaktionen als Formen kollektiver Selbsthilfe, um entweder die gewerkschaftlichen Streikkassen zu entlasten, indem Streikende etwa die Arbeit in «Bauausführungsgenossenschaften» fortsetzten oder um im Anschluss an den Streik gemaßregelten Arbeitern Beschäftigungsmöglichkeiten zu eröffnen. Selten waren die Genossenschaften von langer Dauer; überwiegend mussten sie aus Kapitalmangel aufgeben. Staatliche Unterstützung und Lenkung, wie von Lassalle vorgeschlagen, erfuhren sie alle nicht. Oft war auch die Erfahrung, dass die propagierten Erwartungen an bessere Arbeitsbedingungen und demokratische Strukturen der Betriebe kaum eingelöst wurden, am Scheitern schuld. Die insgesamt wenig erfolgreichen Versuche trugen dazu bei, dass die Forderung nach Produktivgenossenschaften in der Programmatik der Arbeiterbewegung an Bedeutung verlor. Zudem ging mit dem zahlenmäßigen Erstarken der Arbeiterbewegung eine Vereinheitlichung der politischen Anschauungen einher. Diese bündelte sich im bereits erklärten wissenschaftlichen Sozialismus, der in der Marxschen Kritik der politischen Ökonomie seinen Unterbau fand.

Anders verhielt es sich mit den Konsumgenossenschaften. Seit Beginn der 1890er Jahre kam es zu einer Welle von Gründungen, die häufig von aktiven Gewerkschaftern initiiert waren. Sie brachten unmittelbare ökonomische Vorteile für ihre Mitglieder und führten dazu, dass die Genossenschaftsbewegung zur unbestrittenen «dritten Säule» neben der gewerkschaftlichen und politischen Arbeiterbewegung wurde. Denn mit dem Anwachsen der Konsumgenossenschaften wuchs auch die Zahl der eigenständigen Produktionsgenossenschaften. 1931 besaß die Großeinkaufsgesellschaft (GEG) 31 Fabriken. Konsumvereine erfassten in der Weimarer Republik auf dem Höhepunkt ihrer Entwicklung nahezu vier Millionen Haushalte. In Berlin gab es beispielsweise keine Brotfabrik, die nicht den Konsumgenossenschaften gehörte. Ebenso kam es nach dem Ersten Weltkrieg, angesichts der großen Wohnungsnot und angesichts der enttäuschten Hoffnungen auf eine Sozialisierung

100 Vgl. Sperling 1991, S. 30.

der Wirtschaft, auch zu einem Boom von Wohnungs- und Bauproduktivgenossenschaften. Ganze Stadtteile und Siedlungen entstanden auf diese Weise, in denen mit neuen Formen sozialen Wohnens und Lebens experimentiert wurde.[101] Mit der Expansion der Genossenschaften in den verschiedenen Sektoren stabilisierte sich eine gemeinwirtschaftliche Vernetzung.[102]

Das Hitler-Regime setzte der hoffnungsvollen Entwicklung ein radikales Ende. Das 1935 erlassene Gesetz über die Verbrauchergenossenschaften schrieb vor, dass wirtschaftlich gefährdete Konsumgenossenschaften aufzulösen seien. Schließlich wurde das gesamte Vermögen der Konsumgenossenschaften und ihrer Betriebe in das neu gegründete Gemeinschaftswerk der Deutschen Arbeitsfront überführt.

Der Wiederaufbau der Verbraucher- und Produktionsgenossenschaften gestaltete sich nach dem Ende des Zweiten Weltkrieges in der neu gegründeten Bundesrepublik aus verschiedenen Gründen schwierig. Der Zentralverband der Konsumgenossenschaften beschloss, sich unter die Gesetze des Marktes und des Wettbewerbs zu stellen. In der alten Bundesrepublik wurden Einrichtungen durch Lebensmittelketten aufgekauft oder konnten sich der Konkurrenz gegenüber nicht behaupten. Besser gestaltete sich das Genossenschaftswesen in der DDR. Die Genossenschaften sollten aktiv an der staatlichen Planung der gesellschaftlichen Entwicklung teilhaben. Daher wurden sie in der neu gegründeten DDR besonders gefördert. Am erfolgreichsten war die Genossenschaftspolitik auf dem Landwirtschaftssektor (LPG). Weiterhin gab es in der DDR Genossenschaften im Bereich des Handwerks (PGH), Gärtnerische Produktionsgenossenschaften (GPG), Produktionsgenossenschaften der Binnenfischer (PGB), Fischereiproduktionsgenossenschaften der See- und Küstenfischer (FPG) und Arbeiterwohnungsbaugenossenschaften (AWG).

Während man in den 1970er und 1980er Jahren in der BRD von einer Wiederbelebung des Genossenschaftsgedankens sprach, ist es in den nachfolgenden Jahren wesentlich stiller geworden. Erst zu Beginn der 1990er Jahre sollten Produktivgenossenschaften im wiedervereinigten Deutschland eine neue Bedeutung gewinnen. Anfang der neunziger Jahre existierten

101 Vgl. hierzu: Novy u.a. 1985.

102 Vgl. Sperling 1991, S. 36.

im marktwirtschaftlichen System der BRD plötzlich viele tausend gewerbliche Genossenschaften, die den dort tätigen ArbeitnehmerInnen gehörten[103], denn die DDR verfügte gegen Ende ihrer staatlichen Existenz über einen bedeutsamen produktivgenossenschaftlichen Sektor. Darauf war die deutsche Marktwirtschaft nicht vorbereitet. Der deutsche Typus der Marktwirtschaft schließt – im Gegensatz etwa zum italienischen oder französischen Typus – die Existenz eines bedeutsamen Sektors von Betrieben in Arbeitnehmerhand aus.[104] Die offizielle Statistik zeigte 1989 ganze 18 eingetragene Produktivgenossenschaften in der BRD, Beywl rechnet zusätzlich mit 20 weiteren, die «den Zählern entgangen» sind, und mit der gleichen Zahl Dienstleistungs- oder Konsumgenossenschaften. Als Haupthindernis für die mangelhafte Ausbreitung von Produktivgenossenschaften in der «alten» BRD sieht er das Blockadeverhalten des konservativen bundesdeutschen Genossenschafts-Verbandswesens gegen die in den 1970er Jahren entstandenen neueren Ansätze einer von den Produzenten getragenen «Wirtschaft von unten»[105]. Mit der Vereinigung beider deutscher Staaten kam es dann zur Vervielfachung des arbeitnehmereigenen Unternehmenssektors im vereinten Deutschland. Dem harten Klima sozial- und wirtschaftspolitischer Restaurierungsprozesse im vereinigten Deutschland waren offensichtlich viele der bis dahin florierenden Betriebe und Einrichtungen nicht gewachsen. Bereits während der unsicheren und durch westliche Desinformationspolitik geprägten Umbruchphase der ersten Jahreshälfte 1990 haben sich vor allem viele Produktionsgenossenschaften des Handwerks in privatwirtschaftliche Unternehmen umgewandelt oder wurden «kalt enteignet»[106]. Ihnen folgten zahlreiche LPGs und PGHs.

Obwohl die DDR-Genossenschaften gute Betriebsergebnisse hatten und auch nach der Wende über ein gutes Image in der ostdeutschen Bevölkerung verfügten, hätte die Förderung von Genossenschaften offensichtlich der Standortdebatte («Der Standort Deutschland muss erhalten bleiben») widersprochen. Durchkapitalisierung der Gesellschaft, Privatisierung sozialer Ri-

103 Beywl 1991, S. 40f.
104 Ebd. S. 41.
105 Ebd. S. 42.
106 Ebd. S. 44.

siken und Zentralisierung politischer Entscheidungsstrukturen, waren scheinbar nicht mit genossenschaftlichen Strukturen zu vereinen. Befördert wurde nun die Umwandlung der Genossenschaften in Vermögensverwaltungsgesellschaften; der eigentliche Genossenschaftsgedanke trat dabei in den Hintergrund. Die soziale Differenzierung der einstigen Kollektivmitglieder und die Diffamierung von Gemeinschaftsunternehmen, z. B. LPG-Nachfolger als «rote Junker», sowie der ökonomische Druck begünstigten die Produktionskonzentration und reduzierten Spielräume für alternative Wirtschaftsformen.[107] Das ist bedauerlich, denn gerade die Konzentrationsprozesse und der Konkurrenzdruck zur «Verschlankung» bedeuteten oder beförderten den Abbau von Erwerbsarbeitsplätzen und Milieu- und Umweltzerstörung.

Die verpasste Chance der Gründung bzw. Übernahme von Genossenschaften in Ostdeutschland ist auch deshalb zu beklagen, weil in der genossenschaftlichen Diskussion der Alt-BRD vor der «Wende» Bemühungen unternommen worden waren, die Produktivgenossenschaften wieder in die wirtschaftspolitische Diskussion zu bringen. Dies führte 1985 zur Gründung des «Vereins zur Förderung des Genossenschaftsgedankens», der auf die (zaghafte) Öffnung der Verbände hinwirken konnte. Mit Unterstützung durch die seit 1988 tätige «InnovA – Entwicklungsagentur für Neue Genossenschaften» in Bonn, sind seit dieser Zeit etliche Neugründungen erfolgt. 2006 wurde dann auch das Genossenschaftsgesetz novelliert. Damit sollte es kleineren Betrieben erleichtert werden, diese Betriebsform zu wählen und genossenschaftliche Kooperationen von Mittelstandsunternehmen sollten ermöglicht werden. Im Folgenden sollen die wichtigsten Merkmale, die eine Produktivgenossenschaft kennzeichnen, aufgezeigt werden.

In Abgrenzung zu anderen Unternehmen nimmt Burghard Flieger eine Charakterisierung von produktivgenossenschaftlichen Unternehmen vor. Er nennt drei Prinzipien: Förder-, Identitäts- und Demokratieprinzip und den «weichen» Faktor «Genossenschaftsgeist».[108] Das Förderprinzip ist der gesetzliche Ausgangspunkt nach §1 des Genossenschaftsgesetzes (Gesetz betreffend die Erwerbs- und Wirtschaftsgenossenschaften vom

107 Vgl. Dellheim 1997, S. 6f.

108 Flieger 1996, S. 21.

1. Mai 1889, novelliert mit Wirkung zum 1. August 2006), wonach die Genossenschaften «die Förderung des Erwerbs oder der Wirtschaft mittels gemeinschaftlichen Geschäftsbetriebes bezwecken». In der genossenschaftlichen Wirtschaftspraxis soll nicht die Kapitalverwertung, sondern die Befriedigung von Bedürfnissen der Mitglieder im Vordergrund stehen. Das Identitätsprinzip besagt, dass Anbieter und Nutzer identisch sind und die Nutzer sogleich die Träger der gemeinschaftlichen Leistungen sind. Das dritte unabdingbare Charakteristikum der Genossenschaft ist das Demokratieprinzip. Es verlangt eine demokratische Organisationsform mit der höchsten Entscheidungsinstanz der Generalversammlung, also der Gesamtheit aller Mitglieder einer Genossenschaft. Wichtigstes Demokratieinstrument ist, dass jedes Mitglied unabhängig von der Anzahl der gezeichneten Geschäftsanteile nur eine Stimme hat. Das letzte Prinzip, der Genossenschaftsgeist, andere nennen es Solidaritätsprinzip, kann freilich weder in einem Gesetz festgeschrieben noch verordnet werden. Grundwerte hierfür wurden auf dem 29. Kongress des Internationalen Genossenschaftsbundes im Juli 1988 in Kopenhagen festgelegt. Es entstand ein Wertekatalog, welcher Werte der Selbsthilfe und der gegenseitigen Selbsthilfe ebenso enthält wie nichtgewinnorientierte Werte, demokratische Werte und Werte auf Freiwilligkeitsbasis, Erziehungswerte sowie zielgerichtete Werte. Der Streit darüber, ob Genossenschaften ein spezifisches menschliches Verhalten oder gar einen «homo cooperativus»[109] und damit auch eine besondere Form der Erziehung, Bildung und Ausbildung voraussetzen, ist bis heute nicht ausgestanden.

Gegenwärtig zeigt sich ein Trend der erfolgreichen Ausdifferenzierung überschaubarer Genossenschaften. Im Gegensatz zu Mega-Genossenschaften erweisen sie sich in vielfältiger Weise als «fortschrittsfähige Organisationen»[110]. In technischen, ökologischen und sozialen Bereichen haben sich intellektuelle «Professionsgenossenschaften» qualitativ und quantitativ ausgeweitet. Sie entstehen meist aus den neuen sozialen Bewegungen und zeichnen sich durch hohe Professionalität der Arbeit aus. Sozialgenossenschaften sind Organisationen der Hilfe auf Gegenseitigkeit, deren Mitglieder im sozialen Sektor

109 Draheim 1955, S. 48.
110 Flieger 1996.

agieren und deren Solidarität über den Mitgliederkreis hinaus am Gemeinwohl orientiert ist.[111] Sie können auf Grund europäischer Synergien, z.B. Förderung durch EU-Programme wie EQUAL, ausbaufähige Bedeutung für den zentraleuropäischen Raum erlangen. Sie zeigen, dass sich Wirtschaftlichkeit und sozialpolitisch verantwortliches Handeln nicht widersprechen müssen. Das verdeutlicht das breite Spektrum vorhandener Sozialgenossenschaften, die sich in den letzten Jahren entwickelt haben. Sie reichen von Unternehmen zur Arbeitsplatzsicherung für benachteiligte Gruppen über Betriebsgenossenschaften, die Tagesstätten für behinderte Kinder oder Schulen führen, bis hin zu neuen Dienstleistungskooperativen im Altenbereich. Der Durchbruch innerhalb der Vielfalt genossenschaftlicher Unternehmen als eingetragene Genossenschaft (e.G.) ist ihnen in Deutschland bisher allerdings nicht gelungen.[112] In dieser Hinsicht waren die aus dem Anspruch des nachhaltigen Wirtschaftens in den letzten Jahren entstandenen Erzeuger-Verbraucher-Genossenschaften (EVG) erfolgreicher. Sie sind für Produzenten und Konsumenten gleich wichtig und bringen beide Parteien zusammen. Das heißt einerseits Kontrolle durch den kritischen Verbraucher, für den es wichtig ist zu wissen, wo sein Essen herkommt; und andererseits gerechte Preise für den Erzeuger. EVGs wollen den kontrolliert ökologischen Landbau in ihrer Region stärken. Diese «Konsumgenossenschaften mit ökologischer Ausrichtung» haben ihre Perspektive hauptsächlich in der Vermarktung eigener Produkte mit eigenem Label. Ein expandierender Sektor sind die Wohnungsgenossenschaften. Ende der 1990er Jahre gab es alleine in Deutschland etwa 2050. Neuerdings hat die Schaffung von generationsübergreifendem gemeinschaftlichem Wohnraum Priorität.[113]

Genossenschaften und genossenschaftsähnliche Betriebe und Einrichtungen – auch wenn sie nicht ausnahmslos diese Rechtsform gewählt haben – stehen nach wie vor im Zentrum des alternativ-ökonomischen Interesses, zumal sie weltweit verbreitet sind.

---

111 Vgl. Flieger 1998, S.138.

112 Flieger 2003.

113 Schwendter 1999, S. 62f.

3.7. Das Oppenheimersche Transformationsgesetz

Nur äußerst selten gelangt eine Produktionsgenossenschaft zur Blüte. Wo sie aber zur Blüte gelangt, hört sie auf, eine Produktivgenossenschaft zu sein.[114] Dieser Satz ist das Resümee einer empirisch-theoretischen Aufarbeitung der Entwicklung produktivgenossenschaftlicher Unternehmen durch Franz Oppenheimer (1864–1943). Bekannt geworden ist es unter dem Begriff «Oppenheimersches Transformationsgesetz». Veröffentlicht ist es in seiner Schrift «Die Siedlungsgenossenschaft. Versuch einer positiven Überwindung des Kommunismus durch Lösung des Genossenschaftsproblems und der Agrarfrage». Oppenheimer führte in die Klassifikation der Genossenschaften die Unterscheidung zwischen Käufer- und Verkäufergenossenschaften ein.[115] Wie der Titel der Studie bereits ausdrückt, diskutierte er die Genossenschaften, besonders die Produktivgenossenschaften, unter dem Aspekt der Lösung der Sozialen Frage im bestehenden kapitalistischen System. Analog zur sozialistischen Gesellschaftskritik führte er die Armut der ArbeiterInnen auf das Lohnsystem und dieses wiederum auf das Privateigentum an Produktionsmitteln zurück (vgl. S. 8f.). Zur Lösung der Sozialen Frage können Produktivgenossenschaften nach seiner Auffassung nur dann beitragen, wenn es mit ihrer Hilfe gelingt, dem Unternehmer die «Profitrate möglichst ganz zu entreißen» (vgl. S. 137). Aus seiner Analyse entwickelte er einen theoretischen Ansatz, der Eingang in die Genossenschaftswissenschaft fand und auch unter dem Begriff der Instabilitätsthese gefasst wird.

Mit dem Aufzeigen der besonderen Schwierigkeiten von Produktivgenossenschaften liefert Oppenheimer die empirisch fundierte Begründung für dieses Gesetz.[116] Er stellt fest, dass im Vordergrund der Probleme, die zur Transformation führen, Schwierigkeiten bei der Finanzierung, beim Absatz und vor

114 Franz Oppenheimer (1896): Die Siedlungsgenossenschaft. Versuch einer positiven Überwindung des Kommunismus durch Lösung des Genossenschaftsproblems und der Agrarfrage, Leipzig, S. 45. Seitenangaben in diesem Unterkapitel beziehen sich auf diese Ausgabe.

115 Bernstein 1969, S. 129.

116 Flieger 1996, S. 128f.

allem «Disziplinprobleme» stehen. Seine makrosoziologische bzw. volkswirtschaftliche Betrachtung hat die Diskussion über die «Funktionsfähigkeit» von Produktivgenossenschaften entscheidend geprägt.

Oppenheimer unterscheidet vier aufeinanderfolgende Phasen, die Produktivgenossenschaften durchlaufen (vgl. S. 46). Sie sind Ausdruck für eine zunehmende Anpassung an die kapitalistische Organisationsform. Die erste Phase, die Gründungsphase mit der Formulierung der Statuten, nennt er «Jugendform», sie ist von kurzer Dauer, «weil die Gesetze der Anpassung schon mit dem Augenblicke ihrer Entstehung das Werk der Umformung beginnen». Im zweiten Stadium, dem «Kampf ums Dasein» (S. 48), geraten die meisten Produktivgenossenschaften entweder in Konkurs oder werden aufgelöst. Nach seiner Analyse werden rund 60 % der Genossenschaften höchstens sieben Jahre bestehen, es kann aber auch noch nach fünfundzwanzigjährigem Bestehen zur Auflösung kommen (vgl. S. 49). Das dritte Stadium nennt er dann «Auswahl des Passendsten» (S. 63), es wird nur von wenigen Produktivgenossenschaften erreicht. Die meisten werden vorher durch den Wettbewerb vom Markt gefegt. Nun analysiert Oppenheimer die Ursache ihres Erfolges und stellt fest, dass bei diesen durch «die Natur ihres Gewerbes oder glückliche Umstände der Organisation» (S. 64) eines oder mehrere der drei Hauptprobleme – Finanzierung, Absatz, Disziplin – nicht zum Tragen kommen. Meist sind es kleine, überschaubare, in Marktnischen angesiedelte Betriebe. Die vierte und letzte Phase ist schließlich die «Altersform» oder der «ausgebildete Parasitismus» (S. 75). In dieser Phase lässt sich kein qualitativer Unterschied zum kapitalistischen Unternehmen mehr feststellen. Sie wird als Abschlussphase des Transformationsprozesses bezeichnet. In diesen nicht mehr produktivgenossenschaftlichen Organisationen werden die Unternehmensleitungen nicht mehr demokratisch gewählt bzw. abgewählt, es steigt die Zahl der mitarbeitenden Nichtgenossen, also der Lohnarbeiter, die «ausgebeutet» werden, und die Zahl der nicht mitarbeitenden Genossen, die er als «Aktionäre» bezeichnet. Während des Untersuchungszeitraums fand er keine einzige Produktionsgenossenschaft, die die Aufgabe erfolgreich gelöst hatte, «den Wettbewerb mit dem fabrikmäßigen Großbetrieb aufzunehmen» (S. 70). Aus all dem zog er den Schluss, dass erfolgreiche Produktivgenossenschaften «nicht nur aus[sehen] wie kapitalistische Wirtschaftsgebilde, sondern sie sind es» (S. 115).

Für Scheitern oder Transformation – beides zwei Seiten einer Medaille – lassen sich zwei Hauptgründe herausarbeiten:

Erstens: Da sie sich auf dem profitorientierten Markt behaupten mussten, waren sie den immer wiederkehrenden Wirtschaftskrisen – wie jeder andere Betrieb auch – unterworfen. In einer Wirtschaftskrise konnte sich die Geschäftsführung aber nicht von ihren Mitarbeitern, die ja auch Mitglieder der Genossenschaft waren, trennen. Die Mitglieder aber hatten, da der Betrieb ihre einzige Einnahmequelle war, wenn sie erwerbslos wurden, zusätzlich zum fehlenden Einkommen auch noch die Betriebskosten mit zu übernehmen und standen so schlechter da als die regulären Erwerbslosen. Sie mussten ihre Betriebe in praktisch allen Fällen nach relativ kurzer Zeit schließen.

Zweitens: Hatten Produktionsgenossenschaften eine Krise überlebt und endlich Geld in den Kassen, wollten sie dieses keinesfalls mit weiteren Mitgliedern teilen. Sie tendierten vielmehr dazu, statt neue Mitglieder anzuwerben, Angestellte zu beschäftigen, die sie heuern und feuern konnten und hatten damit zwei unterschiedliche Mitarbeitergruppen («Eigentümer» und Angestellte) mit den entsprechenden Auseinandersetzungen.

Oppenheimer selbst stellte, nachdem er die Produktivgenossenschaften für gesellschaftliche Veränderungen als unbrauchbar qualifiziert hatte, ausführlich die Siedlungsgenossenschaft als die zentrale Lösung für gesellschaftliche Veränderungen dar.

Bernstein setzt nach der Auseinandersetzung mit dem Oppenheimerschen Transformationsgesetz auf Verbrauchergenossenschaften. Er ist vor allem davon überzeugt, dass sich «die selbstregierende genossenschaftliche Fabrik als unlösbares Problem herausgestellt hat», weil sie, «wenn alles übrige passabel ging, am Mangel an Disziplin scheiterte». Damit war für ihn bewiesen, dass «die Aufgaben, welche die Leitung eines Fabrikunternehmens mit sich bringt», nicht von den Arbeitenden selbst zu leisten war.[117] Also musste man das kapitalistische Wirtschaftssystem beibehalten. Er setzte auf die Käufergenossenschaften, deren gleichmäßige Ausdehnung er – im Gegensatz zu Rosa Luxemburg – für wünschenswert hielt.

117 Bernstein 1969, S. 131.

Von vielen GenossenschaftstheoretikerInnen wird als Phänomen bei der Auseinandersetzung über Produktivgenossenschaften herausgegriffen, dass in der Anfangsphase quasi das Scheitern bereits verankert ist, so als sei das naturwüchsig und es gäbe gar keinen anderen Ausweg. Meistens soll damit das Vorhandensein eines Konstruktionsfehlers bewiesen werden, der der genossenschaftlichen Unternehmensform immanent ist. Der Fehler ist allerdings nirgends genau dargelegt bzw. entsprechend erklärt worden. Auch nicht bei Oppenheimer selbst. In der Zwischenzeit gibt es viele Beispiele, die die Thesen des Transformationsgesetzes in Frage stellen, weil sie sich auch innerhalb der kapitalistischen Produktionsbedingungen unter bestimmten Voraussetzungen erfolgreich behaupten.[118]

3.8. Gesells Theorie der natürlichen Wirtschaftsordnung

Zahlreiche Tauschringe, die sich im Umkreis der globalisierungskritischen Bewegungen etablieren, finden ihre ideologische Basis in der Freigeld-Theorie von Silvio Gesell.[119] Im Jahre 1916 veröffentlichte der deutsch-argentinische Kaufmann Silvio Gesell (1862–1930) sein Buch: «Die natürliche Wirtschaftsordnung durch Freiland und Freigeld». Bei diesem Konzept geht es nicht mehr um die Frage einer grundsätzlichen Umwandlung der kapitalistischen Marktwirtschaft, auch nicht um eine schrittweise Veränderung und auch nicht um Inseln innerhalb des bestehenden Systems. Im Gegenteil: Silvio Gesell geht es grundsätzlich darum aufzuzeigen, dass die Marktwirtschaft die beste Wirtschaftsordnung wäre, wenn sie nicht «kapitalistisch verzerrt» wäre.[120] Ziel der theoretischen Überlegungen ist daher eine von Zins und Bodeneigentum befreite Marktwirtschaft. Durch eine solche befreite Marktwirtschaft soll nach Gesell verhindert werden, dass die Konzentration von Geld und Grundbesitz in den Händen Weniger die freie wirtschaftliche Entfaltung der Mehrzahl der Menschen behindert.

Der Vorschlag für seine Geldreform sah die Einführung von sogenanntem «Freigeld» als Ersatz für das bisher übliche Geld

118 Siehe hierzu vor allem Kapitel 7. in diesem Buch.

119 Siehe auch Abschnitt 6.2. in diesem Band.

120 Weiss 2009, S. 26.

vor. «Freigeld» sollte in Zetteln und Kleingeldzetteln ausgegeben werden. Die Kleingeldzettel sollten – ähnlich wie Briefmarken – abgerissen werden. Sie sollten zur Entwertung des Geldes dienen, weil das Geld pro Woche um ein Tausendstel weniger Wert haben sollte. Der Besitzer eines Zettels sollte jede Woche eine Marke aufkleben, um zu bestätigen, dass der Geldschein nun ein Tausendstel weniger wert ist. Damit sollte der Inhaber des Zettels (des Geldes) dazu veranlasst werden, sein Geld schneller auszugeben. Das Münzgeld sollte abgeschafft werden und an die Stelle der Reichsbank ein Reichswährungsamt treten, das für den Geldverkehr sowie für den Zuschuss und die Regulierung der Geldmenge zuständig sein sollte. Das Reichswährungsamt sollte auch am Ende des Jahres alle Geldscheine (Zettel) aus dem Verkehr ziehen und neue einführen.

Gesell ging davon aus, dass Geld zurückgehalten, dem Wirtschaftskreislauf entzogen und gehortet werden könne, weil es im Unterschied zu anderen Waren unverderblich sei und keine Lagerkosten verursache. Menschen mit Geldbesitz seien damit jenen mit Warenbesitz überlegen und darin liege die Ursache des Zinses. Das Horten von Geld und dessen Einsatz zu Spekulationsgeschäften gefährde die gesamtwirtschaftliche Nachfrage und führe zu Wirtschaftskrisen. Je höher der Zins, desto weniger Geld fließe in den Produktions- und Einkommenskreislauf bzw. desto mehr Geld würde dem Kreislauf entzogen, weil sich z.B. Unternehmen keine Kredite für neue Investitionen oder Haushalte keine Kredite für privaten Konsum leisten können. Die Folge seien Kreislaufstörungen oder ein Kreislaufkollaps der Wirtschaft.[121] Das Horten von Geld müsse daher genauso teuer werden wie das Horten von Waren. Als Mittel zur Umsetzung dieser Idee stellte sich Silvio Gesell eine «Parkgebühr» für gehortetes Geld vor, die umso höher ausfallen müsse, je mehr und je länger das Geld dem Produktions-Einkommens-Kreislauf entzogen wird. So sollte dem Kapitalmarkt mehr Geld zufließen, das Angebot von Seiten der Banken an Krediten sollte steigen, der Kreditzins nach dem Gesetz von Angebot und Nachfrage sinken und sich langfristig gegen Null bewegen. Was übrig bliebe, wäre eine Kreditvermittlungsgebühr für

---

121 Hier ist anzumerken, dass die «Haltbarkeit» von Geld selbstverständlich nicht ganz unbegrenzt ist; immerhin kann es zur Inflation kommen, die Geld, je nach Inflationsrate, mehr oder weniger entwertet.

die Geschäftsbank, mit denen Kosten und Gewinne bestritten werden sollen.

Das Konzept von Silvio Gesell wurde von zahlreichen Zeitgenossen, unter anderem vom Anarchisten Gustav Landauer, voll unterstützt. Landauer bezog sich in seinem Buch «Aufruf zum Sozialismus» auf Gesells Theorie, indem er schrieb: «Sehr wertvoll sind darum die Vorschläge, die Silvio Gesell gemacht hat, um ein Geld zu finden, das nicht, wie heute, mit den Jahren an Wert gewinnt, sondern umgekehrt von Anfang an progressiv an Wert verliert, so dass der, der durch Hingabe eines Produktes in den Besitz des Tauschmittels gelangt ist, kein angelegentliches Interesse haben wird, als es so schnell wie möglich wieder gegen ein Produkt einzutauschen und so immer weiter.»[122]

Alexandra Weiss macht darauf aufmerksam, dass Gesell und seine AnhängerInnen eine vorwiegend moralische Kritik am Kapitalismus äußern und das «gute» produktive Kapital dem «schlechten» zinstragenden Kapital gegenüberstellen. So suggerieren sie, dass das marktwirtschaftliche System bestens funktionieren würde, wären da nicht profitgierige Menschen mit Geldkapitalbesitz, die dem Wirtschaftskreislauf Geld entziehen, damit Kapitalknappheit herstellen und die Zinsen in die Höhe treiben.[123] Folge ist, dass die Unternehmen – als Repräsentanten des guten, produktiven Kapitals – unter Druck geraten, weil Kredite für Investitionen dann teurer werden. Weiss vertritt die Meinung, dass bei dieser Theorie verkannt wird, dass das kapitalistische System eine Trennung von Industrie- und Finanzkapital gar nicht zulässt. Das kritisierte «arbeitslose Einkommen» kommt nicht nur beim Finanzkapital zum Tragen, sondern auch beim produktiven Kapital. Da die Arbeitswertlehre verworfen wird, wurden der Mechanismus der Mehrwertproduktion und die damit im Zusammenhang stehenden Produktionsverhältnisse nicht erkannt oder beleuchtet. Die Ausbeutung durch Mehrarbeit[124] im System der marktvermittelten Lohnarbeit oder gar in der Reproduktionsarbeit bzw. Subsistenzarbeit[125] werden ge-

---

122 http://www.anarchismus.at/txt2/landauer3.htm (Zugriff: 5.10.2010).

123 Weiss 2009, S. 27.

124 Mehrarbeit ist die über die zur Erhaltung der Arbeitenden hinausgehende Arbeit; notwendige Arbeit ist jene, die zur Herstellung jener Güter nötig ist, die die Arbeitenden zur Reproduktion ihrer Arbeitskraft brauchen.

125 Siehe das Kapitel 5.3.1. in diesem Buch.

nauso wenig problematisiert oder theoretisiert wie die Frage der Verteilung des Eigentums und der Produktionsverhältnisse. Gesell interessiert sich nur für Angebot und Nachfrage, also für die Preisverhältnisse und nicht für die dahinter stehenden Werte. Indem von den Produktionsverhältnissen abstrahiert wird, wird die Funktion des Geldes relativ isoliert betrachtet. Zu fragen wäre, wie die Zinszuwächse zustande kommen und was Profiteure von Zinserträgen damit anfangen, wenn sie nicht in Waren umsetzbar wären. Gesell behauptet zwar, dass der Geldzins nichts mit dem im doppelten Sinn freien Proletariat[126] zu tun hat. Wie ohne Mehrwertproduktion und den daraus erwachsenden Waren Zinserträge in Waren umgesetzt werden sollten oder warum jemand Wert auf Zinserträge legen sollte, wenn ihnen kein realer Gegenwert entspricht, bleibt offen.

Alexandra Weiss macht auch darauf aufmerksam, dass Theorien von «natürlichen Ordnungen» schließlich immer schon der Verschleierung von Herrschafts- und Gewaltverhältnissen dienten. Deshalb wundere sie sich nicht darüber, dass der gesellschaftliche Antagonismus, den Gesell und sein Umfeld ableiten, nicht einer zwischen Klassen oder gar den Geschlechtern ist. Vielmehr sind es Lohnabhängige und Unternehmen gemeinsam, die dem (internationalen) Finanzkapital gegenüberstehen, eine ideologische Figur, die aus der NS-Ideologie bekannt ist. Hier wird in der sogenannten «Zinsknechtschaftslehre» das «schaffende» dem «raffenden» Kapital – verkörpert von «den Juden» – gegenübergestellt. Heute wird diese Trennung oft im Sinne von «gutem» nationalem und «schlechtem» internationalem Kapital nachvollzogen. Nationalismus und Antisemitismus scheinen nach Weiss' Meinung strukturelle Probleme der Freiwirtschaftslehre zu sein.

Verbunden mit den wirtschaftspolitischen Vorstellungen identifiziert Weiss ein reaktionäres Frauenbild. Gesell teilt die zu seiner Zeit weit verbreitete sozialdarwinistische Vorstellung, dass die Menschen durch die moderne Zivilisation degeneriert würden. Seine «natürliche Wirtschaftsordnung» ermögliche einen «Kampf ums Dasein», in dem der wirtschaftliche Erfolg zeige, wer am durchsetzungsfähigsten sei und welche Männer die besten Erbanlagen hätten. Diese Männer würden dann von

126 «Frei» von Produktionsmitteln und frei, die eigene Arbeitskraft zu verkaufen.

den Frauen in der Partnerwahl bevorzugt, sich am stärksten fortpflanzen und ihr Erbmaterial verbreiten. In diesem Sinn prophezeit Gesell eine «Hochzucht» der Menschheit, durch die die «Minderwertigen» verschwinden würden.

Grund und Boden wollte Gesell in öffentliches Eigentum überführen und verpachten. Die Pacht sollte an den Staat gezahlt und an Mütter nach Zahl ihrer Kinder als «Mutterrente» verteilt werden. Gesell bezeichnete dies als die «glücklichste Lösung der Frauenfrage». Männliche Privilegierung wäre damit aufgehoben, und die Grundrente als ökonomische Sicherheit gewähre den Frauen «das freie Wahlrecht [...] und zwar nicht das inhaltsleere politische Wahlrecht, sondern das große Zuchtwahlrecht».[127] Die Wahl, vielleicht gar nicht Mutter sein zu wollen, spielt hier keine Rolle, ein gesellschaftliches Wollen von Frauen jenseits der Mutterschaft scheint undenkbar. Heute wird dies in einem Infobrief des «Netzwerks gegen Konzernherrschaft»[128] als Eintreten Gesells für ein «Entgelt für Erziehungsleistungen» verbrämt.[129] Und Margrit Kennedy stellt Gesells Konzept als «Lastenausgleich» für Kindererziehung dar.[130] Beide gehen offensichtlich davon aus, dass durch ein Entgelt für die Leistung der Kindererziehung Frauen aus der Abhängigkeit von den Männern befreit würden. Die Notwendigkeit der langfristigen eigenständigen Existenzsicherung durch sinnvolle, gesellschaftlich organisierter, möglichst selbstbestimmter Erwerbsarbeit auch für Frauen, gerät aus dem Blick.

127 Zitate nach Weiss 2009, S. 27.

128 http://www.netzwerk-neoliberalismus.net/

129 Schwarz 2002, S. 41f.

130 Kennedy 1989, S. 22f.

4. Theorien der 1960er und 1970er Jahre – Entstehungsbedingungen und Motive

Ende der 1960er Jahre entwickelte sich in der Bundesrepublik aus den studentischen Protestaktionen gegen den Vietnamkrieg und die skrupellosen Ausbeutungstaktiken der Großkonzerne eine «neue Alternativkultur» mit Wohngemeinschaften, Alternativbetrieben und kommunitären Lebensgemeinschaften. Die «neuen» Gemeinschaftsprojekte machten von sich reden, und besonders den Kommunen mangelte es nicht an öffentlicher Aufmerksamkeit. An vielen Orten gaben Projekte der alternativen Ökonomie den Impuls, aus der «Wohlstandsgesellschaft» auszusteigen und mit autarken Wohn- und Arbeitskollektiven alternative Lebenskonzepte gleichberechtigter Mitglieder zu realisieren, die die Isolation des Einzelnen in der Kleinfamilie und die Fixierung der Geschlechterrollen in neuen Formen des Zusammenlebens und -arbeitens auflösen wollten. Bewusst oder unbewusst setzten sie an anarchistischen und sozialistischen Theorien vergangener Zeiten an. Die Frage «Reform oder Revolution» als Antwort auf das Elend, das der industrielle «Fortschritt» für die Arbeitenden mit sich brachte, wurde neu gestellt. Fragen wie diese erhitzten die Gemüter: War es möglich, autonome utopische Inseln innerhalb des Bestehenden oder am Rande des patriarchalen Kapitalismus aufzubauen, vor der bösen Welt zu flüchten und den Träumen von einer besseren Welt ohne Unterdrückung und Angst nachzuhängen, ohne etwas gegen die Unterdrücker zu unternehmen? Müssten nicht die Ursachen der Auswüchse dieses Systems gründlich analysiert werden und schließlich an seinem Umsturz gearbeitet werden?

Viele AktivistInnen stellten sich damals der politischen Herausforderung, im Hier und Jetzt Experimente einer anderen Wirtschaft und eines anderen Arbeitens mit dem Blick auf die ganze Arbeit und das ganze Leben zu entwickeln; viele, ohne das Ziel der grundlegenden Veränderung der gesellschaftlichen Verhältnisse aus dem Blick zu verlieren.

4.1. Utopische Flucht oder revolutionärer Kampf?

MarxistInnen u. a. Linke sahen die alternative Wirtschaft – und sehen sie oft immer noch – als politische Flucht vor der gesellschaftlichen Verantwortung zur Einläutung einer radikalen Veränderung der kapitalistischen Produktionsverhältnisse. Das Reibungsverhältnis ist alt, mindestens so alt wie die Konzepte für alternative Wirtschaft. Reform oder Revolution ist aber auch eine Frage, die sowohl unter TheoretikerInnen als auch unter PraktikerInnen der alternativen Ökonomie und unter all jenen, die von einer besseren Lebens-Arbeits-Welt träumen, immer wieder gestellt wurde und auch weiter gestellt wird.

Die gegenseitigen Vorbehalte sind alt. MarxistInnen betrachteten die AktivistInnen skeptisch und bezeichneten die Alternativen lange Zeit als «Wirrköpfe» und Utopisten oder als Idealisten und Individualisten, die sich auf den Spielwiesen der «Risikogesellschaft»[131] tummeln und ihre Hoffnung in der Dissidenz sehen, anstatt revolutionären Kampf zu organisieren. Sie unterstellten den AktivistInnen zudem Realitätsferne, vor allem dann, wenn deren Projekte ohne sozialstaatliche Hilfe nicht lebensfähig waren. Denn diese Hilfe bekamen sie schließlich von demselben Staat, aus dessen Abhängigkeit sie flüchten wollen. Tatsächlich liegt die Perspektive der meisten VertreterInnen der alternativen Ökonomie – ähnlich wie bei den Frühsozialisten – in der Entwicklung einer eigenverantwortlichen Arbeits- und Lebenskultur *neben* der vorherrschenden kapitalistisch-patriarchalen Wirtschaft, *bevor* durch eine revolutionäre Umgestaltung die allgemeinen Bedingungen dazu geschaffen sind.

Ohne Zweifel haben sich viele Menschen frustriert aus dieser Gesellschaft zurückgezogen, die es eigentlich zu verändern gilt. Sie wollen in ihren vielfältigen kleinen Projekten und Gemeinschaften für das bessere Leben arbeiten, anstatt ständig gegen etwas anzukämpfen, was sie scheinbar ohnehin nicht verändern können. Daher erwarten sie keine gesamtgesellschaftlichen Veränderungen, bestenfalls hoffen sie, dass das Netz der alternativen Projekte immer größer und stabiler wird und die alte gesellschaftliche Ordnung durch die alternative Ordnung

131 Beck 1986.

schrittweise ersetzt wird.[132] Das ist wiederum ein Bild von «einzelnen Überlebensinseln»[133]. Schließlich kann es den Alternativen auch nicht gleichgültig sein, wie die «alte Gesellschaft» mit ihren Krisen und Konflikten, von denen sie nicht unbeschadet bleibt, umgeht. Die Auswirkungen von Kriegen und Bürgerkriegen, Umweltkatastrophen, Atomkraftwerken oder gar Atomwaffen, Vertreibungen und Plünderungen, Gewalt gegen Menschen, Erwerbslosigkeit und Armut machen auch vor Gemeinschaften und Projekten der alternativen Ökonomie und ihren AktivistInnen nicht Halt. Schon deshalb wird es notwendig, dass sich die Betriebe und Projekte gegenüber der Gesellschaft öffnen und sich mit den Strukturen von Macht und Gewalt innerhalb der kapitalistischen Ökonomie auseinandersetzen. Die Bewältigung der neuen Aufgaben, die die gegenwärtige Umbruchsituation der postmodernen Gesellschaft stellt, erlaubt keine wertneutrale Position, wenn die offensichtlichen Risiken von Inseln im Strom oder «Halbinseln gegen den Strom»[134] vermieden werden sollen. Automatisch wird sich die kapitalistische Welt nicht verändern, wenn die konstruktive Auseinandersetzung mit den Schäden der modernen Zivilisation – damit sind Schäden gemeint, die die Umwelt, aber auch solche, welche die zwischenmenschlichen Beziehungen betreffen – unterbleibt. Theodor W. Adorno (1971) ist nach wie vor zuzustimmen, wenn er schreibt: «Alle Versuche, gegen die alles durchdringende Kälte anzugehen, sind zum Scheitern verurteilt, die nicht direkt an die gesellschaftlichen Wurzeln rühren, das heißt, an die gesellschaftliche Ordnung, die die Kälte produziert und reproduziert.»

Auf alle Fälle sind alte Forderungen der sozialistischen Arbeiterbewegung nach Aufhebung der sozialen Ungleichheit, der gesellschaftlichen Exklusion und der Ungleichheit zwischen den Geschlechtern wieder aufzunehmen, und es gilt, die «Machtfrage» neu zu stellen. Voraussetzung hierfür ist allerdings, dass das Ziel der Aufhebung der Ausbeutung von Menschen durch Menschen noch AnhängerInnen findet. Gerade angesichts der

---

132 Zur Theorie und Praxis der Kooperation und Vernetzung alternativökonomischer Betriebe und Projekte siehe: Flieger/Nicolaisen/Schwendter 1995, sowie Kapitel 9.1. in diesem Buch.

133 eurotopia 2000/2001, S. 31.

134 Habermann 2009.

aktuellen Krise mehren sich die Stimmen, und keineswegs nur von FeministInnen, die sagen, dass der Crash männergemacht ist und Derivate und Hedge Fonds «Hirngeburten einer ebenso verantwortungs- wie maßlosen Männerkultur mit hohem Testosteronpegel» seien. Christa Wichterich fragt danach, wodurch diese Systemkrise des Kapitalismus zustande gekommen ist und welche Funktionslogik hinter den «boni-geilen Ackermännern und selbstverliebten Machermachos» steht. In der Krise sieht sie die Chance und eine «gute Gelegenheit, marxsche Kategorien mit denen feministischer Ökonomie zu verbinden».[135]

Das *wäre* eine gute Gelegenheit – wenn sie genutzt würde. Denn das Problem der fortschreitenden Entfremdung, Rationalisierung, Technisierung und Mediatisierung unserer Lebens- und Arbeitswelt kann weder durch Selbstversorgung auf einem Bauernhof noch durch Selbstverwaltung in einem Unternehmen gelöst werden. Viele KritikerInnen übersahen – und übersehen oft weiterhin – dass es die herrschende Ökonomie selbst ist, die die Probleme hervorgebracht hat, auf die die Alternativbewegungen in vielfältiger Weise reagieren. Dass die Alternativbewegung mit ihren begrenzten Projekten die neoliberale Wirtschaftsordnung nicht grundsätzlich in Frage stellen kann, war und ist den meisten AktivistInnen bewusst, viele hatten diesen Anspruch gar nicht. Andere wollten – und wollen es immer wieder – im Hier und Jetzt durch gelebte Utopien Beispiele schaffen. Daraus könnte eine soziale und politische Bewegung entstehen, die die vorhandene Wirtschaftsordnung grundsätzlich in Frage stellt. Das wird aber nur dann möglich sein, wenn sie sich früher oder später der Auseinandersetzung mit Kapital und Macht stellt.[136]

135 Wichterich 2009, S. 22.

136 Halbach/Nolte 2000, S. 32. Zu diesem Schluss kommen selbst Autoren des sonst recht pluralistisch angelegten Verzeichnisses europäischer Gemeinschaften und Ökodörfer.

4.2. Gibt es ein richtiges Leben im falschen?

Mit der Gründung von Gegenkulturen und Überlegungen mit veränderten betrieblichen Demokratieformen sollte im Hier und Jetzt die fremdbestimmte, partialisierte, hierarchisch organisierte Arbeit in Industrie und Verwaltung unterwandert werden, indem innerhalb des bestehenden kapitalistisch-patriarchalen Systems selbstverwaltete Gegenmodelle als gelebte Utopien einer sinnvollen, kollektiv organisierten Lebensarbeit entstehen. Die AktivistInnen wollten die Konflikte, die durch die großen Kapitalkonzentrationen hervorgerufen werden und die zur psychischen, physischen, sozialen und ökologischen Zerstörung der Lebensgrundlage der Menschen und der Mit- und Umwelt führen, bewusst kollektiv in solidarischen Milieus austragen und versuchen, Widerstand zu leisten; auch im Alltag. Mit den Gründungen der Betriebe und Projekte wurde die Hoffnung auf eine andere, bessere Welt verbunden. Die meisten AkteurInnen waren sich bewusst, dass sie das «gute Leben» nur jenseits des Kapitalismus finden könnten. Da sie nicht auf einen gesellschaftlichen Umsturz warten wollten, begannen sie sich das «gute Leben» durch den Bau einer autonomen Insel in der kapitalistischen zu Welt schaffen. Die Frage, ob es ein richtiges Leben im falschen Leben gibt, beschäftigt die Alternativbewegung, seit sie besteht.[137] Theodor W. Adorno hat sie bekanntermaßen verneint: «Es gibt kein richtiges Leben im falschen»[138], schrieb er in Minima Moralia, einem zwischen 1944 und 1947 im kalifornischen Exil entstandenen Buch.

Das heißt, es kann so lange für Einzelne oder Gruppen von Menschen kein richtiges und gelungenes Leben geben, solange die Gesellschaft als solche falsch, d. h. nicht im Interesse der Befriedigung menschlicher Bedürfnisse und der Erhaltung ihrer ökologischen Lebensgrundlagen funktioniert. Wenn der Gesamtlebenszusammenhang der Lebensführung ein beschädigter ist, kann man in Teilbereichen des Lebens nicht das richtige finden, zu retten versuchen oder gar selbst aufbauen. Wenn das Leben im Sinne des Ganzen falsch ist, dann ist es aussichtslos zu versuchen, in diesem großen Zusammenhang des Falschen

137 Notz 1991b.

138 Adorno 1997, S. 42.

noch zu handeln, indem man Teilbereiche des Lebens von dieser Infektion durch das Böse ausnimmt; eine Flucht scheint unmöglich: Ganz oder gar nicht heißen die Alternativen.[139] Und dieses System bestimmt laut Adorno «die individuelle Existenz bis ins Verborgenste».

Wenn man Adornos Worte wörtlich nimmt, so läuft das auf die Ausrede hinaus, da die Möglichkeit richtigen Lebens nun einmal verstellt sei, sei es ganz gleichgültig, wie man sein Leben gestalte. Adorno aber meint das Gegenteil. Er spricht von den Schwierigkeiten, sich in modernen Zeiten irgendwo häuslich einzurichten. Anstatt sie aufzuheben, bekräftigt er die Differenz von richtig und falsch. Auch wenn ein im Ganzen richtiges Leben unmöglich ist, so ist es für ein unverblendetes Dasein äußerst wichtig, sich den Sinn für das richtige nicht abkaufen zu lassen. Immer wieder überlegt Adorno in seinen Schriften, wie es am besten wäre, sich in schwieriger Lage zu verhalten. «Einzig listige Verschränkung von Glück und Arbeit lässt unterm Druck der Gesellschaft eigentliche Erfahrung noch offen», heißt es in Minima Moralia auch. Adorno ist gewiss fixiert auf die destruktiven Tendenzen der Moderne, aber er gibt darüber den Gedanken der Veränderung nicht auf. Seine Kritik der Praxis erfolgt im Namen eines Zustands, der jenseits aller Nötigung zu absichtsvoller Koordination und Kooperation steht. Nur vom Unmöglichen her können wir unsere Möglichkeiten verstehen. Es kommt zu einer paradoxen Verkehrung: Die wirtschaftliche Produktion ist nicht mehr Mittel zum erfüllten individuellen Leben, sondern das entindividualisierte Leben ist Mittel zum reibungslosen Ablauf von Produktion, Verkauf, Konsum. Leben ist nur noch Fassade. Weil das Gesamtsystem keine positiven Möglichkeiten für Alternativen bietet, kann man sich auch nicht darin einrichten. Es sei denn, man schafft sich eine Nische, individuell oder mit einer kleinen Gruppe, in der man, von den Zugriffsmöglichkeiten des kapitalistischen Systems abgeschirmt, ein richtiges Leben im falschen System führen will. Das wird den Alternativen oft vorgeworfen: Sie richten sich in ihrer Nische ein, entgehen der Notwendigkeit, die Gesellschaft mit ihrer Wirklichkeit zu konfrontieren.[140]

---

139 Roth 2002.

140 Braun 1998.

Adorno plädiert keinesfalls für Resignation und Nichtstun, solange das ganze Leben nicht verändert ist. Wenn es schon kein richtiges Leben im falschen geben kann, so gibt es doch immerhin ein «stellvertretendes», eine Gegengesellschaft. Adorno sieht sie in einer autonomen gesellschaftlichen Praxis. Die Aneignung der Gesellschaft erfolgt durch frei assoziierte Individuen, die Herstellung eines «Vereins freier Individuen» durch eine umfassende «Gegenvergesellschaftung». Also auch hier der Beginn einer anderen Gesellschaft im Hier und Jetzt? Tatsächlich fragte sich auch Adorno, ob es nicht möglich sei, in den engsten Beziehungen der Menschen so etwas wie Modelle eines richtigen Lebens zu erstellen. Dort müsse man so leben, «wie man dem eigenen Erfahrungsbereich nach sich vorstellen könnte, dass das Leben von befreiten, friedlichen und miteinander solidarischen Menschen beschaffen sein müsste». Allerdings muss davon ausgegangen werden, dass sich die Spielräume für derartiges Agieren unter verschärfendem Krisendruck deutlich verringern. Daher gilt weiterhin: «Keine Emanzipation ohne die der Gesellschaft»[141]. Das schließt nicht aus, Fenster in eine andere Welt innerhalb des kapitalistischen Systems im Hier und Jetzt zu öffnen.

«Es gibt keine Inseln im Falschen!», das behauptet Friederike Habermann (2009) in einer Veröffentlichung zur alternativen Wirtschaft, die sie «Halbinseln gegen den Strom» nennt. Sie versteht darunter Räume innerhalb des kapitalistischen Systems, in denen Menschen miteinander versuchen, etwas Besseres zu leben. Das können geographische Räume oder auch soziale Netzwerke sein. Auf Halbinseln schaffen Menschen «sich ein Stück weit eine andere Wirklichkeit und probieren aus, wohin es gehen könnte». Sie sieht innerhalb des Kapitalismus die gelebten Alternativen zu demselben. Unter dem Motto: «Hier und Jetzt – mitmachbar, nachmachbar und veränderbar» zeigt sie einen Fundus solcher Halbinseln auf. Die Projekte befassen sich mit Nahrungsmitteln und Gebrauchsgegenständen ebenso wie mit Dienstleistungen, Wohnen, Finanzen, Bildung, Gesundheit, Kommunikation, Mobilität und – Fun. Fun heißt Spaß, den sie vor allem in Widerstands-Camps gefunden hat: Halbinseln des Widerstands, die sich nicht nach innen abkapseln, sondern

141 Adorno 1997, S. 326.

kraftvoll nach außen wirken. Habermann sieht den engen Zusammenhang zwischen verändertem materiell-ökonomischem Alltag und sich verändernden Identitäten. Sie ist davon überzeugt, dass sich eine Veränderung von Strukturen und die individuelle Veränderung von Menschen gegenseitig bedingen muss und neue Denk- und Handlungsmöglichkeiten sich nur auf diese Weise eröffnen können. Wenn schon die gesellschaftlichen Verhältnisse nicht revolutionär erscheinen, so soll doch wenigstens «das eigene alltägliche Leben als potentiell revolutionär» begriffen werden.[142] Ob das von ihr in den Mittelpunkt gestellte «Geben und Nehmen», auch wenn es ohne Geld oder Zeit aufzurechnen geschieht, tatsächlich jenseits kapitalistischer Wertlogik geschieht, muss bezweifelt werden. Vielleicht das *aktuelle* Geben und das kostenlose Nehmen, weniger das Herstellen der am Verschenkmarkt und im Umsonstladen angebotenen Waren. Das sind eben Halbinseln, unabgeschlossene Räume, die nach vielen Seiten offen sind, auch dem kapitalistischen System gegenüber.

4.3. Ursachen und Motive für alternatives Wirtschaften

Einen Höhepunkt innerhalb der Geschichte der alternativen Ökonomie bilden zweifelsohne die alternativen und selbstverwalteten Betriebe der 1970er Jahre. Sie entstanden in engem Zusammenhang mit der StudentInnen-, Ökologie- und Frauenbewegung als Gemeinschaftsprojekte, die den politischen Anspruch verfolgten, demokratische, möglichst selbstbestimmte Betriebsorganisationen zu schaffen, sowie humane Arbeitsprozesse und eine ökologisch verträgliche und gesellschaftlich nützliche Produktion zu ermöglichen. «Alternative» Lebens- und Arbeitsprojekte, selbstverwaltete Betriebe und Projekte der alternativen Ökonomie, Betriebsübernahmen und Kommunen gehörten dazu.

Waldemar Schindowski[143] unterscheidet fünf Hauptmotive, die in den 1970er Jahren zur Entstehung von selbstverwalteten Betrieben geführt haben:

---

142 Habermann 2009, S. 11.

143 Schindowski 1990, S. 6.

- Der Wunsch nach Einheit von Privatleben und Arbeit;
- fehlende Berufsperspektiven vor allem bei AkademikerInnen;
- das Scheitern der Betriebsintervention linker Gruppen;
- die Diskussion um den ökologischen Umgang mit der Umwelt;
- das selbstbewusste Auftreten der Frauenbewegung.

Da Schindowski selbst davon ausgeht, dass die Verbreitung von linken Inhalten das Hauptanliegen der ersten Versuche mit Betriebsgründungen gewesen ist, soll das Motiv «Kritik an den kapitalistischen Produktionsverhältnissen» als sechstes Hauptmotiv vorangestellt werden.

4.3.1. Kritik an den kapitalistischen Produktionsverhältnissen

Die theoretischen Konzepte der alternativen Ökonomie und ihre praktische Umsetzung stützten sich auf den Wunsch nach einem Ausweg aus dem real existierenden kapitalistischen Raubbau an Mensch und Natur. Angeprangert wurden der «Konsumterror», der immer neue Bedürfnisse erwecken sollte, Ersatzbefriedigung, Konsumzwang, Warenberge und Besitzansprüche sowie die Ausbeutung von Mensch und Natur und eine Produktionsweise, die auf die Einsparung von Arbeits- und Personalkosten, nicht aber auf den sorgsamen Umgang mit Ressourcen gerichtet ist.

Viele der alternativen Projekte begriffen sich zu Beginn als eine notwendige Unterstützung der linken Bewegung im politischen Tageskampf. Die meisten Projekte arbeiteten im Medienbereich (linke Buchläden, Kneipen, Cafés, Druckereien usw.). Darüber hinaus waren die Projekte mit einer «sozialutopischen» Stoßrichtung verknüpft, indem sie eine Art praktisches Beispiel für eine Vorwegnahme sozialistischer Strukturen im Kapitalismus sein sollten. In der Praxis ging es darum, eine gelebte Alternative zu den herrschenden kapitalistischen Verkehrsformen im Hier und Jetzt darzustellen, was zugleich eine exemplarische Wirkung haben sollte: Es geht auch anders. Damit ist der Beginn der Alternativbewegung nicht zu trennen von den autonomistischen Impulsen des Widerstands und der Ablehnung der kapitalistischen Lohnarbeit, die im Alltag sichtbar demonstriert werden sollte. Und so entstand nach dem Ende des «Wir wollen alles»-Zeitungsprojektes der betriebsinterventionistischen Gruppen im Spätsommer 1975 mit einem fast identischen Titel-Layout das Zeitungsprojekt «Wir wollen's anders» das von der 1975 gegründeten Arbeiterselbsthilfe (ASH) Oberursel herausgegeben wurde.[144]

Darüber, wie und mit welchen Konzepten, mit wem und für wen das Andere, Bessere erreicht werden soll, gab und gibt es immer wieder Auseinandersetzungen, auch unter den AkteurInnen selbst. Innerhalb der alternativen Wirtschaft gibt es Projekte, die einer Person gehören, die ihren Besitz oder ihr Vermögen quasi vergesellschaftet hat. Das ist jedoch eher die Ausnahme. Häufiger ist gleichberechtigter Besitz oder neutralisiertes Kapital in Form von Genossenschaften oder Vereinen. Bei manchen Unternehmen und Projekten ist es Voraussetzung, Geld mit einzubringen, bei anderen ist das nicht der Fall. Bei einigen überschreiben EinsteigerInnen ihren gesamten Besitz der Gemeinschaft, bei anderen nicht.[145] Die Tatsache, dass im Zuge der postmodernen Vielfalt unserer Multioptionsgesellschaft der bunte Jahrmarkt der Alternativprojekte immer vielfältiger wurde und spirituelle Projekte in der «Alternativscene» scheinbar genauso Platz haben, wie libertär-anarchistische und viele zwischen diesen Polen liegende, erschwert die Möglichkeit, eindeutige Positionen zu beziehen.

4.3.2. Der Wunsch nach Einheit von Privatleben und Arbeit

Projekte und Betriebe der alternativen Ökonomie und Gemeinschaftsprojekte sind in erster Linie soziale Kunstwerke und keine wissenschaftlichen Experimente. Sie sind aus der Erkenntnis heraus entstanden, dass die Auswirkungen unserer Gesellschaft, sich in der lebensverachtenden Praxis sowohl am Arbeitsplatz als auch in den immer noch meist patriarchal strukturierten Familien zeigt. Deshalb sind sie nicht nur daran interessiert, Einheit von Privatleben und Arbeit herzustellen, sondern beide Bereiche zu verändern. Die AktivistInnen der Kommune Nie-

144 Zur ASH vgl. Notz 1991c.

145 eurotopia 2000/2001, S. 11

derkaufungen[146] betonen ausdrücklich, dass sie nicht auf einer «heilen Insel» inmitten des kaputten kapitalistisch-patriarchalen BRD-Sumpfes leben wollen, *und* dass es ihnen zuwider ist, sich in der Kleinfamilie einen Rückzugsraum zu schaffen, in dem sie ihre Kinder zu Untertanen, autoritären, gehorsamen und lustfeindlichen Menschen erziehen, die dieses System zum Funktionieren benötigt.[147] Sie haben sich den Slogan der neuen Frauenbewegungen «Das Private ist politisch» zu eigen gemacht. Um einer Verinselung in beider Hinsicht entgegenzuwirken, wird ein reger – sich gegenseitig befruchtender – Austausch mit der unmittelbaren Nachbarschaft und mit der näheren und weiteren Umgebung angestrebt. So wie sie denken viele Gemeinschaftskonzepte. Auf der Suche nach humanen, dem Individuum angemessenen Bedingungen wollen sie auch der Manipulation einer Konsum-, Medien- und Unterhaltungsgesellschaft entgehen.

Auch AkteurInnen aus anderen, nicht kommunitären Projekten haben, weil sie die Bedingungen ihrer Arbeit selbst bestimmen wollen und Hierarchien, Besitzansprüche, Ausbeutung und Unterdrückung ablehnen, auf einen angesehenen Platz in der bürgerlichen Gesellschaft verzichtet. Mit dem Selbstverständnis von Kollektiven gleichberechtigter Mitglieder, die die Isolation der Einzelnen und die Fixierung der Geschlechterrollen in neuen Formen des Zusammenlebens und -arbeitens ohne Ausbeutung und Unterdrückung, mit selbstbestimmten Arbeits- und Lebensbedingungen, ohne Ellbogenmentalität und Konkurrenz, ohne Herrschaft von Menschen über Menschen, ohne Entfremdung in der Arbeit und ohne hierarchische, patriarchale Strukturen auflösen wollen, wirken sie nach außen. Das Prinzip «Kooperation statt Konkurrenz» stellen sie meist über finanzielle und ökologische Prinzipien.[148]

146 Siehe Abschnitt 7.1. in diesem Buch.

147 Kommune Niederkaufungen 1983.

148 Vgl. Kunze 2006, S. 180.

4.3.3. Fehlende Berufsperspektiven insbesondere bei AkademikerInnen

Viele der durch «Berufsverbote» Betroffenen weinten offensichtlich den verpassten Chancen, einen Platz im akademischen Milieu zu erhalten, nicht nach. Sie beteiligten sich auch nicht selbst an den Bespitzelungs- und Zersetzungsprozessen, sondern sie scherten aus. Sie wollten andere, demokratischere Strukturen schaffen, gründeten Betriebskollektive, selbstverwaltete Kneipenkollektive, soziokulturelle Projekte und anderes, als Teil ihrer revolutionären Theorie und Praxis. Dennoch kann der nachhaltige Einfluss der Berufsverbote auf die spätere Entwicklung einer ganzen politischen Generation nicht unterschätzt werden.

Was waren Berufsverbote? Am 28. Januar 1972 wurde von der Bundesregierung und den Ministerpräsidenten der alten Bundesländer der «Radikalenerlass» beschlossen. Danach wurden bestimmte StaatsbürgerInnen nicht mehr zum öffentlichen Dienst zugelassen oder aus demselben entfernt. Besonders betroffen waren Mitglieder der DKP und Linke anderer Parteien und Gruppen sowie der Friedenbewegung. In der Anfangszeit des Radikalenerlasses erfolgte sogar eine Regelanfrage beim Bundesamt für Verfassungsschutz, wenn jemand sich für eine Stelle im öffentlichen Dienst bewarb. Diese Maßnahme wurde nach heftigen Protesten im Laufe der 1970er und 1980er Jahre eingestellt. Als letztes Bundesland stellte der Freistaat Bayern 1991 die Regelanfrage ein.

Die Gründe, die Bewerber für den öffentlichen Dienst in den Verdacht der Verfassungsfeindlichkeit brachten, waren vielfältig. In der Praxis waren vom Radikalenerlass vor allem Beamte, Beamtenanwärter, Angestellte und Arbeiter des öffentlichen Dienstes aus dem linken Spektrum betroffen. Es wurde nicht nur LinksextremistInnen und KommunistInnen die Einstellung verweigert, sondern auch Personen, die anderen oder keiner Partei angehörten. Teilweise war es ausreichend, in einer Organisation aktiv zu sein, in der KommunistInnen eine führende Rolle spielten. Der Radikalenerlass galt zwar auch für Rechtsextremisten, die Zahl der vom Radikalenerlass betroffenen RechtsextremistInnen lag jedoch deutlich unter denen der LinksextremistInnen.

Bis zur Abschaffung der Regelanfrage wurden bundesweit insgesamt 1,4 Millionen Personen überprüft. Ca. 1.100 davon wurde der Eintritt in den bzw. das Verbleiben im öffentlichen Dienst verwehrt, 130 wurden entlassen. Der Radikalenerlass wurde im Laufe der 1980er Jahre durch länderspezifische Nachfolgeregelungen ersetzt. Bis heute werden sogenannte Bedarfsanfragen beim Verfassungsschutz durchgeführt.[149] Von diesem undemokratischen Berufsverbot waren viele LehrerInnen, Hochschulangehörige, RichterInnen und SozialarbeiterInnen betroffen. Damit verbunden war nicht zuletzt ein Verlust an kritischem Personal an den Hochschulen und enorme Einschüchterung des akademischen Nachwuchses. Wer damals zwischen zwanzig und dreißig und in der radikalen Linken aktiv war, sah sich einer ernsten existenziellen Gefährdung ausgesetzt. Es sei denn, es gelang ihm oder ihr in der alternativen Ökonomie eine langfristige politische Lebensperspektive zu entwickeln, diese auch praktisch umzusetzen und daraus den Lebensunterhalt zu finanzieren.

4.3.4. Scheitern der Betriebsintervention linker Gruppen in den Fabriken

Auf die antiautoritäre Revolte von 1968 folgte Anfang der 1970er Jahre für viele Linke der Schritt in die Produktion; einige Tausend junge Linke tauschten die Bank im Hörsaal der Universität gegen die Werkbank ein, um sich mit den Arbeitern am Fließband zu vereinen. Ihr Ziel war es, die Arbeiterklasse und deren Lebensumstände kennen zu lernen und ihre eigenen sozialen Erfahrungen zu erweitern. Sie wollten die Arbeitenden für Revolution und Kommunismus begeistern, indem sie eine neue politische Beziehung zur Arbeiterklasse herstellten. Ihre Probleme und Kämpfe sollten zentraler Bezugspunkt der revolutionären Politik werden. Das erschien zunächst möglich, denn in den Unternehmen der BRD herrschten in jenen Jahren keineswegs nur Ordnung, Fleiß und Disziplin. Zwar ließen sich die westdeutschen ArbeiterInnen anders als in Frankreich oder Italien nicht vom revolutionären Fieber mitreißen, das die Universitäten erfasst hatte, doch wilde Streiks waren häufig und hohe Lohnabschlüsse die Regel. Meist waren es linke Studen-

149 Braunthal 1992.

tInnen kommunistischer Gruppen (sogenannte K-Gruppen), die sich an Lenins Modell der Kaderpartei orientierten, ebenso wie maoistische und antiautoritäre Gruppen oder «Spontis», deren Schlachtruf «Wir wollen alles» lautete und die die These von der Autonomie der Arbeiterkämpfe in der Fabrik erproben wollten. Konflikte zwischen revolutionären Wünschen und den Mühen des Alltags blieben nicht aus.[150] Damals bekannte Gruppen waren die Basisgruppe Spandau, die in den Betrieben Orenstein & Koppel und BMW sowie im Stadtteil Falkenhagener Feld aktiv war, der Revolutionäre Kampf in Frankfurt bei Ope/Rüsselsheim, die Arbeitersache bei BMW in München, die ebenfalls Stadtteilarbeit organisierte und der Arbeiterkampf in Köln. Etliche Gruppen stellten Betriebszeitungen her und verbreiteten sie. Begeisterung und Ernüchterung über die Arbeiterklasse wechselten sich ab. Die meisten Linken zogen sich aus den Betrieben zurück oder es wurde ihnen gekündigt. Etliche gingen an die Universitäten zurück, andere fanden in der Gründung selbstverwalteter Betriebe neue aktionistische Konzepte und beispielhafte Aktionen. Später berichteten einige vom Kampf auf verlorenem Posten, den die Verbliebenen führten.

4.3.5. Die neu entstehende Ökologie-Diskussion

Mit dem Bericht des Club of Rome Anfang der 1970er Jahre wurden «Die Grenzen des Wachstums» und die Ökologiefrage breit diskutiert. Aus dem Bericht von 1972 geht klar hervor: Wenn die gegenwärtige Zunahme der Weltbevölkerung, der Industrialisierung, der Umweltverschmutzung, der Nahrungsmittelproduktion und der Ausbeutung von natürlichen Rohstoffen unverändert anhält, werden die absoluten Wachstumsgrenzen auf der Erde im Laufe der nächsten hundert Jahre erreicht. Jede und Jeder konnte wissen, dass ein grundlegender Wandel in der Umweltpolitik wie auch in der Wirtschaftspolitik notwendig wird. Dennoch geschah, außer einer gewissen Nachhaltigkeitsrhetorik, nichts. Die Notwendigkeit von nachhaltigem Wirtschaften, ökologischer Ökonomie, nachhaltiger Entwicklung, Sustainability, nachhaltigem Management, nachhaltigem Konsum, sozial-ökologischer Forschung etc. wurden aber immer

150 Arps 2010.

breiter diskutiert.[151] Vom kapitalistischen Wirtschaftsprinzip kann nicht einfach erwartet werden, dass es dem Konkurrenzprinzip entsagt und qualitatives Wachstum vor quantitatives stellt. Die Gewerkschaften standen den neuen Aufgaben, die sich durch ökologische Ansprüche und den daraus resultierenden Problemen ergaben, ebenfalls relativ defensiv gegenüber. Vereinzelten Ansätzen eines Konzeptes gewerkschaftlicher Arbeitspolitik zur offensiven und gestalterischen Einflussnahme auf die Forderung, die ökologische Umwelt nicht weiter zu zerstören, standen die Ansätze radikaler Kritik an der abhängigen Erwerbsarbeit, insbesondere in den großen Industrien gegenüber. Diese Kritik war eine der Gründungsmotivationen für alternativ-ökonomische Betriebsformen mit weitgehend selbstbestimmten Arbeitsformen.[152] Diese AkteurInnen wollten selbst darauf Einfluss nehmen, was unter welchen Bedingungen und mit welchen Materialen hergestellt wird.

4.3.6. Die Herausbildung der Neuen Frauenbewegungen

In der Literatur werden die Neuen Frauenbewegungen in der BRD mit einer gewissen Berechtigung als Folge der Studentenbewegung von 1967/68 behandelt[153], schließlich waren die beteiligten Frauen Teil der Studentenbewegung. Ohne die Dynamik der «Neuen Linken», insbesondere des Sozialistischen Deutschen Studentenbundes (SDS)[154], wäre die Entwicklung des Feminismus der 1970er Jahre nicht denkbar gewesen. Eines der wichtigsten Ziele der Neuen Frauenbewegungen war es, Theorie und Praxis sinnvoll zu verbinden. Neu geschaffene autonome Frauenprojekte wie «Frauen lernen leben», Therapie- und Gesundheitsläden, Buchhandlungen, Verlage, Vertriebe, Teestuben, Beratungs- und Bildungseinrichtungen, Frauenhäuser, Frauenferienhäuser, Frauencafés und -kneipen, Frauenbands, Frauenchöre, -kabaretts, -theater und Filmgruppen[155] zeichneten sich ebenso durch Kreativität basisdemokratischer

151 Vgl. die Beiträge in Linne/Schwarz 2003.
152 Notz et al. 1991d, S. 87.
153 Notz 2006b.
154 Zum SDS siehe Albrecht 1994.
155 Vgl. Brückner/Holler 1990.

Kollektive aus wie Betriebe von Handwerkerinnen und Projekte mit sanfter Energie und für alternative Technik. Feministische Akteurinnen befanden sich nach ihrem Studium oder nach der Ausbildung auf der Suche nach Berufsmöglichkeiten. Erfahrungen mit Berufstätigkeit hatten Wenige. Sie orientierten sich an den Erfahrungen der Linken, um sich zugleich inhaltlich von ihnen abzusetzen.[156] Triebfeder für das Engagement war der Wunsch zur gemeinschaftlichen Arbeit, die möglichst von einer Gruppe im Konsens und bei gleichen finanziellem Risiko geleistet werden sollte. In diesen Gruppen sollten «persönliche Beziehungen und Arbeitsablauf in Übereinstimmung gebracht werden.» Hierarchien wurden als «männliche Strukturen» abgelehnt.

Beispiele für kollektive Strukturen fanden sich im Medienbereich. Besondere Bedeutung kam den beiden bundesweiten Zeitschriften Courage und Emma zu. Courage wurde im Juni 1976 als selbstverwaltetes Projekt gegründet und diente als Informations-, Kommunikations- und Diskussionsforum für Kleingruppen, Netzwerke und Projekte der autonomen Frauenbewegungen – gewissermaßen als «Sprachrohr». Sie musste 1984 ihr Erscheinen einstellen. Ein Jahr nach dem Erscheinen von Courage kam Emma auf den Zeitschriftenmarkt, die von Anfang an von der Person Alice Schwarzer als Chefin abhängig war und heute noch existiert. 1978 wurde der Verein sozialwissenschaftliche Forschung und Praxis für Frauen gegründet, der noch im gleichen Jahr die erste Nummer der Zeitschrift *beiträge zur feministischen theorie und praxis* herausbrachte. Die *beiträge* wollten nicht nur feministische Forschung publizieren, sondern vor allem ein Diskussionsforum darstellen, das theoretische Auseinandersetzungen über eine feministische politische Praxis der zahlreichen, im Zuge der Frauenbewegungen entstandenen Frauenprojekte ermöglichen sollte. Auf diese Weise leistete die Zeitschrift, bis auch sie am 8. März 2008 ihr Erscheinen einstellen musste, einen Beitrag zur Verbindung von feministischer Theorie und Praxis als gleichgewichtige Erfahrungsfelder, die sich gegenseitig befruchten.[157]

---

156 Vgl. Plogstedt 2006, S. 17.
157 Vgl. Notz 2008.

5. Die Konzepte der 1970er Jahre

5.1. StudentInnen- und Alternativbewegung

An vielen Orten entwickelte sich als Folge der studentischen Protestaktionen eine «neue Alternativkultur», weil Männer und Frauen sich Strukturen des Zusammenlebens- und arbeitens schufen, die ein ebenbürtiges Geschlechterverhältnis, die Aufhebung der geschlechtsspezifischen Arbeitsteilung und eine emanzipatorische Erziehung der Kinder zulassen sollten. Es entstanden Gemeinschaften, die ein soziales Miteinander von Erwachsenen und Kindern entwickelt haben, «alternative» Lebens- und Arbeitszusammenhänge praktizierten und in denen auf strukturelle Hierarchien, Besitzansprüche, Ausbeutung und Unterdrückung verzichtet wurde. Wohn- und Hausgemeinschaften sowie Betriebe und Projekte der alternativen Ökonomie gehörten dazu.[158]

Die Anfänge dieser gegenkulturellen Bewegungen, die ihren Höhepunkt in den 1970er und 80er Jahren fanden, laufen parallel mit der zunehmenden Enttäuschung über das Versanden der Studentenrevolte, die durch die Hoffnung auf die Praxis der sozialliberalen Bundesregierung, die 1969 gebildet wurde, abgemildert wurde und anschließend umso härter wirkte. Die ersten radikalen Gemeinschaftskonzepte entstanden bereits mit der 1967 gegründeten Kommune 1. Durch eine Ausschreibung im Kursbuch Nr. 11 erhielten sie einen theoretischen Hintergrund.

Hans Magnus Enzensberger schrieb 1968 im Kursbuch[159] für eine spätere Ausgabe zu dem Thema «Kritik der Zukunft» einen Preis von 1000 DM aus. Prämiert werden sollte der beste Gedanke für die Zukunft in Form einer konkreten utopischen Konzeption. Dieser Ankündigung folgend, gingen 72 Manuskripte ein. Der nach seiner Meinung beste eingereichte Vorschlag war ein theoretisches Modell «Vom elastischen Familienverband zur Kommune» von Géza Kirchknopf. Ihm fiel die Prä-

158 Vgl. Plogstedt 2006, S. 4ff.
159 Kursbuch, Nr. 11/1968, S. 170.

mie zu.[160] Die preisgekrönte Utopie entfaltete sich nach einem Drei-Stufen-Plan. Stufe I begann mit der Rationalisierung der Einzelhaushalte durch gemeinsame Nutzung teurer Gebrauchsgüter (Waschmaschine, Geschirrspüler etc.). Die gemeinsame Nutzung von Gebrauchsgütern war Teil des Konzeptes «Konsumverzicht», das mit der Gemeinschaftsgründung verknüpft sein sollte. Mit diesem Konzept war die Annahme verbunden, dass man sowohl durch gemeinsame Nutzung verschiedener Güter als auch durch ein allgemein in der Gemeinschaft zufriedenstellendes Leben weniger auf Konsumgüter angewiesen und weniger Konsumzwängen ausgeliefert sei.

Zur Stufe I gehörte auch die gemeinsame Erziehung der Kinder. Sie sollte nicht nur den Kindern Gemeinschaft bieten, sondern vor allem für die Frauen, die mehrheitlich für diese Aufgaben zuständig waren, Emanzipationsmöglichkeiten eröffnen, indem sie die frei werdende Zeit für Ausbildung, Berufstätigkeit und politische Arbeit nutzen konnten.

Stufe II des utopischen Modells steigerte sich durch die «sexuellen Querverbindungen»[161], die innerhalb der rationalisierten Großhaushalte entstehen konnten. Auf dieser Stufe war nach Ansicht der Autoren Vorsicht geboten, weil sexuelle Querverbindungen auch Krisensituationen heraufbeschwören können. Das begründeten sie damit, dass das sexuelle Tabu, das die monogame Ehe den Individuen auferlegt, in der psychischen Konstellation der einzelnen Gruppenmitglieder stark verankert ist, so dass zu erwarten war, dass «viele solcher Familienverbände an dieser Klippe scheitern»[162].

Die Stufe III, die durch die Idee der Abschaffung des Privateigentums innerhalb der einzelnen Familienverbände vollendet werden sollte, würde dann gar nicht mehr erreicht. Über die Demokratisierung der vorher autoritär strukturierten Familie sollte nämlich auch die übrige Gesellschaft demokratisiert werden. Nach diesem Konzept, das einige Kommunen bereits erprobten, wurde die Kommune als politische Aktionsgemeinschaft, die als eine Art neuer Familienverband das Konzept der Kleinfamilie ersetzten sollte, angesehen. Der Blick auf die Ver-

160 Abgedruckt in Dossier 3: Konkrete Utopie. Zweiundsiebenzig Gedanken für die Zukunft. In: Kursbuch Nr. 14/1968, S. 110–115.

161 Dossier 3, S. 113.

162 Ebd.

änderung der Produktionsverhältnisse trat (anscheinend) in den Hintergrund. Gemeinsame Ökonomie spielte in den meist studentischen Zusammenschlüssen zu dieser Zeit keine große Rolle, bestenfalls gab es eine gemeinsame Kasse.

Heide Berndt übte Kritik an dem ausgelobten Kommune-Konzept. Sie entdeckte bereits 1969 ein «eigentümlich unpolitisches Moment» – legte man ein herkömmliches Politikverständnis zu Grunde –, das das politische Movens der jungen Linken bestimmte. Diese hatten es (damals) nicht auf ihre Fahnen geschrieben, «Machtpositionen» zu erkämpfen, geschweige denn die «Macht im Staate» zu erringen, sondern sie waren vom Wunsch getrieben, ein individuell befriedigenderes Leben zu leben, als die Warenwelt es allgemein bot. Ihr Kampf ging nicht – wie der Kampf der traditionellen Linken – darum, Interessengegensätze innerhalb des Systems auszugleichen, sondern sie wollten die *gesamten* Lebensbedingungen, die das System schafft, verändern. Es ging darum, gerade auch in den privatesten Bereichen die Verhältnisse zu revolutionieren. Dass in der einen oder anderen Gruppe die Tendenz zur Aufhebung aller Grenzen der Privatheit zu Schwierigkeiten führte, führt Heide Berndt auf ein «starkes Bedürfnis nach Nestwärme und Versorgtheit»[163] zurück, dessen Ursprung sie in der Kälte der «normalen» Familien sah, die mit einem solchen Bedürfnis gar nicht umzugehen wissen. Solche Ansprüche müssen zwangsläufig zu Überforderung der neuen Gemeinschaften führen.

Berndt räumt weiter ein, dass es zwar sinnvoll sein kann, «wenn Genossen und Nachbarn sich gemeinsam mit Gebrauchsgütern versorgen und die Isolierung ihrer bisherigen Existenz zu durchbrechen beginnen»[164].

Solche pragmatischen Entlastungsversuche müssten nach ihrer Ansicht jedoch in ihrer Begrenztheit begriffen und nicht als Ausstieg aus der Warengesellschaft interpretiert werden. Schließlich ginge es um die Überwindung des sozial hergestellten Mangels an Konsumgütern als politisches Ziel und nicht um die Ideologisierung des Mangels. Dennoch plädierte sie für die Gründung konkreter Kommunen. Sie sah darin vor allem eine Möglichkeit, im Kampf für die Veränderung der Geschlechterrollen auch für die Gleichberechtigung und die Aufhebung der

163 Berndt 1969, S. 133.
164 Ebd., S. 139.

geschlechterdiskriminierten Arbeitsteilung, also den Kampf für eine freie Gesellschaft, zu führen. Auch sie plädiert dafür, im Hier und Jetzt damit anzufangen. Kommunegründungen, bei denen man sich, wenn auch oft schmerzhaft, mit den sich aus dem Zusammenleben ergebenden Problemen auseinandersetzen musste, betrachtet sie damals als ertragreicher zur Verfolgung dieses Ziels als die Entwicklung theoretischer Utopien. Allerdings wandte sie sich dagegen, dass «die Installierung neuer Formen der sexuellen Gemeinschaft und Änderung der bisherigen Arrangements dieser Beziehungen vielfach schon selbst als politische Praxis» verstanden würden.[165] Für sie fand hier eine Fetischisierung von Praxis statt. Sexuelle Arrangements würden «teilweise wie soziometrische Simulationsmodelle besprochen und geplant»[166]. Was eine Liebesbeziehung für die Beteiligten bedeutet, blieb danach unsicher. Ihr ist insoweit zuzustimmen, dass derartige Arrangements nicht unbedingt geeignet waren, die Warenbeziehungen zwischen den Geschlechtern aufzuheben. Die Gefahr, dass sie diese unter veränderten Vorzeichen neu formierten, musste *ebenso* gesehen werden. Andererseits formulierte Berndt die gleichen Ängste, die schon Fouriers Theorie der freien Liebe entgegenschlugen.[167] Mit Vorschlägen zur Änderung der bestehenden Arrangements in den Liebesbeziehungen stießen Utopisten zu allen Zeiten in gefährliche Wespennester.

5.2. Selbstverwaltete Wirtschaft

Die ersten selbstverwalteten Betriebe waren Druckereien, Verlage, Buchläden, Zeitungen und Zeitschriften. Es folgten Beratungs- und Bildungseinrichtungen, freie Schulen, Frauenferienhäuser, Teestuben, Cafés und Kneipen, Theater und Filmgruppen, Entrümpelungs- und Umzugskollektive, Autowerkstätten, andere Betriebe aus dem handwerklichen Bereich, ökologische und energiepolitische Aktivitäten, selbstverwaltete Produktions- und Handelsbetriebe z. B. für Naturkost und Naturtextilien. Viele nahmen sich umweltschonender und energiesparender Techniken an. Auch soziale und kulturelle Projekte wählten

165 Berndt 1969, S. 132.

166 Ebd., S. 132.

167 Siehe das Kapitel 3.1. in diesem Buch.

selbstverwaltete Betriebsformen. Die meisten waren «Betriebe ohne Chef». Dazu gehörten die Arbeiterselbsthilfe in Oberursel[168], die Medienkooperative, die Tageszeitung (taz), Contraste als Zeitung in und für Selbstverwaltung, Radio Dreyeckland, die Schäfereigenossenschaft Finkhof[169], die UFA-Fabrik in Berlin und viele andere. Zum Teil bestehen sie noch heute. Das gilt auch für eine andere Facette der Gründungen der 1970er Jahre, das waren Projekte im Bildungsbereich wie Freie Schulen, Weiterbildungseinrichtungen und vor allem Kinderläden, die emanzipatorische Gegenmodelle zur Erziehung im traditionellen städtischen, kirchlichen oder von Wohlfahrtsorganisationen getragenen Kindergarten und in der Familie darstellten und die den Anspruch hatten, die gesellschaftliche Verantwortung für Kinder und Kindererziehung als gemeinsame Aufgabe von Frauen und Männern zu begreifen.

Den AktivistInnen ging es damals nicht unbedingt ausschließlich um Arbeitsplätze und Einkommen. Sie wollten in erster Linie eine andere Art des gemeinsamen Lebens. Als Gruppe hatten sie den Vorteil, dass sie sich die Menschen, mit denen sie arbeiten wollten und von denen sie freilich auch abhängig waren, selbst aussuchten. Die größte Faszination übten die gleichberechtigten Entscheidungsstrukturen – meist nach dem Konsensprinzip – aus. Durch solche Selbstbestimmungsmodelle wird die Fähigkeit, Konflikte auszutragen, gestärkt.

Menschen in Alternativbetrieben arbeiten und leben im Sinne der psychologischen Handlungstheorie ganzheitlich, das heißt, ihre Tätigkeiten umfassen Planung, Ausführung und Kontrolle des Produktionsprozesses und der Produkte und Dienstleistungen. Sie können die durch Studium oder Ausbildung aber auch im Rahmen ihrer Arbeit erworbenen fachlichen und sozialen Qualifikationen einsetzen und weiterentwickeln und werden zudem in der Entwicklung der eigenen Persönlichkeit unterstützt. Lernen in einem Alternativprojekt bedeutet zudem, sich über eigene Erfahrungen und Entdeckungen, auch im Umgang mit Anderen, neues Wissen anzueignen.[170] Die Akteu-

168 Vgl. Notz 1991c, S. 106ff.

169 Siehe Kapitel 7.2. in diesem Buch.

170 Vgl. das Konzept von Burghard Flieger, der den konzeptionellen Ansatz von Corporate Identity mit den Ansätzen der lernenden Organisation und der kooperativen Selbstqualifikation verbindet und für Produktivgenossenschaften fruchtbar macht (Flieger 1996, S. 445 ff).

rInnen übernehmen Verantwortung für sich selbst und für ihre Mitmenschen. Gemeinsam schaffen sie sich ein Meinungsbild über politische Probleme und wirken aktiv an der Gestaltung des gesellschaftlichen Lebens und Arbeitens mit. Viele haben ein kritisches Verhältnis zu Autoritäten, Propheten und Gurus jeglicher Art. Viele Genossenschaften und «Alternativbetriebe» sind beispielhaft für eine neue Arbeitskultur, die sich gegen die Massenverschleißgesellschaft, in der immer wieder neue Güter produziert werden, wendet. Dabei geht es nicht einfach um Verzicht. Die AkteurInnen sehen ein, dass ihnen immaterielle Werte oft ebenso wichtig, vielleicht sogar wichtiger sind als materielle Werte.[171] So sind sie oft dazu bereit, weniger Geld zu verdienen, um Zeit für andere Tätigkeiten zu haben. Aus Protest gegen die Sinnlosigkeit der «Überflussgesellschaft» versuchen sie dem Leistungsprinzip, das die Individuen einander entfremdet, zu entkommen.

Beispielhaft sei hier die Beschreibung des unter dem Pseudonym P.M. bekannt gewordenen Utopisten, der seine Gefühle in der neuen Welt mit einer nicht entfremdeten Wirtschaft wie folgt beschreibt. «Jedenfalls habe ich das Gefühl, einen riesigen Ballast abgeworfen zu haben. Auch die Illusion des Glücks. Glück hat so viele Formen. Ohne Wirtschaftszwang macht sogar Leistung, ja Askese wieder Spaß. Du bist dabei nicht einfach die Dumme. Ich arbeite wahrscheinlich mehr als früher, aber in einem anderen Rhythmus und für Ziele, deren Sinn ich direkt einsehen kann. Es gibt keine Freizeit mehr, die irgendwie zu verbringen wäre. Wir ruhen uns aus, wenn wir Ruhe brauchen.»[172]

Erneut bedeutsam wurden auch die Theorien und Entwürfe Fouriers[173] im Zuge der neuen Kollektivgründungen. Deren Motto, «Fantasie an die Macht» (frz. «L'imagination au pouvoir»), entstammte direkt dem Buch «Aus der Neuen Liebeswelt»[174]. Einige der radikalsten Kommunenexperimente der 1970er Jahre bezogen sich, außer auf Wilhelm Reich, auch auf Charles Fourier. Auch Herbert Marcuse bezog sich auf Fouriers Konzept einer freien Gesellschaft.

---

171 Flechtheim 1986, S. 19.

172 P.M. 1990, S. 79.

173 Siehe Kapitel 3.1. in diesem Buch.

174 Fourier 1977.

Die Konzepte der Nach-68er-Bewegung sind realitätsbezogener geworden. Nicht mehr nur ganz junge Leute schließen sich in Gruppen zusammen und stellen die Frage nach dem Sinn des Lebens und des Arbeitens in einer neoliberalen profitorientierten Ellbogengesellschaft.

Den spektakulären Kommunen folgten Wohn- und Arbeitsgemeinschaften, alternative Betriebe und Projekte. Die Schätzungen über das Ausmaß der alternativen Betriebe der 1970er und 1980er Jahre reichen von 3.000 bis 12.000 Betrieben und von 25.000 bis zu 100.000 Personen die in der BRD dort beschäftigt waren.[175] Die Zahlen sind deshalb so unterschiedlich, weil immer schon Unterschiedliches unter dem Begriff «Alternativökonomie» subsumiert wird. Hinrich Oetjen nennt die «beachtliche Größe» von 450.000 Beschäftigten. Für den Gewerkschaftsfunktionär sind sie «weder richtige selbständige UnternehmerInnen, noch richtige lohnabhängige ArbeitnehmerInnen».[176] Mit dieser Statusbeschreibung ist freilich auch ein Teil der Probleme beschrieben.

Von den Gewerkschaften wurden die Projekte vielfach als «romantische Nischen», ihre Akteure als «Saboteure sozialer Normen oder als Tarifkonkurrenz» wahrgenommen, weil sie Betriebsverfassung und Tarifverträge ablehnten. Beliebt waren sie aber auch bei den Unternehmern nicht. Diese bekämpften den alternativen Sektor wegen der anderen Preisgestaltung als unlautere Konkurrenz oder sie geißelten die antikapitalistische Zielsetzung.[177]

Kollektive Zusammenhänge sind keineswegs gefeit vor Hierarchien. Auch in links-politischen Projekten, wie sie in diesem Zusammenhang beschrieben werden, gibt es informelle Hierarchien und mancher Konsens wird eher durch Überreden als durch wirkliche Überzeugung erreicht. Informelle Hierarchien sind oft schwieriger zu durchschauen und zu durchbrechen als formalisierte. Oft fühlen sich die besser Informierten überfordert, weil sie auch diejenigen sind, die die Informationen geben müssen, während andere sich in ihren Beteiligungsmöglichkeiten eingeschränkt oder vor vollendete Tatsachen gestellt sehen. Das verschleißt Energien. Außerdem können solche informel-

---

175 Notz 2008, S. 255.

176 Oetjen 1999, S. 145.

177 Vgl. auch Notz et al. 1991d.

len Hierarchien auch dafür sorgen, dass nicht nur die lautesten Stimmen gehört werden, sondern den klügsten Argumenten zum Sieg verholfen wird. Was Karl Heinz Roth 1980 über die «Geschäftsführer der Alternativbetriebe» geschrieben hat, gilt auch heute noch. Ebenso wie seine Warnung, dass die Funktion des (alternativen) Geschäftsführers letzten Endes darin besteht, die Alternativszene schrittweise wieder an den Hauptzyklus der kapitalistischen Ausbeutung anzubinden.[178]

Tatsächlich vollzog sich unter den Bedingungen von ökonomischen Krisenprozessen ein Wandel in der Alternativökonomie. Er führte auf der ökonomischen Basis einer in den Alternativbetrieben vorherrschenden kleinen Warenproduktion und -verteilung zu einer ganzen Reihe problematischer und widersprüchlicher Tendenzen. Auf der ideologischen Ebene wurde z.B. der ursprünglich einmal proklamierte Auszug aus entfremdeten und repressiven normalgesellschaftlichen Strukturen teilweise zu einer individualistisch-selbstgefälligen Selbstmarginalisierung verabsolutiert. Tatsächlich entpolitisierte sich die Alternativbewegung und mit ihr die Betriebe und Projekte in dem Maße, in dem mit Hilfe einer von ihr produzierten «Alternativideologie» die alternativ-ökonomischen Tätigkeiten ideologisiert wurden. Dieser Prozess wurde teilweise als absatzförderndes Mittel von in unterkapitalisierten Betrieben hergestellten Produkten und Dienstleistungen eingesetzt. Der Begriff der «Alternativökonomie» wirkte sozusagen als ein Mittel betriebswirtschaftlicher Rationalität, das gezielt im kapitalistischen Markt der Produkte eingesetzt wurde. Mit einem überteuerten Bioapfel oder einer biodynamisch verkleideten Futtermöhre aus einem Alternativprojekt wurde die «Gesundheitsideologie» gleich mitbezahlt. Bereits im Entstehen der Alternativbewegung war somit eine Tendenz des Übermächtigwerdens von ökonomischen Sachzwängen über das Bewusstsein der in der Bewegung tätigen Individuen angelegt. Das hat in der weiteren Entwicklung bis zum Ende der 1980er Jahre seinen Ausdruck in der weitgehenden Integration vieler ehemaliger Alternativbetriebe in das kapitalistische Marktgeschehen gefunden.[179]

Es war vor allem der ökonomische Krisendruck im Zusammenspiel mit der innovativen Integration bestimmter, ursprüng-

178 Roth 1980, S. 10ff.

179 Vgl. Geronimo 1990.

lich gegenkultureller Ansätze, der innerhalb der Alternativbewegung dafür sorgte, dass viele ihrer ehemaligen AktivistInnen auf den Interessenshorizont eines «alternativen Kleinunternehmers» herabgesunken sind. Hinter dem Rücken von vielen AkteurInnen haben sich in diesem Prozess der gesellschaftlichen Reintegration die kapitalistischen Leistungsnormen und Prinzipien wieder erneuert. Damit scheint nicht nur Karl Heinz Roths These von der Funktion des Geschäftsführers in Alternativbetrieben, sondern auch Oppenheimers Transformationsgesetz[180] neu bestätigt zu sein.

Bestätigt werden (scheinbar) auch diejenigen KritikerInnen, die mit der These, dass im Hier und Jetzt Fenster in eine andere Welt aufgetan werden können, ohnehin nichts anfangen können. Sie fühlen sich durch diese Entwicklung darin bestätigt, dass die Entwicklung der Alternativbewegung zeige, dass die Kritik an bestimmten Lebensformen immer integrierbar sei und verquere Form annehme, solange sie sich nicht mit dem Kampf gegen die Verhältnisse verbinde, die sie produzieren würden. Sie kommen zu dem Schluss, dass die Alternativbewegung für das Kapital stets produktiv gewesen sei, weil sie die gesamten rebellischen Elemente aus den Fabriken und von der Straße geholt und mit dem Aufbau eines Ghettos beschäftigt habe. Zudem habe sie der Ausbeutung durch das Kapital die ideologisch verschleierte Selbstausbeutung hinzugefügt.[181]

Die geäußerte Kritik ist der historischen Situation Mitte der 1970er Jahre aufgesetzt. Sie ist mit Verallgemeinerungen in Bezug auf die Alternativökonomie verbunden, die – wie dargestellt – in sich widersprüchlich ist. Zudem existieren alternative Projekte, die nach wie vor auf den Prinzipien der Autonomie, der Selbstorganisation, der authentischen Artikulation von Bedürfnissen und Interessen basieren und die sich nach wie vor als Provisorium gegenkultureller Lebensformen begreifen, weil sie aufzeigen wollen, dass es möglich ist, sich der kapitalistischen Leistungsgesellschaft im Hier und Jetzt (zumindest teilweise) zu verweigern.[182]

180 Siehe Abschnitt 3.7. in diesem Buch.

181 Vgl. Wildcat Nr. 40/1986.

182 Vgl. hierzu auch: http://www.nadir.org/nadir/initiativ/id-verlag/BuchTexte/FeuerUndFlamme/FF2.html (Zugriff: 24.7.2010).

Die meisten der langjährig bestehenden Betriebe und Projekte sehen die beschriebenen Gefahren und sie wollen trotz aller Schwierigkeiten nicht zu traditionellen Betriebs- und Entscheidungsstrukturen zurück. Obwohl die zahlreichen Plenumssitzungen mit langen Diskussionen und eskalierenden Konflikten oft Zeit und Kraft rauben und das Konsensprinzip ein Experimentieren mit innovativen Ideen nicht selten blockiert statt fördert. Diejenigen, die sich für das kollektive Leben entschieden haben, können und wollen nicht einsehen, dass es Vorteile haben sollte, wenn nach ausführlichen Auseinandersetzungen eine Person eine Entscheidung trifft, mit der sich nicht alle einverstanden erklären können. In Hierarchien, egal ob durch Männer oder Frauen ausgefüllt, können sie keinen Vorteil sehen, weil sie keine Hierarchien wollen.[183] Denn wichtige Entscheidungen, die in Kollektiven im Konsens getroffen werden, sind fundiert und alle können dahinter stehen.

Damit ist nicht gesagt, dass aufgrund von Erfahrungen – sowohl mit Problemen und innerbetrieblichen Auseinandersetzungen als auch mit Erfolgen – im Laufe von Jahren betriebliche Strukturen und Prozesse nicht verändert werden können oder sogar sollen. Einige Grundsätze können jedoch kaum über Bord geworfen werden, wenn das Label «Alternativ» eine Bedeutung behalten soll: Alternatives, humanes und ökologisches Wirtschaften erfordert und beinhaltet eine andere Arbeitsteilung und Arbeitsorganisation zwischen Frauen und Männern, bezahlter und unbezahlter Arbeit, Jung und Alt, es erfordert Solidarität und Kooperation an Stelle von Ellbogenmentalität und Konkurrenz. Alternatives Wirtschaften ist gebrauchswertorientiert und in seinen Arbeitsvollzügen ganzheitlich organisiert. Dennoch: Im Laufe der Jahre hat sich die Erkenntnis durchgesetzt, dass niemand ohne eine gewisse Arbeitsteilung effektiv arbeiten kann. Rotation durch verschiedene Arbeitsbereiche, um Spezialisierung und damit einseitige Persönlichkeitsentwicklung zu verhindern, ist kaum mehr Praxis. Dennoch gehen die Spezialisierungen meist nicht so weit wie in den kapitalistisch organisierten Betrieben. Die meisten Betriebe und Projekte achten darauf, dass jeder ersetzbar bleibt. Ebenso ist es in der Zwischenzeit eine Binsenweisheit, dass Betriebe der

183 Vgl. Interview Luise Strothmann mit dem Soziologen Stefan Kühl: «Hierarchien haben Vorteile», in: taz vom 19.4.2010, S. 3.

alternativen Ökonomie klare Strukturen und definierte Zuständigkeiten brauchen. Der Anspruch, dass alle Akteure über alles Bescheid wissen müssen und alle Arbeiten ausführen können, ist besonders bei größeren Betrieben kaum noch zu finden. Auch verbindliche Regelungen werden längst als notwendige Rahmenbedingungen erkannt.

Nach einer Studie, die 1997 in Hessen durchgeführt wurde, war es den meisten der 200 untersuchten selbstverwalteten Betriebe innerhalb von zehn Jahren gelungen, effiziente und tragfähige Betriebsstrukturen in der Form professionell betriebener Kleinbetriebe herauszubilden und zu stabilisieren.[184] Rund die Hälfte der Betriebe waren zum Zeitraum der Untersuchung immer noch im Wesentlichen selbstverwaltet und betrachtete ihr regelmäßiges Plenum als Kernstück der Entscheidungsfindung. Ebenso kommt zeitweiliges Überschreiten der Arbeitsteilung in vielen Betrieben zumindest als gegenseitige Hilfe vor.[185]

Die andere Hälfte der einst selbstverwalteten Betriebe hatte sich Transformationsprozessen unterzogen und die kollektiven Strukturen aufgegeben. Kapitalmangel waren die am häufigsten angegebenen Gründe für den Wechsel zum «normalen» Betrieb mit Chef, Betriebsrat, Tarifverträgen und Betriebsordnungen. Hier zeigt sich ein Unterschied zu Oppenheimers Transformationsgesetz: Nicht der wirtschaftliche Erfolg, sondern wirtschaftliche Krisen waren der Hauptauslöser von Transformationsprozessen. Ein ebenfalls von Oppenheimer vernachlässigter Aspekt lässt sich aus den Ergebnissen der Studie ablesen, nämlich dass sich diejenigen Betriebe als in ihren selbstverwalteten Ansprüchen stabil erwiesen haben, in denen politische Bindungen bestanden. Die Motivation, eigenverantwortlich die gemeinsam getroffenen Entscheidungen umzusetzen, war in allen in die Untersuchung einbezogenen Betrieben deutlich höher als in «normalen» Kleinbetrieben.

Das zeigt, dass die ermutigenden Strukturen eines Kollektivbetriebes möglicherweise über den Bestand des Betriebes hinaus wirken. Inwieweit die zunehmende «Professionalisierung» auch zu «Personalisierung» von Entscheidungsstrukturen und möglicherweise doch zu «Entpolitisierung» führt, ist bis jetzt nicht ausreichend untersucht. Immerhin zeigt Fliegers Langzeit-

184 Heider/Hock/Seitz 1997.

185 Vgl. auch Heider/Mevissen 1991.

fallstudie, dass der «Wertedissens», der zunächst Anlass für einen Transformationsverdacht gab, sich nach einer Intensivierung zunehmend abschwächte. Zwar kam es zu einer Aufteilung des Unternehmens auf weitere Geschäftsstellen, aber damit verbunden war das Entstehen weiterer «Subkulturen».[186]

5.3. *Feministische Theorien alternativen Wirtschaftens*

So bunt wie die feministischen Bewegungen sind auch die Vorstellungen von feministischer Ökonomie. Wenn VertreterInnen einzelner Richtungen auch immer wieder, wie andere TheoretikerInnen der feministischen Ökonomie auch, behaupten, ihr Weg sei der einzig richtige und ihr theoretischer Ansatz der einzig wahre. Eher verallgemeinerbar ist das Anliegen und die damit verbundene Vorgehensweise der «Feminisierung der Ökonomie», die Anneliese Braun folgendermaßen kennzeichnet: Sie analysiert die kapitalistisch-patriarchale Wirtschaft, evaluiert und kritisiert dieselbe, fordert Frauenrechte ein und entwickelt eine konkrete Utopie.[187] «Auf diese Weise sollte es gelingen, patriarchale Mechanismen allmählich durch alternative, das heißt nichtpatriarchale, nichtkapitalistische Veränderungen auszuhöhlen und somit die Voraussetzungen für eine soziale Gleichstellung der Geschlechter zu schaffen.»[188] Braun besteht auf einem ganzheitlichen, pluralistischen Ansatz für feministisches Wirtschaften, nennt aber gleichzeitig eine Reihe von Kriterien, die feministische Ökonomie erfüllen muss; dazu gehören organisiertes Handeln, Ganzheitlichkeit, Reproduktion des Lebens anstelle von Profit, bewusste Parteilichkeit, Interdisziplinarität, nicht-zerstörerischer Umgang mit der Natur, Zulassen von mehreren Deutungen. Es käme vor allem darauf an, die basisdemokratischen und selbstorganisierenden Aktivitäten von Frauen anzuerkennen und weniger danach zu fragen, ob «feministische Ökonomie» alle Kriterien einer akademischen Fachdisziplin erfülle. Ihr Anliegen ist es, Vorstellungen zu identifizieren, die zu einer ganzheitlichen Sicht auf die Reprodukti-

186 Flieger 1996, S. 482.
187 Braun 2003, S. 543.
188 Ebd.

on des Lebens beitragen. Um emanzipatorische Alternativen zu entwickeln, wäre es nach Ansicht Brauns erforderlich, feministische, marxistische, ökologische, diskurstheoretische und sozialpolitische Konzepte einem breiten öffentlichen Meinungsstreit zu unterwerfen und auf dieser Grundlage Ansatzpunkte für Pluralität zu schaffen. Nun, das ist ein großer Anspruch und sicher nicht zu verwirklichen, weil die verschiedenen Ansätze sich auch gegenseitig behindern, bzw. widersprechen oder gar ausschließen. Nicht wenige feministische Vorstellungen gehen davon aus, dass mit Hilfe konkreter Utopien im blochschen Sinne die Probleme neu und anders gesehen und auf diese Weise emanzipatorische Handlungsspielräume erschlossen werden können.[189] Wie weiter vorne deutlich wurde, geschieht dies im Bereich der alternativen Ökonomie bereits. Konkrete Modelle aus dem Bereich der alternativen Wirtschaft wären daher danach zu befragen, inwieweit sie den Kriterien einer feministischen Politik genügen, das heißt, dass alle Menschen grundsätzlich ebenbürtig an politischen, wissenschaftlichen, künstlerischen und anderen Angelegenheiten teilhaben können.

Vielfach wurde bereits problematisiert, dass auch in Betrieben der alternativen Ökonomie oft traditionelle geschlechterhierarchische Arbeitsverteilungen erhalten geblieben sind.[190] Die Entstehung der selbstverwalteten Wirtschaft schloss politische Forderungen der Frauen mit ein; zentrales Thema waren sie jedoch nicht.[191] Dennoch finden sich Alternativbetriebe, in denen Frauen «typische Männerarbeiten» übernehmen und Männer sich an den Reproduktionsarbeiten gleichermaßen beteiligen.

Die seit Beginn der neuen Frauenbewegung geführte Diskussion über den Slogan «Das Private ist politisch» bezog sich ursprünglich auf eine notwendige Veränderung der gesamten Gesellschaft. Mit dem Slogan wurde ein «neues Verständnis des Politischen» eingeklagt. Der Frankfurter Weiberrat formulierte das so: «Es gilt, Privatleben qualitativ zu verändern und diese Veränderung als revolutionären Akt zu verstehen.» In Erweiterung des traditionell männlichen Politikbegriffs sollte damit die politische Dimension und die Veränderbarkeit auch schein-

189 Vgl. Möller 1997.
190 Vgl. Notz 1991b, S. 188ff.
191 Vgl. Racki 1988.

bar privater Beziehungsstrukturen hervorgehoben werden. Die doppelte Unterdrückung der Frauen sollte problematisiert und Handlungsstrategien zur Veränderung entwickelt werden. Autonome Frauenräume, zu denen bald auch «reine Frauenbetriebe» innerhalb der alternativen Ökonomie gehörten, waren die logische Konsequenz des Rückzugs derjenigen Frauen aus den Männerzusammenhängen, die sich gegen die Bevormundung durch Männer in «gemischten» Räumen zur Wehr setzten und ihre eigenen Vorstellungen entwickelten.[192]

Triebfeder für das Engagement in reinen Frauenbetrieben war der Wunsch zur gemeinschaftlichen Arbeit mit gleichgesinnten Frauen, die möglichst von einer Gruppe im Konsens und bei gleichem finanziellen Risiko geleistet werden sollte. In diesen Gruppen sollten persönliche Beziehungen und Arbeitsablauf in Übereinstimmung gebracht werden. Hierarchien waren in den Frauenprojekten als «männliche Strukturen» indiskutabel. Die Kernfrage, inwieweit Abgrenzung von den Männern zur Schaffung antipatriarchaler Strukturen notwendig ist, ist bis heute nicht ausreichend beantwortet. In den 1970er und 1980er Jahren wurde die «Männer-müssen-draußen-bleiben»-Diskussion anlässlich der Frauen-Betriebsgründungen immer wieder vehement geführt, ganz besonders unter den Männern. Tatsächlich erscheint die Separierung als eine paradoxe Intervention. Schließlich wandte sich der Kampf der Frauen gegen Diskriminierung und Ausgrenzung, die sie in einer von Männern dominierten Gesellschaft erfuhren. Nun wollten sie sich separate Räume schaffen, um ihrer Exklusion entgegenzuwirken. Die Frage ist prinzipiell nicht lösbar, da Ausgrenzung gegen Abgrenzung steht. Ausgrenzung wird politisch bekämpft, und Abgrenzung stellt eine politische Notwendigkeit dar, beides ist aber nicht klar voneinander zu trennen. Gerade soweit es die Frauenbetriebe betrifft, ist die Abgrenzung immer auch mit Ausgrenzung verbunden.

Die basisdemokratischen Organisationsformen der Frauenbetriebe und -projekte hatten freilich oft mit den gleichen Problemen zu kämpfen wie die gemischtgeschlechtlichen Kollektive. Auch innerhalb der autonomen Frauenbetriebe und -projekte gab es immer informelle Hierarchien und unterschiedliche Verantwortlichkeiten, die nicht selten zu zerstörerischen

192 Notz 2006b.

und lähmenden personalen Konfliktsituationen führten, in denen sich einzelne Frauen als durchsetzungsfähiger erwiesen als andere. Die Idee vom autonomen Projekt als herrschaftsfreiem Raum, quasi im exterritorialen Verhältnis zum Patriarchat stehend, erwies sich bereits mittelfristig als überaus problematisch. Nicht selten sprengten subtile Machtkämpfe die Kollektive. Viele Aktivistinnen wurden durch die zeit- und kraftraubenden Auseinandersetzungen auch ängstlich. So wurden ihr Wille und ihre Kreativität, Dinge in Bewegung zu setzen, von vornherein beschnitten. Generell galt für Frauenprojekte, dass sie oft Autoritäten negieren wollten; sich stattdessen an ihnen abgearbeitet haben. Die Hoffnung, dass Frauen, weil sie Frauen sind, weniger elitär, weniger konkurrenzorientiert und mehr an zwischenmenschlichen und sozialen Problemen interessiert seien, musste zu Enttäuschungen führen. Wie in anderen Projekten und Betrieben auch führten hohe politische Ansprüche an Egalität und Verzicht auf materielle Güter nicht selten dazu, dass viele in den 1970er Jahre entstanden und auch wieder verschwanden. Einige Initiativen verloren sich in ihrer Subkultur, andere haben sich im Laufe der Zeit aus dem subkulturellen Getto herausgetastet und den Marktmechanismen sowie dem Trend zum Einzelunternehmen angepasst.[193]

Bereits in dem Buch über Selbstverwaltung in der Wirtschaft, das 1991 erschienen ist[194], wurde festgestellt, dass etliche, die einst Geborgenheit in der Gruppe fanden, ihre Identität nun als Managerinnen von Tagungshäusern und Alternativprojekten finden. Einen weiteren Aspekt nennt Sibylle Plogstedt in ihrer Studie über Frauenbetriebe. Sie stellt fest, dass die Bezeichnung Kollektiv von den Frauen, die in der DDR sozialisiert sind, abgelehnt wird und auch im Westen die Kollektivstruktur obsolet wurde, weil in einer Vielzahl von Projekten Geschäftsführerinnen die Leitung übernahmen.[195] Gerade viele Frauenprojekte haben sich dem Transformationsprozess unterzogen. Plogstedt geht sogar so weit, dass sie annimmt, dass das Lernen im Kollektiv für diejenigen, die sich für die «neue» Betriebsidee mit Geschäftsführerin oder für einen Betrieb als Einzelunternehmen entschieden haben, ein notwendiger Zwischenschritt auf dem

193 Plogstedt 2006.
194 Notz et al. 1991d.
195 Plogstedt 2006.

Weg zur Selbstständigkeit war. Den Rückgang der Frauenprojektebewegung führt sie unter anderem auf den mangelnden Zusammenhalt innerhalb der feministischen Bewegung zurück. Die einst angestrebte kulturelle Revolution scheint auch unter diesem Aspekt auf halbem Wege stecken geblieben zu sein. Selbst bestimmen wollen sie als junge Unternehmerinnen nun über ihren eigenen Betrieb, über sich – und über die anderen. Sie werden zu Klein- und Kleinstunternehmerinnen und kopieren genau die Unternehmensstrukturen, die zu ihrer eigenen Ausgrenzung geführt haben. Das führt nicht selten von einer Abhängigkeit in die andere, denn nur verschwindend wenige verdienen so viel, dass sie gut davon leben können.

An Sibylle Plogstedts Studie und anderen Berichten aus der Praxis fällt auf, dass die verschiedenen und vielfältigen feministischen Theorien zur alternativen Ökonomie offensichtlich von den Frauenbetrieben nicht oder kaum reflektiert wurden oder werden. Heißt das, dass zwischen der Theorieabteilung – sprich den Wissenschaftlerinnen – und der Praxisabteilung – sprich den betrieblichen Expertinnen – immer noch kaum Austausch stattfindet?[196] Dennoch werden Versatzstücke verschiedener Konzepte ansatzweise in die jeweiligen Praxisfelder integriert. Für die Zukunft sind gemeinsame Diskurse, Zusammenhänge und Denkräume notwendig, um dem doppelten Anspruch feministischer Theorie, nämlich sowohl Perspektiven für ein Leben jenseits patriarchaler Zuweisungen als auch Strategien gegen den patriarchalen Kapitalismus zu entwickeln, gerecht zu werden. Das heißt, alle Konzepte müssen sich am Maßstab der Verknüpfung individueller und gesellschaftlicher Emanzipation messen lassen.

Was eingangs für die alternative Ökonomie festgestellt wurde, gilt auch für die feministischen Theorien alternativen Wirtschaftens: Es gibt bis heute kein einheitliches Theoriegebäude im bisher üblichen Verständnis eines geschlossenen Denkmodells. Deshalb können hier nur Versatzstücke dargestellt werden, auch wenn Vertreterinnen spezieller Positionen diese als den jeweils einzig konsequenten feministischen Theorieansatz präsentieren.

---

196 Die Feststellung wurde 1989 im Editorial zu Heft 24 der beiträge zur feministischen theorie und praxis «Der Kaiserin neue Kleider. Feministische Denkbewegungen» getroffen.

5.3.1. Subsistenzwirtschaft

Subsistenzwirtschaft ist ein Begriff für eine alte Wirtschaftsform, die typisch ist für vorindustrielle Gesellschaften. Sie steht im Gegensatz zur kapitalistischen Marktwirtschaft der Industriegesellschaften, in welcher Güter und Dienstleistungen über den Markt verteilt werden. Subsistenzarbeit bedeutet ursprünglich die Ausbeutung von «dritten Personen», die sich nicht in die so genannte Zwei-Klassen-Theorie integrieren lassen bzw. oft als außerhalb der kapitalistischen Ökonomie stehend betrachtet wurden (wie z.B. Kleinbauern). Diese Arbeitsform wurde v.a. von Rosa Luxemburg in ihrem Hauptwerk «Die Akkumulation des Kapitals» (1913) thematisiert. Luxemburg zeigt auf, dass nichtkapitalistische Produktionsformen integraler Bestandteil der kapitalistischen Moderne selbst sind und oft von dieser erst hervorgebracht werden: «Der Kapitalismus bedarf zu seiner Existenz und Fortentwicklung nichtkapitalistischer Produktionsformen in seiner Umgebung. Aber nicht mit jeder dieser Formen ist ihm gedient. Er braucht nichtkapitalistische soziale Schichten als Absatzmarkt für seinen Mehrwert, als Bezugsquellen seiner Produktionsmittel und als Reservoirs der Arbeitskräfte für sein Lohnsystem.»

Die Bielefelder SubsistenztheoretikerInnen erweiterten dies zu der These, dass in jedem Gesellschaftssystem (also auch in entwickelten kapitalistischen Gesellschaften des Nordens) die Subsistenzproduktion anderen Produktionsformen vorgelagert ist. «Subsistenzproduktion umfasst jede Herstellung von Gütern und Dienstleistungen, die nicht für den Markt, sondern für den Eigenkonsum der Produzenten bestimmt sind.»[197] Sie ist keine eigene Produktionsweise mit grundsätzlich möglicher unabhängiger Existenzform, sondern eine Produktionsform bzw. ökonomische Teilstruktur, die sich in allen Wirtschaftssystemen findet. Die Intensität der Verflechtung mit anderen Produktionsformen variiert bis hin zu der Extremform der «abhängigen» Subsistenzproduktion, in der alle Inputs über den Markt bezogen werden. Unter dem Einfluss des Kapitalismus geht die Subsistenzproduktion nicht notwendigerweise zurück, vielmehr kann sie sich durch kapitalistische Marktintegration sogar ausdehnen.

197 Evers 1990, S. 471.

In gewisser Hinsicht war dies eine Fortentwicklung der These von Rosa Luxemburg, dass der Kapitalismus für sein Funktionieren ein nichtkapitalistisches Milieu benötige; nach Ansicht der Bielefelder SubsistenztheoretikerInnen (und der Weltsystemtheoretiker um Wallerstein) produziert das kapitalistische Wirtschaftssystem sogar das für sein Funktionieren erforderliche nichtkapitalistische Milieu selbst.[198]

Die Bedeutung der Subsistenzarbeit für die kapitalistischen Ökonomien griffen feministische Theoretikerinnen[199] in den 1980er Jahren sowie später Vandana Shiva (1989) auf. Sie nannten ihren Ansatz Subsistenzperspektive. Die Autorinnen bezeichnen damit kein ökonomisches Modell, sondern eine neue Sicht auf die Ökonomie. Ausgangspunkt der Überlegungen ist, dass in der im Allgemeinen durch WissenschaftlerInnen betrachteten Produktion die Reproduktionsarbeit und die Hausarbeit der Frauen sowie die Ausbeutung der Kolonien und der Natur nicht vorkommen. Ihre neue Sicht betrifft deshalb nicht nur die Ökonomie, sondern ist auch eine neue Sicht auf die Gesellschaft, die Kultur, die Geschichte, auf soziale Probleme und vieles andere.

Während bei Rosa Luxemburg in erster Linie die noch nicht vom kapitalistischen Konkurrenzkampf unterworfenen Kolonien den Bezugspunkt darstellen, so steht in der Subsistenzperspektive die von Frauen erbrachte, unbezahlte Subsistenz- und Reproduktionsarbeit im Zentrum. Maria Mies (1996) geht so weit, dass sie den weiblichen Körper als «dritte Kolonie» neben kolonisierten Staaten und der unterworfenen Natur bezeichnet. In ihrem Buch «Ökofeminismus» (1995) argumentieren Maria Mies und Vandana Shiva, dass es zwischen der Unterdrückung «der Frau» im Patriarchat und der Unterdrückung der Natur mit der Folge der Umweltzerstörung weitreichende Parallelen gäbe. Sie gehen auch davon aus, dass Frauen sich per se der Natur stärker verbunden fühlen. Ein besonderes Augenmerk wird auf die Reproduktionsfähigkeit «der Frau» gelegt. Durch diese Fähigkeit werden «der Frau» besondere und wesenshafte Eigenschaften wie Fürsorge, Muttergefühle und Kommunikationsfähigkeit zugesprochen. Damit postulieren sie einen «natürlichen» Unterschied zwischen Männern und Frauen.

198 Vgl. Evers et al. 1984.

199 von Werlhof / Mies / Bennholdt-Thomsen 1983.

Die Subsistenzwissenschaftlerinnen haben Subsistenzarbeit auch für die Industrieländer als Alternative zur Erwerbsarbeit wiederentdeckt und zum Kern einer ökofeministischen Perspektive erklärt.[200] Die entwickelten Konzepte heben darauf ab, dass Frauen aus der Geldwirtschaft aus- und in die Subsistenzwirtschaft als «regionale Selbstversorgungswirtschaft» einsteigen sollten. Die Autorinnen sprechen daher von basisdemokratischer «Lebensproduktion» im Gegensatz zur kapitalistischen Warenproduktion. Die Menschen sollen nach diesem Ansatz wieder lernen, wie sie einen Teil ihrer Ernährungsgrundlage selber produzieren können, indem sie die Ressourcen der Natur nachhaltig nutzen. Das hieße, das meiste, was Menschen brauchen, stellen sie unter Nutzung lokaler und regionaler Ressourcen selbst her und tauschen es untereinander aus. Was sie nicht brauchen, verkaufen sie und wären damit unabhängig von den multinationalen Konzernen. Diese würden dann überflüssig, denn sie erscheinen für die Subsistenzperspektive ungeeignet. Selbstversorgung hingegen, davon sind die Wissenschaftlerinnen überzeugt, dient dem «guten Leben» und der sozialen Gerechtigkeit für alle sowie der Erhaltung der Natur.[201] Zurück zur Subsistenzwirtschaft heißt für die Autorinnen auch, zurück zu einer würdigen Arbeit, zu der die ausführende Person einen Bezug hat und an der sie Freude hat. Eine Trennung der Konzepte für die Dritte Welt und die Erste Welt lehnen sie ab, weil sie keinen Sinn mache, da die Probleme die gleichen seien. Zu den wichtigsten Merkmalen der Subsistenzperspektive gehören, dass sie auf die Befriedigung der unmittelbaren menschlichen Bedürfnisse – also primär auf den Eigenbedarf – gerichtet ist. Das geschieht zunächst weder über Geld noch über die Herstellung von Waren. Es bezieht sich auf eine unmittelbare Produktion und Reproduktion des Lebens.

Die Theoretikerinnen gehen davon aus, dass es ohne Subsistenzarbeit keine Lohnarbeit gibt, aber ohne Lohnarbeit sehr wohl Subsistenzarbeit notwendig ist, weil sie überlebens- und lebensnotwendig ist. Subsistenzarbeit sei die Voraussetzung für jede Art von Leben und für jede Art von Arbeit, weil sie für das Essen, das Wohnen, kurz gesagt, das unmittelbare Leben sorgt.

200 Vgl. Mies/Shiva 1995; Bennholdt-Thomsen/Mies 1997.

201 http://www.zag-berlin.de/antirassismus/archiv/41mies.html (Zugriff 8.4.2010).

Die Subsistenzidee beruhe nicht auf individuellem, sondern immer auf kollektivem Vorgehen und beinhalte außerordentlich wertvolle Arbeit, die allerdings nicht mit Geld entlohnt werde. Dabei ginge es nicht um das bloße Überleben, sondern darum, gut leben zu können. Jede Subsistenz fange mit der Nahrungssouveränität an. Gegenseitige Hilfe, Reziprozität und Gemeinschaftlichkeit, kollektives Arbeiten und kollektives Genießen sollen im Zentrum der Subsistenzidee stehen.

Die wirtschaftlichen Aktivitäten beruhen nach der Subsistenzperspektive auf den Beziehungen der Menschen zur Natur und der Menschen untereinander, einschließlich der Beziehungen zwischen den Geschlechtern. Die bestehende Technik, in die der Verschleiß eingebaut ist, wird als kapitalistisch und patriarchalisch klassifiziert und daher ebenfalls abgelehnt. Arbeit soll gleichermaßen Last und Lust sein, Kultur und Arbeit sollen sich wieder annähern, die gemeinsame Verantwortung für natürliche Ressourcen, aber auch für die von Menschen produzierten Abfälle, soll gefördert werden.[202] Das würde bedeuten, dass Produktions- und Konsumgemeinschaften zusammenfallen und die gesellschaftliche Arbeitsteilung nur wenig ausgebildet ist.

Die Analysen des «Bielefelder Ansatzes» zur Subsistenzwirtschaft sind in der Frauenforschung und teilweise auch in der Forschung zur alternativen Ökonomie vielfältig aufgenommen und auch kritisiert worden. Welche Schlussfolgerungen daraus zu ziehen sind, ist in der Forschung über Frauenleben und -arbeiten strittig[203]. Anneliese Braun würdigt die Subsistenzwirtschaft kritisch. Zwar sieht sie in der Subsistenzperspektive eine kurz- oder mittelfristige Perspektive auch in industrialisierten Ländern bzw. Regionen, weil sie Selbsthilfe und Notlösungen ermöglicht.[204] Sie als einzige Perspektive zu sehen, würde nach ihrer Meinung jedoch bedeuten, bestenfalls «Überlebensinseln» zu schaffen, die auf Emanzipation verzichten und kaum zur sozialen und ökologischen Umsteuerung beitragen können.

Andere KritikerInnen weisen darauf hin, dass offensichtlich zu keiner Zeit Subsistenzwirtschaft in reiner Form existierte. Subsistenzorientierte Haushalte waren aus zwei Gründen keine

202 Mies/Shiva 1995, S. 415ff.

203 Vgl. z. B. Lenz/Rott 1984, Lenz 1988, Wichterich 1992.

204 Braun 2003, S. 549.

geschlossenen Systeme. Erstens mussten sie gewisse Produkte wie Salz (für die Viehwirtschaft) oder Metallwaren fast überall ertauschen oder kaufen. Zweitens waren sie – zumindest in historischer Zeit – in herrschaftliche Strukturen eingebunden und deshalb verpflichtet, Überschüsse für die Herrschaft zu produzieren. Wenn anstelle von Naturalabgaben solche in Geldform gefordert wurden, mussten Bauernbetriebe trotz grundsätzlicher Subsistenzorientierung für den Markt produzieren, um sich das notwendige Bargeld zu verschaffen.[205]

Eine «reine» Subsistenzwirtschaft ist sicherlich auch heute aus vielfältigen Gründen nicht möglich. Auch wenn einige alternativ-ökonomische Ansätze in diese Richtung gehen und Projekte der alternativen Ökonomie – z. B. Kommunen und Ökodörfer – versuchen, möglichst viel selbst herzustellen.[206] Die Industrialisierung lässt sich in den Industrieländern nicht ohne Weiteres zurückschrauben und sie macht auch vor der «Dritten Welt» nicht Halt. Aus international vergleichenden Studien wird die Verflechtung zwischen Subsistenzproduktion und Warenproduktion deutlich[207]. Subsistenzwirtschaft kann also nicht als Gegenmodell zur weltmarktorientierten Geldwirtschaft betrachtet werden. Vermehrte Ausbeutung von Frauen in der «Dritten Welt» wäre zudem die Folge einer reinen Subsistenzwirtschaft. Christa Wichterich verweist darauf, dass eine Stärkung der Subsistenzstrukturen in der «Dritten Welt» gleichzeitig die Frage patriarchaler Macht stellen muss, weil eine Subsistenzperspektive die Arbeitslast der Frauen auch verstärken kann.[208] Dass die totale Abkehr vom Industriesystem, wie sie von den TheoretikerInnen der Subsistenzperspektive immer wieder gefordert wurde und wird, uns vom «guten Leben» möglicherweise noch weiter entfernen würde, weil der notwendige Arbeitseinsatz, um den Alltag zu bewerkstelligen, ins Unermessliche steigen würde (und dies vor allem auf dem Rücken der Frauen), kann nicht übersehen werden. Die Gefahr, dass die Subsistenzperspektive «mit ihrer Selbstgenügsamkeit

---

205 http://www.uni-muenster.de/FNZ-Online/sozialeOrdnung/laendliche_gesellschaft/unterpunkte/subsistenz.htm (Zugriff 8.4.2010).

206 Vgl. zum Beispiel die Kommune Niederkaufungen, Kapitel 7.1. in diesem Buch.

207 Vgl. Schiel/Staudth 1981.

208 Vgl. Wichterich 1988, S. 19f.

den Abbau des Sozialstaates» schönredet, kann ebenfalls nicht abgestritten werden.[209]

Wichtig an der Subsistenzperspektive bleiben die grundsätzliche Kritik an der kapitalistisch-patriarchalen Wirtschaftsweise, die Ablehnung des «homo oeconomicus» als vorherrschende Lebensform, die Betonung der heutigen internationalen ökonomischen Ausbeutungsstrukturen und die Forderung nach einem Wirtschaftsverständnis, bei dem Wirtschaften wieder dem (Über-)Leben dient und nicht der Kapitalakkumulation, dem unhinterfragten Wachstum und dem Profit.[210]

5.3.2. Wirtschaften für das «gemeine Eigene»

Verwandte theoretische Konzepte einer feministischen Ökonomie, wie das Konzept der Kölner feministischen Ökonomin Carola Möller, nehmen Elemente aus der Subsistenzdiskussion auf, setzen bei einer ökologisch sinnvollen, nicht kapitalistischen, nicht patriarchalen Wirtschaft an und nennen es Arbeit für das «gemeine Eigene»[211]. In ihrem Buch propagieren die Verfasserinnen ein «teilselbstversorgendes Wirtschaften» und benennen Kriterien und Ziele einer Form des gemeinwesenoriertierten Wirtschaftens. Danach steht der Begriff für ein nicht-patriarchales Wirtschaften, für eine Ökonomie, die auf die direkte und ökologisch sinnvolle Bedürfnisbefriedigung einer Gruppe, einer Nachbarschaft, eines Dorfes oder eines Stadtviertels und wiederum untereinander vernetzter Zusammenhänge zielt.[212]

Die wichtigsten Elemente dieses theoretischen Ansatzes des «gemeinwesenorientierten Wirtschaftens» sind die Forderung nach einer bedarfs- und nicht gewinnorientierten Produktion durch die Zusammenarbeit für die gemeinsame (Teil-)Selbstversorgung, die unmittelbare individuelle Bedürfnisbefriedigung und der sorgsame Umgang mit Natur und Umwelt. Diese Kriterien sollen sowohl für ein alternatives Innenverhältnis als auch für ein marktkritisches Außenverhältnis gelten. Das heißt, die inneren Strukturen eines Projektes sind «alternativ» gestaltet, es gibt weniger Hierarchien, die Mitbestimmung aller ist gewähr-

209 Hüttner 2000.
210 Vgl. auch Möller 1997, S. 23.
211 Möller et al. 1997.
212 Vgl. ebd., S. 18.

leistet. Gleichzeitig wird der «freie Markt» infrage gestellt. Carola Möller beurteilt die Verhältnisse mit einem patriarchatskritischen Blick, bleibt aber nicht bei der Theorie stehen, sondern propagiert im gleichen Buch Alternativen zur entfremdenden Lohnarbeit, indem sie zahlreiche Projekte, die bereits gemeinwesenorientiert wirtschaften, vorstellt[213]. Es finden sich Adressen und Kurzbeschreibungen von 103 Projekten. Dazu kommt eines, das nach Ansicht der AutorInnen «in keine Kategorie passt, weil es ‹Leben und Arbeiten› umfassend verbindet, einschließlich der theoretischen, politischen und praktischen Förderung lokaler alternativer Ökonomie».[214] Das ist die Kommune Niederkaufungen, die in Kapitel 7.1. dieses Buches beschrieben wird. Die Grundsätze, die Carola Möller für alternatives Wirtschaften aufstellt, sind nicht explizit für feministische Projekte entwickelt, sie gelten – ebenso wie die Subsistenzperspektive – für alle Arten von Kollektive[215]. Der «Definitionsversuch», der ihren theoretischen Konzepten zugrunde liegt, beinhaltet eine Reihe von Wertaussagen. Eingefordert werden:

- Eine «gute Lebensqualität», die sich möglichst verbessert
- Wirtschaften für ein «gemeinsames Eigenes»
- Wirtschaften für die Reproduktion des lebensbedürfnisorientierten Handelns
- Verbindung von Wirtschaften, Arbeiten, Lernen und Leben einschließlich des Wohnens
- Gleiches Recht für alle, Mitbestimmungsanspruch
- Solidarität und gegenseitige Unterstützung
- Vernetzte basisdemokratisch organisierte Selbstversorgung
- Existenzsicherung durch eigene, bezahlte und unbezahlte notwendige Leistungen
- Ökologisch sinnvolles Handeln

Mit den Vorstellungen eines «gemeinwesenorientierten Wirtschaftens» wollen Carola Möller und ihre Kolleginnen auf Defizite von Denkansätzen etablierter und auch «linker» Theoretikerinnen reagieren, die patriarchale Strukturen nicht in Frage stellen, Wirtschaften von der «Produktion» statt, wie es ihrem Anspruch genügt, von der «Reproduktion» aus denken und ausschließlich auf eine «Systemreparatur» orientieren. Nichtpatriar-

213 Möller et al. 1997, S. 87ff.
214 Möller et al. 1997, S. 168.
215 Möller 2001.

chale und nichtmarktwirtschaftliche Alternativen verortet sie dagegen in einer «gemeinschaftlich selbstbestimmten Eigenarbeit», wie Carola Möller ihren Ansatz gelegentlich auch nennt[216].

Die aufgelisteten Projekte von gemeinwesenorientiert wirtschaftenden Gruppen sind mehrheitlich gemischtgeschlechtlich besetzt. Sie stellen ein buntes Spektrum verschiedener Projekte dar, von der Seniorengenossenschaft mit Pflegedienst, über MigrantInnenprojekte, Frauengesundheitszentren, Wohnprojekte und Fahrraddiebstahlversicherungen; die meisten sind Tauschringe und Tauschbörsen.

Tatsächlich sind «Tauschprozesse und die dazugehörenden Ordnungen» zentrale Kategorien ihrer Vorstellung von Wirtschaft und Arbeit für das «gemeine Eigene»; und zwar nicht nur der bezahlten, sondern auch der unbezahlten Arbeit. Die Wertvorstellungen, die den Tauschprozessen zugrunde liegen, sind nach Carola Möllers Meinung entscheidend für die Ergebnisse. Ein anderes Wirtschaften, so hofft sie, wird auch zu anderen Wertmaßstäben führen. In den zahlreichen örtlichen Tauschringen, die auf der Basis von aufgewendeter Zeit Produkte und Dienstleistungen tauschen, sieht sie große Chancen im Hier und Jetzt zu beginnen, um an gesellschaftlichen Veränderungen zu arbeiten[217]. Diesem Anliegen dient auch die in den letzten Jahren bevorzugte Beschäftigung mit der Umsonstökonomie[218], welcher die Autorin verholfen hat, zu einer kleinen Bewegung zu werden. «Teilen, nicht tauschen!», ist nun bevorzugtes Motto[219].

5.4. Dualwirtschaft und Eigenarbeit

Dualwirtschaftliche Vorschläge bezogen sich in den 1970er Jahren auf die Krise der Lohnarbeit und die zunehmende Erwerbslosigkeit. Die Vorschläge gingen von der Annahme aus, dass der Bereich der industriellen, entfremdeten Arbeit sich zwar nicht abschaffen, aber doch erheblich einschränken lasse. Das bis heute uneinheitliche, teils deskriptive, teils politisch-strategische Konzept[220] beinhaltet die Zurückdrängung des kapita-

216 Möller et al. 1997, S. 28.
217 Vgl. Möller 2001.
218 Siehe hierzu Kapitel 6.2.2. in diesem Buch.
219 Siehe auch Stiftung Fraueninitiative et al. 2006.
220 Huber 1984; Gorz 1980.

listischen, profit- oder ausschließlich gelderwerbsorientierten Wirtschaftens durch die Entwicklung einer Alternativökonomie, die auch Lohnarbeit kennt, jedoch wesentlich durch Bedarfsorientierung, Subsistenzorientierung, Selbstbestimmung und Selbstverwaltung gekennzeichnet ist. Die Dualwirtschaft bezeichnet das mögliche Nebeneinander bzw. die Entkoppelung des alternativökonomischen und des kapitalistischen Sektors. Der Sektor der alternativen Wirtschaft wird häufig auch als informeller oder autonomer Sektor bezeichnet. ExpertInnen streiten sich bis heute über die Abgrenzung gegenüber Schwarzarbeit, ehrenamtlicher Arbeit, Hausarbeit oder verschiedener Freizeitaktivitäten.

Josef Huber, Soziologe und Professor für Wirtschafts- und Umweltsoziologie in Halle, ging Anfang der 1980er Jahre so weit, zu behaupten, dass sich die soziale Katastrophe nur vermeiden lässt, wenn es gelingt, Erwerbsarbeit (Lohnarbeit) und unentgeltliche Eigenarbeit in ein neues Verhältnis zu bringen. Er sah zwei mögliche Szenarien: Ein Negativ-Szenario, in dem Dualwirtschaft auch als «Doppelwirtschaft» bezeichnet werden kann. Hier würden die Arbeitenden in zwei Klassen von Menschen aufgeteilt. Die einen arbeiten im abgesicherten institutionellen (kapitalistischen) Sektor, die anderen im prekären informellen Sektor, wozu er auch die Hausarbeit rechnet. Im Positiv-Szenario hingegen teilen Männer und Frauen die informelle und die institutionelle Arbeit. Arbeit und Freizeit sind vielfältig miteinander verwoben. Zwischen den Bereichen der informellen und institutionellen Arbeit besteht eine ausgewogene Komplementarität. Das vorhandene Beschäftigungsvolumen würde gerechter verteilt, tarifliche und sozialstaatliche Minimal-Garantien würden nicht angetastet und die Zahl der Erwerbsarbeitsplätze durch radikale Erwerbs-Arbeitszeitverkürzung vermehrt. Dadurch sollen alle Menschen den Zugang zur Erwerbsarbeit haben. Ob diese existenzsichernd sein wird, bleibt undiskutiert. Die dualwirtschaftliche Analyse vernachlässigt den regulären Erwerbssektor und überlässt ihn seiner Dynamik.[221]

Unbezahlte Arbeit spielt als Eigenarbeit auch in allen Zukunftskonzepten zur alternativen Ökonomie eine große Rolle[222].

---

221 Gorz 1983.

222 Vgl. Möller 1997.

Der Begriff «Eigenarbeit» wurde 1978 von Christine und Ernst von Weizsäcker im Titel ihres Aufsatzes «Für ein Recht auf Eigenarbeit. Entwurf eines Manifestes»[223] geprägt. Auch sie sahen, dass die Hoffnung, «Arbeitslosigkeit durch Wachstum zu beseitigen», schwindet und forderten ein «Recht auf das positive Erleben eigener Arbeit»[224]. Seitdem werden unterschiedliche Zukunftsvorstellungen und unterschiedliche Interessen mit diesem Begriff verbunden: Die Vertreter der Dualwirtschaft sehen in der Wiederaneignung der Eigenarbeit auch die Chance «für die Schaffung und Abgrenzung einer privaten Sphäre» und wollen die Entstehung einer «Dienstbotengesellschaft» im Sinne einer vermarkteten Hauswirtschaft mit unterbezahlten DienstbotInnen verhindern.[225] Jeremy Rifkin, renommierter amerikanischer Wirtschaftsjournalist und Sozialphilosoph, entwickelt in seinem Buch «Das Ende der Arbeit und ihre Zukunft» (1995) ein ganz anderes Zukunftsmodell. Für ihn ist die Eigenarbeit im «dritten Sektor» angesiedelt. Im Unterschied zum ersten Sektor (Privatwirtschaft) und zum zweiten Sektor (öffentliche Dienste) arbeiten im «dritten Sektor» (Non-Profit-Sektor) Arbeitskräfte, die im marktwirtschaftlichen Sinne «nichts wert» sind, in gemeinnützigen Organisationen und Projekten, freiwilliger Arbeit im Sozial- und Gesundheitsbereich, im schulischen, wissenschaftlichen und künstlerischen Bereich und in Hilfsorganisationen zu Schattenlöhnen oder Sozial*einkommen* (statt Sozialhilfe), dessen Höhe ungeklärt ist. Durch die Integration in diese Form von «Eigenarbeit» soll vermieden werden, dass sie «von Angst und Wut getrieben» zu Aufständischen werden.[226] Die Tätigkeiten, die dort geleistet werden sollen, sind fast alle Reparaturarbeiten für Schäden, die durch die Arbeitsbedingungen in den beiden anderen Sektoren entstanden sind. Genannt werden: Betreuung von Kranken, Alkoholikern, Drogenabhängigen, Misshandelten, Obdachlosen, Beratung von Verbänden und Vereinen, Bürgerwehren, künstlerische Arbeiten.[227] Rifkins Vorschläge zur Organisation der Arbeit dienen der staatlichen Kontrolle und Lenkung dieses Arbeitspotentials.[228] Was

---

223 Weizsäcker/Weizsäcker 1978, S. 185ff.

224 Ebd., S. 186f.

225 Gorz 1994, S. 225.

226 Vgl. Notz 1999, S. 32ff.

227 Rifkin 1995, S. 181.

228 Vgl. auch Möller 1997, S. 27.

hier als Zukunftsmodell und «Eigenarbeit» bezeichnet wird, hat mit alternativer Ökonomie wenig zu tun. Selbstorganisation und Basisdemokratie oder «gemeinschaftlich selbstbestimmte Eigenarbeit» und Tätigkeiten, die dem gemeinsam organisierten gemeinwesenorientierten Wirtschaften dienen[229], sind nach dem Modell nicht möglich. Es schreibt die soziale Ungleichheit in einer gespaltenen Arbeitsgesellschaft fest.

5.5. Ökosozialismus

ÖkosozialistInnen sind sich darüber einig, dass Wohlstand für wenige, der sich auf Umweltzerstörung und soziale Ungerechtigkeit gründet, keine Basis für eine zivilisierte Gesellschaft ist. Andererseits besagt ihre Theorie, dass eine klassenlose Gesellschaft der Gleichen und Freien nur durch einen sehr langen Reformprozess, durch gemeinsames, an den Grundwerten von Freiheit, Gleichheit und Brüderlichkeit orientiertes Handeln, herbeigeführt werden kann. Ökosozialismus unterscheidet sich vom traditionellen Reformsozialismus lediglich durch die zusätzliche Verpflichtung auf die Grundwerte der Gewaltfreiheit und der ökologischen Verantwortung für die natürlichen Lebensgrundlagen. Für den Ökosozialismus ist das Ziel eines humanen Überlebens der Menschheit gleichrangig dem Ziel der klassenlosen Gesellschaft. Diese beiden Hauptzielsetzungen ökosozialistischer Politik bedingen einander gegenseitig. Nur der Abbau der Klassengesellschaft mit ihren irrationalen Herrschafts-, Produktions- und Rüstungsprozessen schafft die Bedingungen für ein humanes Überleben der Menschheit – aber auch umgekehrt gilt: Nur wenn die Menschheit vor der ökologischen bzw. nuklearen Selbstvernichtung bewahrt werden kann, bleibt ihr die Chance, eine Gesellschaft der Gleichen und Freien zu errichten.[230]

Die Theorie des Ökosozialismus beinhaltet auch, dass es nicht notwendig ist, bis zur siegreichen Machtergreifung einer Partei oder Klasse zu warten, um mit Experimenten anderer Arbeits- und Lebensbedingungen zu beginnen. Auch nach den Theorien der ÖkosozialistInnen soll im Hier und Jetzt mit klassenlosen, solidarischen, ökologisch verantwortlichen Formen

229 Ebd., S. 29.

230 Scherer/Vilmar 1986, S. 51

des Zusammenlebens und gemeinsamen Arbeitens begonnen werden. Daher plädieren sie für das Schaffen von Freiräumen für kleine Gruppen, die ihr eigenes Leben individuell gestalten können. Ossip K. Flechtheim nennt das «kleine Versuche», eine Form von kollektiver Humanität herzustellen.[231] Als Beispiel für einen entscheidenden Einstiegspunkt für die Verwirklichung des Prinzips ökosozialistischer Theorie und Praxis kann der Abbau patriachalischer Herrschaft des Menschen über den Menschen und von Männern über Frauen betrachtet werden. Scherer und Vilmar gehen davon aus, dass mit der Verwirklichung dieses Prinzips schon gegenwärtig «durch Selbstveränderung, durch Herstellung sozialistischer Prinzipien im alltäglichen Zusammenleben und -arbeiten gleichberechtigte und solidarische Beziehungen zwischen den Menschen» hergestellt werden können.[232] Der ökosozialistische Umbau des Sozialstaats richtet sich auf Dezentralisierung des sozialen und kulturellen Leistungsangebots, Abbau von Großeinrichtungen sowie die weitestgehende Übertragung von Aufgaben der sozialen Sicherung, der Bildung und der kulturellen Angebote auf autonome gesellschaftliche Träger; darunter ist auch die alternative Wirtschaft zu subsumieren. Die ProtagonistInnen sind sich darüber im Klaren, dass es auch Aufgaben gibt, deren Lösung eines globalen Maßstabs bedarf. Dazu rechnen sie die ökologische Rekultivierung, Katastropheneinsätze, Abrüstung und Frieden und eine gerechte Weltwirtschaftsordnung.

25 Jahre nachdem Vilmar und Scherer ihr Buch geschrieben haben, wird immer klarer, dass das ökologische Desaster nicht durch verschwenderische Auswüchse des bestehenden Gesellschaftssystems hervorgerufen worden ist, sondern durch das System selbst und seine ihm innewohnende Funktionsdynamik[233]. Darauf, dass der derzeitige «materielle Wohlstand» – verbunden mit Wasserverbrauch, Flächenversiegelung, Energieverbrauch – der bekanntlich auch in Deutschland nicht alle betrifft, nicht auf alle Menschen der gesamten Welt ausgedehnt werden kann, sondern dass ein Abbau der ungleichen Verteilung der Ressourcen auch eine andere Verteilung des Reichtums bedingt, hat bereits die Alternativbewegung der

---

231 Flechtheim 1986, S. 17.

232 Scherer/Vilmar 1986, S. 53.

233 Vgl. auch Engert 2010a, S. 21.

1970er und 1980er Jahre hingewiesen. Der praktisch erprobte individuelle und gruppenbezogene «Konsumverzicht», der ein Schritt in diese Richtung sein sollte, scheint heute weitestgehend vergessen. Weiter reicht Wolfgang Harichs Forderung, die er nach dem Erscheinen des Berichts des Club of Rome: «Die Grenzen des Wachstums» (1972) in seinem Buch «Kommunismus ohne Wachstum?»[234] stellte. Ihm war bewusst, dass eine gerechte Verteilung, die er für unbedingt notwendig hält, nur dadurch möglich wird, dass nur produziert werden darf, was prinzipiell für alle erhältlich gemacht werden kann, ohne den Globus weiter zu ruinieren.

Klaus Engert, Autor des Buches «Ökosoziolismus – das geht!», nimmt den Begriff Ökosozialismus neu auf und benutzt ihn für ökonomische Gleichheit, eine kollektive, weltweite, gesamtgesellschaftliche Debatte und Übereinkunft über Bedürfnisbefriedigung als Grundvoraussetzung für die Schaffung einer ökokompatiblen und dabei gerechten Gesellschaft.[235] Wie die Alternativbewegung der 1970er Jahre fordert auch er einen Umbau der Industriegesellschaft hin zu Produktionsweisen, die den ökologischen Imperativ zur Grundlage haben. Er geht dabei von einer neuen Gesellschaft aus, die den Warenfetischismus beseitigt und Raum und Zeit für die im Kapitalismus unterdrückten immateriellen Bedürfnisse bietet. Obwohl Engert der These des Autors von «Die Krisen des Kapitalismus» (2009), Saral Sarkar, zustimmt, dass eine kapitalistische Gesellschaft nicht nachhaltig zu betreiben sei, fände er es fatal, untätig zu warten und plädiert dafür, dass es Aufgabe einer ökosozialistischen Bewegung, der er sich zurechnet, sei, neben der Debatte um Gleichheit und Bedürfnisse, zu untersuchen, wo die Nachhaltigkeitspotenziale im derzeit existierenden Produktions- und Distributionssystem liegen. Insofern sucht auch er nicht nur nach einer Alternative *zum* herrschenden System, sondern will auch *im* herrschenden System Veränderungspotentiale nutzen. Als Marxist beruft er sich mit der These, dass jede neue Gesellschaftsform im Schoße der alten vorbereitet werde, auf Karl Marx.[236] Seine Hoffnung setzt er auf eine Produktionsweise, die auf stofflichen Kreis-

234 Harich 1975, S. 181
235 Engert 2010a, S. 21.
236 Engert 2010b, S. 128.

läufen fußt, statt den Globus weiter zu verbrauchen und die deswegen auch «anders» strukturiert sein muss. Die völlige Gleichheit aller, auch die Gleichberechtigung der Geschlechter sieht Engert als Grundbedingung für die (öko-)sozialistische Gesellschaft. Selbstverwaltete und Genossenschaftsbetriebe führt er als Beweis an, dass auch ohne «Boss» produziert werden kann. Tauschringe und Alternativgeld sieht er als nichtkapitalistische Nischen, die nur so lange vom herrschenden System geduldet werden, wie sie keine wesentliche Gefahr darstellen.[237] Dennoch plädiert er für den kleinräumigen Ausbruch aus der herrschenden Ordnung, um Projekte als Laboratorien einer zukünftigen Gesellschaft zu nutzen. MitstreiterInnen vermutet Engert daher in den von den Linken lange vernachlässigten sozialen Bewegungen. In der Tat, wenn es gelänge, ein ökosoziales Netzwerk zwischen Mitgliedern aus unterschiedlichen politischen Zusammenhängen und sozialen Bewegungen zu knüpfen, wäre das ein wichtiger Schritt zur Veränderung. Teile der «neuen Linken» haben offensichtlich begonnen, die Debatte um den Ökosozialismus (wieder) aufzunehmen, man kann gespannt sein.

237 Ebd., S. 129.

6. Aktuelle Konzepte

Heute erscheint alternative Ökonomie vor allem als Teil der Alternativen zur neoliberalen Globalisierung. Massenerwerbslosigkeit, zunehmende Verarmung, prekäre Beschäftigung auf der einen Seite, massive Überforderung, Leistungsdruck, Stress und gnadenlose Konkurrenz auf der anderen Seite, prägen das Erwerbsleben. Dennoch bestehen die Motive der 1970er Jahre weiter, denn Projekte und Betriebe alternativer Ökonomie bleiben Alternativen, um politische Ziele, Leben und Arbeit besser in Einklang zu bringen.[238] Wenige nehmen die ganze Arbeit, die ganze Ökonomie und das ganze Leben in den Blick[239], noch weniger sehen ihre alternativ-ökonomischen Modelle als Bausteine für gesamtgesellschaftliche Veränderungen. Projekte der Gemeinwesenökonomie, Eigenarbeit, Tauschökonomie und Umsonstökonomie sind in den letzten Jahren wie Pilze aus dem Boden geschossen. Sie entsprechen dem Wunsch, sich mit anderen gemeinsam zu engagieren, wenn auch lediglich in einem gesellschaftlichen Teilbereich, um in ihrem sozialen Umfeld oder ihrer unmittelbaren Umgebung einen positiven Beitrag zum pfleglichen Umgang mit den knapper werdenden Ressourcen als «praktische ökonomische Alternativen als Voraussetzung einer emanzipatorischen, solidarischen Gesellschaft»[240] im Hier und Jetzt zu leisten.

6.1. Solidarische Ökonomie

Wie bereits für andere Bereiche festgestellt, gibt es auch für die Solidarische Ökonomie weder ein annähernd einheitliches theoretisches Konzept noch eine eindeutige Definition, nicht einmal einen vereinigenden Begriff. Dafür finden sich weltweit viele Betriebe, Projekte und lockere Zusammenschlüsse, mit sehr unterschiedlichen Gesichtern, die zur Solidarischen Ökonomie gezählt werden. Oft grenzen sie sich durch «bizarre Streitigkeiten

238 Vgl. Embshoff/Giegold 2008, S. 15.
239 Siehe den Abschnitt 7. zu Kommunebewegungen in diesem Buch.
240 Voß 2010, S. 9.

und Abgrenzungsdebatten» voneinander ab.[241] Das mag dem Aushandeln darüber, was mit dem Begriff gemeint ist und über die «Vielfalt der Wege, die dorthin führen»[242] im Wege stehen. In den 1970er Jahren wurde der Begriff in Lateinamerika geprägt und spielt seitdem in immer mehr Ländern Lateinamerikas und im Umfeld der Weltsozialforen eine wichtige Rolle zur Bezeichnung einer «anderen Ökonomie» im realen Leben und in den wissenschaftlichen Debatten. Spätestens seit dem Kongress «Solidarische Ökonomie im globalisierten Kapitalismus» im November 2006 mit 1.400 TeilnehmerInnen in Berlin ist er auch in Deutschland eingeführt[243] und hat den bunten, pluralistischen Sektor dieser Wirtschaftsform sichtbar gemacht. Die VeranstalterInnen berichten stolz, dass es ihnen gelungen ist, viele Gruppen zusammenzubringen, die sonst kaum miteinander tagen. Sie nennen «Anthroposophen und AnarchistInnen, Tauschgeldler und Regiogeldinitiativen, GesellianerInnen und GratisökonomlerInnen, öko-soziale MarktwirtschaftlerInnen und MarxistInnen, AnhängerInnen des fairen wie des alternativen Handels usw.».[244] Inwieweit die situative Vielfältigkeit der gelebten Praxis wirklich alle «Alternativen zu Wirtschaftssystemen, die auf Macht und Herrschaft beruhen, Alternativen zur Ausbeutung des Menschen durch den Menschen und Alternativen zur Zerstörung der natürlichen Lebensgrundlagen»[245] skizzieren, oder ob einzelne dieser alternativen Bausteine selbst Macht und Herrschaft reproduzieren oder diese nur mit einer grünen ökologischen Soße zugedeckt haben, mag die LeserIn entscheiden.

Elisabeth Voß, selbst Mitinitiatorin, scheint ihre Zweifel zu hegen, denn sie stellt fest, dass große Teile dessen, was unter Solidarischer Ökonomie verstanden werden kann, bis heute von Männern dominiert wird und zwar «ebenso wie die herrschende Wirtschaft»[246]. Das gibt keinen Anlass zu antipatriarchalen Hoffnungen und man muss Voß zustimmen, dass eine der großen Herausforderungen solidarischer Ökonomien darin besteht, die Herstellung von Geschlechtergerechtigkeit voranzutreiben.

241 Embshoff/Giegold 2008, S. 12.
242 Voß 2010, S. 11.
243 Vgl. Embshoff/Giegold 2008.
244 Embshoff/Giegold 2008, S. 12.
245 Voß 2010, S. 11.
246 Ebd., S. 13.

6.1.1. Versuche einer Definition von Solidarischer Ökonomie

Embshoff und Giegold beziehen sich, indem sie nach «einer hinreichend präzisen Definition» für die Solidarische Ökonomie (SÖ) suchen, auf das Internationale Netzwerk zur Förderung der sozialen und solidarischen Ökonomie.[247] Danach bezeichnet SÖ Formen des Wirtschaftens, die menschliche Bedürfnisse auf der Basis freiwilliger Kooperation, Selbstorganisation und gegenseitiger Hilfe befriedigen.[248] Das Prinzip Solidarität sehen sie im Gegensatz zur Orientierung an Konkurrenz, zynischer Eigenverantwortung und Gewinnmaximierung in kapitalistischen Marktwirtschaften. Sinnvoll erscheint die Unterscheidung von Solidarität, die auf dem Prinzip der Gegenseitigkeit beruht (z. B. gemeinschaftliche Selbsthilfe), und Solidarität, die auf Umverteilung beruht.[249] Embshoff/Giegold sehen in der SÖ den Anspruch von Selbstorganisation und Demokratie, weil der Begriff der Solidarität «auf die Freiwilligkeit von Kooperation und auf gegenseitige Hilfe» verweist.[250] Damit kann nach ihrer Ansicht auch nicht «einfach jede Form von ökonomischer Selbstorganisation» der Solidarischen Ökonomie zugeordnet werden, sondern es müssen «bewusst solidarische Ziele mit ökonomischem Handeln verfolgt werden»[251]. Die Schwierigkeit dieser Abgrenzung liegt auf der Hand und so kann auch nach dem großen Event des Kongresses vom November 2006 die Frage, «Wer gehört zur solidarischen Ökonomie und wer nicht?» nicht eindeutig beantwortet werden. Den Hauptgrund nennen Embshoff und Giegold selbst: Ausgrenzungen können das Entstehen einer neuen Welle von Solidarischer Ökonomie schwächen. Beliebigkeit kann ihr die Wirksamkeit nehmen»[252].

Elisabeth Voß macht in ihrem Buch ebenfalls den Versuch einer Definition[253]. Sie nennt als wesentliche Unterscheidungsmerkmale einer Solidarischen gegenüber der herrschenden Ökonomie:

---

247 Embshoff/Giegold 2008, S. 12.

248 Ripess 1997.

249 Coutrot 2005, S. 114.

250 Embshoff/Giegold 2008, S. 13.

251 Ebd., S. 13f.

252 Ebd., S. 14.

253 Vgl. Voß 2008, S. 63f.

- Orientierung auf den Nutzen und nicht auf den Gewinn,
- Nicht die Menschen ordnen sich der Wirtschaft unter, sondern die Wirtschaft den Menschen.

Zusätzlich identifiziert sie drei Merkmale, die Solidarische Ökonomie mit unterschiedlicher Intensität kennzeichnen:

- Erstens: Selbstorganisation von kleinen genossenschaftlichen Unternehmungen unterschiedlicher Rechtsformen bis hin zu großen Unternehmen im Eigentum der ArbeiterInnen (auch der KundInnen) oder demokratisch kontrollierte Unternehmen der Daseinsvorsorge.
- Zweitens: Orientierung an den Bedürfnissen der Betroffenen, die die Folgen der betrieblichen Entscheidungen mittragen müssen. Dazu gehören Herstellung sinnvoller und nützlicher Produkte und Leistungen in hoher Qualität, fairer Umgang mit VertragspartnerInnen, AnwohnerInnen etc., Berücksichtigung ökologischer Gesichtspunkte und Aspekte des Fair Trade im gesamten Herstellungsprozess, von der Beschaffung bis zur Entsorgung am Ende des Produktlebenszyklus.
- Drittens: Nachhaltiges Wirtschaften zum Erhalt der Ressourcen für alle heute lebenden Menschen und für die zukünftigen Generationen. Das heißt, langfristige ökonomische Orientierung, z. B. durch vergesellschaftetes oder vergemeinschaftetes Eigentum an Produktionsmitteln, Belassen der Gewinne in den Unternehmen, Verfolgung ökologischer und sozialer gesellschaftlicher Ziele nach innen und außen.[254]

Das klingt sehr anspruchsvoll. Allerdings beziehen sich die benannten Merkmale lediglich auf Organisationen, die in die Marktwirtschaft eingebunden sind. Tauschringe, Umsonstökonomien, Regionalwährungen oder andere Projekte, die darauf angewiesen sind, dass die in ihnen Aktiven einer Erwerbsarbeit nachgehen oder Rente bzw. Lohnersatzleistungen bekommen, sind demnach nicht gemeint.[255] Sie werden aber von Elisabeth Voß durchaus der Solidarischen Ökonomie zugerechnet.[256] Die Zukunft wird zeigen, ob sich «kleine genossenschaftliche Unternehmungen» und «große Unternehmen im Eigentum der

254 Ebd.

255 Elisabeth Voß sieht solche Projekte «vom kapitalistischen Markt abgekoppelt»; das sind sie gerade nicht, wenn ihre AktivistInnen ihren Lebensunterhalt aus den Erträgen des kapitalistischen Marktes gewinnen müssen.

256 Voß 2008, S. 64ff.

ArbeiterInnen und KundInnen» und andere Betriebe, Kommunen und Projekte, die den oben angegebenen Kriterien entsprechen, weiter ausbreiten werden und ihre Vorstellungen in immer weitere Kreise tragen.

6.1.2. Chancen und Risiken einer Solidarischen Ökonomie

Im Rahmen des schon erwähnten Kongresses wurden auch Chancen, Risiken und Nebenwirkungen einer Solidarischen Ökonomie diskutiert. Dabei wurden die schlechten gesetzlichen und politischen Rahmenbedingungen bedauert. Die politischen Rahmenbedingungen für den Sektor der alternativen Wirtschaft sind v. a. in Deutschland denkbar schlecht. Anders als in europäischen und lateinamerikanischen Ländern, wie z. B. Frankreich, Italien, Brasilien und Venezuela,[257] fehlt eine aktive politische Unterstützung. Das wurde auch im Vorfeld des Kongresses moniert:

«Eine andere, solidarische, soziale, alternative, genossenschaftliche oder wie auch immer sich verstehende Ökonomie braucht jedoch Unterstützung. In dieser Welt der ungleichen Verteilung von materiellen und immateriellen Produktionsressourcen ist es kaum möglich, aus eigener Kraft dauerhaft wirtschaftlich tragfähige Unternehmungen aufzubauen.

In Zeiten von Sozialabbau, Prekarisierung und Privatisierung fehlt es zunehmend an dem zum Leben Notwendigen. Es erfolgt ein Frontalangriff auf einen immer größer werdenden Teil der Bevölkerung, der immer mehr Lebensbereiche umfasst. Eingriffe in die Lebenszeit, in persönliche finanzielle Verhältnisse und Angriffe auf den sozialen Zusammenhalt machen es gleichzeitig notwendiger, aber auch schwieriger, solidarische ökonomische Strukturen aufzubauen.

Das beginnt mit dem Bedarf an Grundstücken und Räumen, Maschinen und Geräten. Aber ebenso sind Informationen, Qualifikationen und unterstützende Strukturen erforderlich, damit wirtschaftliche Selbsthilfe auf Dauer Bestand hat. Gerade zu Beginn, aber auch in krisenhaften oder Umbruchphasen eines Unternehmens wird Beratung, Betreuung und Begleitung von sozialen und wirtschaftlichen Prozessen gebraucht.»[258]

257 Siehe Kapitel 9.2. in diesem Buch

258 Voß 2006, S. 10

Wenn Franz Oppenheimer bereits 1896 festgestellt hat, dass Mangel an Kapital, Absatz und Disziplin eine entscheidende Rolle bei der Auflösung bzw. Transformation demokratischer Betriebe spielen,[259] so muss man – was auch schon Oppenheimer tat – davor warnen, während ökonomischer Krisen in «verfallenden Gewerben»[260] Neugründungen vorzunehmen, um für Erwerbslose Erwerbsmöglichkeiten zu schaffen. Die Finanzierung war früher und ist auch heute vor allem in der Gründungsphase bedrohlich. Kreditfähig werden Unternehmungen ohnehin erst, wenn die Schwierigkeiten der ersten Kapitalbeschaffung überwunden sind. Auch wenn alle Beteiligten solidarisch ihre eigenen Mittel und Möglichkeiten einbringen, reichen diese oft nicht aus. Materielle und immaterielle Hilfen und fachliche Unterstützung werden notwendig. Das können selbst geschaffene Strukturen sein, staatliche oder überstaatliche Einrichtungen oder Kooperationen verschiedener gesellschaftlicher Akteure.

Dennoch ist Solidarische Ökonomie mehr als ein Kind der Not, das wurde auch beim Kongress SÖ immer wieder betont[261]. Es kann nicht alleine darum gehen, die bestehende Ungleichheit und Unsicherheit im Zuge der neoliberalen Globalisierung durch solidarisch-ökonomische Projekte erträglicher zu gestalten. Projekte Solidarischer Ökonomie sollten darüber hinaus den beteiligten Menschen neue Handlungsspielräume eröffnen, um eine neue Form der Wirtschaft erfinden und soziale und politische Rechte einfordern zu können.

Elisabeth Voß verweist darauf, dass die vielfältigen pluralistischen Ansätze der Solidarischen Ökonomie oft in kleinen, dissidenten Einheiten erprobt werden. Sie macht jedoch auch darauf aufmerksam, dass diese andere Wirtschaftsweise letztlich «weit mehr als nur kleine, feine Alternativprojekte» umfasst. Man kann ihr nur beipflichten, wenn sie schreibt, dass Menschen, die ernsthaft die Gesellschaft von ihrer ökonomischen Basis her verändern möchten, die «kuschelige Gartenzwergperspektive» aufgeben müssen und sich auch mit Alternativen in großen Unternehmensstrukturen und mit transnationalen Handelsabkommen befassen müssen[262].

---

259 Vgl. Kapitel 3.7. in diesem Buch.

260 Oppenheimer 1896, S. 52.

261 Attac und Kongressträgerkreis 2006.

262 Voß 2010, S. 10.

6.2. Gemeinwesenökonomie

Gemeinwesenökonomie oder lokale Ökonomie kann ebenso vieldeutig sein wie die anderen dargestellten Ansätze. Gemeinwesenökonomie wird oft mit alternativer Ökonomie, Solidarischer Ökonomie, lokaler Ökonomie usw. gleichgesetzt.[263] Colin Hines, Autor von «Localisation. A Global Manifesto» (2000), tritt seit vielen Jahren für eine Politik der Lokalisierung ein. Er geht davon aus, dass eine solche Politik die Kontrolle der Gemeinwesen über die Wirtschaft und den sozialen Zusammenhalt verstärkt. Eine lokale Wirtschaft würde Grundvoraussetzung sein, dass die Menschen wieder die Kontrolle über die Grundbedingungen ihres Lebens gewinnen können. Notwendig wird danach eine Rückführung der Wirtschaft auf kleine Einheiten, die dann wieder unter der Kontrolle lokaler Gemeinschaften stehen können.

«Solidarisch-faire Austauschbeziehungen» sind dabei für alle beteiligten Seiten vorteilhaft. Sie realisieren sich nicht erst im Wachstum, sondern in jeder einzelnen Tauschhandlung, und der Tauschwert von Produkten und Leistungen wird durch die persönliche Beziehung immer wieder neu definiert. Der Aufbau lokaler Wirtschaftskreisläufe erscheint sowohl in sozialer als auch in ökologischer Hinsicht sinnvoll. Die Perspektive liegt in der Entwicklung einer eigenverantwortlichen Arbeits- und Lebenskultur *neben* der vorherrschenden, ohne dass durch eine revolutionierende Umgestaltung vorab die allgemeinen Bedingungen geschaffen sind.

Die Politik der Lokalisierung erfordert eine Reihe verstärkender Maßnahmen, die im internationalen Wirtschaftssystem dem globalen Schutz des Lokalen dienen. Darunter sind Einfuhr- und Ausfuhrquoten sowie Subventionen für klar begrenzte Zeiträume als Schutzmaßnahmen für einheimische Märkte, die demokratische Kontrolle transnationaler Konzerne, eine lokale Verankerung des Geldes durch lokal orientierte Banken und Kreditgenossenschaften, die Kontrolle von Kapitalströmen und vieles mehr zu verstehen.

Der Aspekt der Lokalisierung ist in einigen der vorgestellten theoretischen Konzepte enthalten. So zum Beispiel in den feministischen Konzepten, in den Gemeinschaftskonzepten oder

263 Giegold/Embshoff 2008, S. 12.

Kommunen und in den ökosozialistischen Überlegungen. Im Folgenden sollen einige real existierende, in den letzten Jahren populär gewordene Konzepte etwas ausführlicher dargestellt werden, die der Gemeinwesenökonomie oder lokalen Ökonomie zugerechnet werden.

6.2.1. Tauschökonomie

Die auf Tausch basierende geldfreie Gesellschaft oder Talentewirtschaft ist eine von vielen angestrebten, propagierten und in kleinen Gruppen auch in die Realität umgesetzten Utopien der alternativen Wirtschaft. Projekte der Tauschökonomie, wie zum Beispiel Tauschringe, schießen besonders in den Großstädten wie Pilze aus dem Boden.[264] Sie sind Bestandteil einer lokalen Ökonomie. Organisationsformen und theoretischer wie auch ideologischer Hintergrund der Tauschringe sind nicht homogen. Gemeinsam ist ihnen, dass sie Anspruch darauf erheben, ein lokales Gegengewicht zur globalen Geldwirtschaft zu sein. Besondere Aufmerksamkeit haben sie im Zusammenhang mit der globalisierungskritischen Bewegung und den nationalen und internationalen Sozialforen erlangt, in deren Umkreis sich viele Tauschringe etablierten. In feministischen Zusammenhängen wird die Theorie vor allem von Subsistenztheoretikerinnen aufgegriffen. Obwohl Tauschen nichts Neues ist, weil unter den Menschen, besonders in den Jahren der wirtschaftlichen Not nach den beiden Weltkriegen, viel getauscht wurde, erscheinen sie als eine soziale Erfindung aus den 1990er Jahren. Tauschringe sind organisierte Rechnungssysteme, die dem bargeldlosen Austausch von Leistungen und Produkten zwischen Privatpersonen, Organisationen und Kleinunternehmen auf lokaler Ebene dienen. Hella Hertzfeldt stellt sie als «andere Art des Wirtschaftens» vor[265]. Auf dem Tauschmarkt werden überwiegend Dienstleistungen und Produkte zwischen privaten Haushalten ausgetauscht, aber auch Fähigkeiten und Fertigkeiten. Das Tätigkeitsfeld beschränkt sich meist auf einen Stadtteil, eine Stadt oder eine Region. Für ihre Einrichtung bedarf es keiner größeren Investitionen. Im Rahmen der Lokalen Agenda 21 wurden Tauschringe unter Einbeziehung von Betrieben, Institutionen, Projekten und Kommunen initiiert.

264 Vgl. Voß 2010, S. 64 ff; Habermann 2009, S. 95ff.
265 Hertzfeldt 2001, S. 180f.

Tauschringe werden wegen des Verdachts, es könne sich um Schwarzarbeit handeln, oft in die Ecke der Schattenwirtschaft gestellt. Tatsächlich lassen sich die Grenzen schwer ziehen. Im Grunde wird ein ungeheurer Widerspruch deutlich: Unterstützt und vorangetrieben werden Tauschgeschäfte im Bereich der personenbezogenen Dienstleistungen und im sozialen und Gesundheitsbereich. Leistet ein/e HandwerkerIn hingegen nicht marktvermittelte Tauschgeschäfte, ist die Gefahr groß, dass er/sie wegen Schwarzarbeit angeprangert wird. Wenn es darum geht, die Gefährdung von existenzsichernder Arbeit anzuprangern, müssen nicht nur handwerkliche Reparatur-, sondern auch Pflegearbeiten, die ebenso Qualifikationen erfordern und notwendige Erwerbsarbeit verdrängen, in die Schadensanalysen zur «Schwarzarbeit» einbezogen werden.

Vielfach bezieht sich das theoretische Konzept, das hinter der Tauschökonomie steht, auf die Theorie von Silvio Gesell[266], den Begründer der Freiwirtschaftslehre, die vor dem Hintergrund eines entfesselten Kapitalismus, der relativen Ablösung der Finanz- von der Realwirtschaft und den entsprechenden Krisen wieder Konjunktur hat. Die Ökofeministinnen Bennholdt-Thomsen und Mies sehen in Tauschbörsen Elemente der vorindustriellen «Moral Economy»[267], weil sie «das Prinzip der Gegenseitigkeit, der Zuverlässigkeit, der gegenseitigen Hilfe» wieder aufnehmen, «Wachstum, Zinsen und Profitmacherei» hingegen ablehnen und auf eine «lokale und regionale Gebrauchswertökonomie» zielen.[268]

Im Zusammenhang mit der Weltwirtschaftskrise der 1930er Jahre gab es verschiedene Projekte dieser Art in Nordamerika und Europa. Zu den bekanntesten zählt das der Gemeinde Wörgl in Österreich.[269] Als Begründer der organisierten Tauschringe nach dem Zweiten Weltkrieg gilt Michael Linton, der Begründer des LETS (Local Exchange and Trading System) in Comox Valley (British Columbia) in Kanada. Er prägte 1983 nicht nur den Begriff, sondern entwickelte auch Kriterien. Danach soll es sich bei einem Tauschring um ein Non-Profit-System

---

266 Siehe 4.3. Gesells Theorie in diesem Buch.

267 Begriff nach Edward Palmer Thompson: The Moral Economy of the English Crowd in the Eighteenth Century, in: Past and Present 50, 1971, S. 76–136.

268 Bennholdt-Thomsen/Mies1997, S. 149.

269 Heinze/Offe 1990.

handeln, kein Zwang zum Kauf oder Verkauf bestehen, sämtliche Konten der TeilnehmerInnen mit einem Null-Saldo starten, Bargeldein- oder Auszahlungen nicht möglich sein, die Kontostände und das jeweilige Umsatzvolumen zwischen den Mitgliedern offen gelegt werden, die lokale Verrechnungseinheit mit der jeweiligen Landeswährung gekoppelt und Zinskosten bzw. Zinseinnahmen nicht möglich sein.[270]

Heute lassen sich im Wesentlichen zwei Tauschring-Modelle unterscheiden:

Zeitbasierte Tauschringe, die den Wert der Ware oder Dienstleistung einzig nach der aufgewendeten Arbeitszeit bemessen. Das Modell strebt die Aufwertung kleinräumiger sozialer Strukturen und eine Neubewertung der Arbeit durch die Aufwertung der Reproduktionsarbeiten an. Dieser Ansatz scheitert in der Realität oft am Tauschverhalten der Beteiligten. Einem hohen Angebot an Reproduktionsarbeit steht meist ein relativ geringes Angebot an hochqualifizierten Arbeiten gegenüber, da Hochqualifizierte eher den formellen Arbeitsmarkt oder Schwarzarbeit bevorzugen, wo haushaltsnahe Dienstleistungen weitaus günstiger zu haben sind.

Die geldbasierten Tauschringe orientieren sich stärker an der Freiwirtschaftslehre. Warenwerte werden weitgehend am formellen Arbeitsmarkt ausgerichtet – ein Ausgleich der kapitalistisch-patriarchalen Arbeitsbewertung wird nicht angestrebt. Die zentrale Kritik zielt auf das Zinssystem und die daraus resultierenden arbeitslosen Einkommen. Der verengte Blick führt dazu, dass Ausbeutung ausschließlich im Geld- und Zinssystem und nicht in den Sphären von Reproduktion und Produktion verortet wird.[271] Nicht alle geldbasierten Tauschringe gehen von der egalitären Währung «eine Stunde Arbeitszeit ist gleich eine Stunde Lebenszeit» aus. In manchen Tauschringen ist die grundsätzliche Frage, ob alle Arbeiten den gleichen Wert haben, nicht gelöst und führt zu dauernden aufreibenden Auseinandersetzungen.

Während Hella Hertzfeldt die Meinung vertritt, dass Tauschringe vorrangig die Aufdeckung wirtschaftlicher Zusammenhän-

---

270 Füller et al. 1995, S. 6.
271 Vgl. Weiss 2009, S. 29.

ge fördern, die Rolle des Geldes entschleiern, indem es auf die Funktion als universelles Tauschmittel beschränkt wird und der Funktion als Kapital und Spekulationsobjekt verlustig geht[272], weist Alexandra Weiss darauf hin, dass die meisten Tauschringe an der traditionellen Arbeitsbewertung und damit an den herrschenden strukturellen Diskriminierungen festhalten[273]. Die Logik der kapitalistischen Ökonomie wird ihrer Meinung nach dadurch nicht durchbrochen; die Menschen treten einander als Individuen auf dem Tauschmarkt gegenüber. Allerdings wird mit Tauschringen eine Alternative geschaffen, die den Staat aus seiner sozialen Verantwortung entlässt und das Überleben privatisiert bzw. eine Armutsselbstverwaltung installiert, wie das Beispiel Argentinien verdeutlicht.[274]

Hierzulande haben Tauschringe meist eine gänzlich andere Bedeutung. Letztlich sind sie vor allem Projekte einer sozialromantischen Mittelschicht. Sie benutzen die Alternativwährungen Kreuzer, Peanuts, Talente, Chiemgauer und andere und haben die Illusion, unter Umgehung der offiziellen Währung «am Markt vorbei» und auf der Grundlage anderer Werte und Prinzipien als denen der kapitalistischen Wirtschaftsordnung zu Grunde liegenden, zu handeln. Da die Tauschringe im Kern auf Marktbeziehungen beruhen, bleiben sie – trotz der Alternativwährung – in den engen Grenzen des (neo-)liberalen Denkens verhaftet und kommen diesem auf ideologischer Ebene sogar entgegen. Sie fragen nicht nach der Sinnhaftigkeit und nach den Herstellungsbedingungen der getauschten Produkte und nach den hierarchischen Beziehungen, die sich beim Tauschen von Dienstleistungen ergeben können.[275] Getauscht werden vor allem haushaltsbezogene Dienstleistungen, oft unter dem Slogan «gib und nimm». Meist geht es um Nachbarschaftshilfe nach dem Motto: Suche Babysitter, biete Rasenmähen. Mitunter steht aber auch ein Tauschpool zur Verfügung.

---

272 Vgl. Hertzfeldt 1997, S. 410.

273 Vgl. Weiss 2009, S. 30.

274 Siehe Kapitel 8. in diesem Band.

275 Beispiel: Flüchtlinge putzen Wohnungen gegen Sprachunterricht.

6.2.2. Schenk-Ökonomie und Umsonstökonomie

Zur Umsonstökonomie oder Geschenkökonomie gehören Umsonstläden, Preis-los-Läden, Kost-nix-Projekte und anderes. Die Schenk-Ökonomie beansprucht nicht mehr und nicht weniger, als die Wandlung der gegenwärtigen Gesellschafts- und Wirtschaftsordnung in eine, die nicht am Profit und am berechneten Tausch orientiert ist. Denn das Schenken, das die Bedürfnisse der jeweils anderen erkennt, darauf reagiert und entsprechend agiert und auf gegenseitiger Unterstützung beruht, gab es bereits, bevor es Geld und Tausch gab. Genevieve Vaughan (2008) bringt das Schenken in Zusammenhang mit der Praxis der matriarchalen Gesellschaften, die auch «Ausgleichsgesellschaften» genannt werden. Angeblich leben die Menschen dort weitgehend aggressionsfrei und friedlich miteinander und praktizieren schon immer das, was wir heute «Gutes Leben» nennen. Denn: Die Ökonomie des Schenkens und Gebens als Prinzip des sozialen Ausgleichs und das matriarchale Weltbild gehören nach Vaughan zusammen. Sie bezeichnet die Schenk-Ökonomie als das Wirkungsfeld der Mütter, denn sie seien es, die weit überwiegend in der Hausarbeit und der Versorgung schon immer «ohne Gewinnerzielungsabsichten» freiwillig für die Subsistenz ihrer Kinder und Familien arbeiten. Diese Prozesse des Gebens sind bisher weder gesellschaftlich anerkannt noch zur Kenntnis genommen worden, weil sie in Termini der herrschenden Ökonomie nicht fass- und messbar waren. Das zweckfreie, ohne berechnende Absicht geleistete, vor allem mütterliche Geben wird nach diesem Konzept als Sinnbild für das Paradigma der Ökonomie des Gebens und Schenkens eingesetzt.

In einer Ökonomie des Schenkens herrscht (angeblich) kein Ungleichgewicht und keine Ungerechtigkeit, denn hier findet die Entkoppelung von Geben und Nehmen statt.[276] Alle gehören wechselweise zu den Gebenden und zu denen, denen gegeben wird. Das Konzept geht davon aus, dass sich so kein Teil der Gesellschaft einseitig bereichern und seine egoistische Macht ausbauen wird.

Ausgangspunkt der Idee ist, dass viele Leute Dinge haben, die sie nicht mehr gebrauchen können oder wollen. Diese liegen oft nutzlos herum, weil sie eigentlich zu schade sind, um

276 Habermann/Möller/Peters 2008, S. 54.

sie wegzuwerfen. Andere Menschen suchen genau diese Dinge, können oder wollen sie sich jedoch vielleicht nicht leisten, denn sie müssten Geld dafür ausgeben. Hier setzt das Konzept des Umsonstladens an: Dinge, die noch gebrauchsbereit und in Ordnung sind, können im Umsonstladen vorbeigebracht werden und werden dann weiter verschenkt. Das alles geschieht völlig geldlos. In 20 bundesdeutschen Städten gibt es Umsonstläden. Hinzu kommen Verschenk-Webseiten im Internet. Der Umsonstladen beruht auf dem Warenüberfluss (Abfall) unserer Gesellschaft. Danach, woher die Dinge kommen und unter welchen Bedingungen und mit welchem Material sie hergestellt werden, fragt, ebenso wenig wie beim Tauschen, niemand. Zudem wird auch in Umsonstladenprojekten Geld gebraucht, z.B. für Ladenmiete, Heizung etc.

6.2.3. Selbstverwaltete Dorfläden

In vielen kleinen Gemeinden ländlicher Regionen gibt es keine Einkaufsmöglichkeiten mehr. Supermärkte in den nächstgrößeren Orten, die nur mit dem Auto zu erreichen sind, haben früher vorhandene Bäcker, Metzger und Lebensmittelläden verdrängt. In einige kleinen Gemeinden übernehmen die BürgerInnen seit einiger Zeit selbst die Verantwortung für ihre Lebensqualität. Sie verkaufen vor allem Lebensmittel in selbstverwalteten Tante-Emma-Läden. Informationen darüber, wieviele bezahlte Arbeitsplätze so geschaffen werden, sind selten, die meiste Arbeit wird gratis geleistet.[277] Durch die demografische Entwicklung wird die Bedeutung in den kommenden Jahrzehnten zunehmen, weil die älter werdende Dorfbevölkerung den Wunsch hat, wohnortnah einkaufen zu können, so wie sie es früher gewöhnt war. Und auch weil öffentliche Verkehrsmittel in vielen ländlichen Regionen nur unzureichend zur Verfügung stehen. Inwieweit die Selbstverwaltungsläden durch Supermarktketten, die – dem Trend der Zeit gehorchend – auf kleinere Formate setzen, verdrängt werden, ist noch nicht vorauszusehen. Da in den Dorfläden in Eigenregie viele Arbeiten durch Ehrenamtliche übernommen werden, ist allerdings fraglich, ob wirtschaftlich orientierte Anbieter sich solche Geschäfte leisten können. Denn selbstverwaltete Dorfläden sind nicht auf Gewinn orien-

277 Braun 2010, S. 52ff.

tiert, kommen allerdings meist auch ohne staatliche Hilfe aus, weil sie nur vorhalten, was von den Kunden auch wirklich gewünscht wird.

6.2.4. Vom Guerilla-Gardening zu Kommunalen Gemeinschaftsgärten

Seit einigen Jahren sind allnächtlich in deutschen Großstädten sogenannte «Guerilla-Gardeners» (WildgärtnerInnen) unterwegs, die heimlich urbane Brachflächen bepflanzen oder mit «Samenbomben» (seedbombs), das sind feste, zu Kugeln geformte und getrocknete Erdklumpen, die aus einem Gemisch aus Erde, Ton mit Blumensamen bestehen, durch die Gegend werfen. Sie können vom fahrenden Rad oder Auto aus auf Verkehrsinseln und Mittelstreifen geworfen werden bzw. bei einem Spaziergang unauffällig fallengelassen werden. Wenn es regnet, blühen sie auf und führen zu «Überraschungspflanzungen». Ursprünglich diente die heimliche Aussaat als subtiles Mittel zivilen Ungehorsams im öffentlichen Raum, vorrangig auf Mittelstreifen großer Straßen in Großstädten oder auf öffentlichen Grünflächen, wo auf die «Unwirtlichkeit unserer Städte»[278] und die an die Städte grenzenden Landschaften hingewiesen werden sollte oder «gegen die Monokulturen des Spießbürgertums» protestiert wurde[279]. Mitunter werden auch graue Betonpfeiler oder Wände mit einem Gemisch aus Buttermilch und Moos bespritzt oder sie werden gar mit diesem Gemisch beschriftet. Bei idealen Witterungsvoraussetzungen fängt das Moos an, den Beton zu begrünen. Die Protestform wurde zunächst in Großbritannien entwickelt und verbreitete sich rasch in den Metropolen der Welt, vor allem in New York. Bekannt wurden die Guerilla Gardeners, als in London am 1. Mai 2000 GlobalisierungskritikerInnen und UmweltaktivistInnen mit Gartenerde, Muttererde und Setzlingen «bewaffnet» sich in London auf dem verkehrsreichen Parliament Square trafen, um – wie sie es auf ihre Transparente schrieben – die Straße zurückzuerobern. Unter den Augen von Polizei und Bevölkerung gruben sie den Platz um und bepflanzten ihn anschließend.[280]

278 Mitscherlich 1965.

279 Vgl. NJUUZ vom 22.4.2010, S. 1.

280 http://issuu.com/anna-schlecker/docs/en_garde_gazette/61?mode=a_p (Zugriff 24.4.2010).

Der Protest der WildgärtnerInnen richtet sich auch gegen die Besitzverhältnisse an Grund und Boden und Immobilien, die Firmen und Privatleuten gehören, und gegen die Verantwortungslosigkeit und Profitgier der Besitzenden gegenüber den Besitzlosen. So werden sie zur «Demonstration der monetären Potenz»[281] und der Phantasielosigkeit der Kleinfamilien in den Einfamilienhaussiedlungen. Diese «neue Generation» der WildgärtnerInnen als ZivilisationskritikerInnen zieht nicht wie die Hippie-Generation der 1960er und 1970er Jahre auf abgelegene Bauernhöfe, sondern sie will ihren Lebensraum in den Metropolen erhalten und verbessern. Den Namen bekamen sie, weil sie wie Guerilleros die offene Konfrontation vermeiden wollen und abgelegene und unzugängliche Standorte bevorzugen.

Der Protest verbindet sich mit dem – oder wird auch abgelöst durch den – Nutzen einer Ernte, die die Stadtverschönerung mit sich bringt. Guerilla-Gardening wird zu einer Form der moralischen Selbstversorgungsökonomie und teilweise mit einem Protest gegen die Agrarindustrie vermischt. Die BewohnerInnen haben die Landflächen «mit den eigenen Händen» in Besitz genommen, indem sie Kartoffeln, Kohlköpfe und Möhren auf Grünstreifen pflanzen. Es geht dabei um illegale Gemüsezucht auf Brachland, auf Grünstreifen und in Hinterhöfen, wie sie die Älteren in Deutschland aus der Nachkriegszeit kennen, oder auch um wilden Reisanbau zwischen Wolkenkratzern in den armen Regionen der Welt.

Seit einiger Zeit hat sich Guerilla-Gardening zum urbanen Gärtnern oder zu urbaner Landwirtschaft weiterentwickelt. Es entstanden weltweit Initiativen, die ungenutzte Flächen in vielfältige Gärten umgestalteten. Kommunale Gemeinschaftsgärten (Community-Gärten) oder interkulturelle Gärten setzen an der Subsistenzperspektive an. Sie versuchen, vorhandenes Land gemeinsam zu bearbeiten. Die Bewegung begann in den 1970er Jahren in New York, wo Nachbarschaften verwahrloste Flächen besetzten und begrünten. Heute gibt es in New York mehr als 800 solcher Gärten. Die Bewegung fand in vielen Teilen der Welt Verbreitung. In Deutschland ging die Initiative nicht, wie in New York, von den Anwohnern aus, sondern von bosnischen Flüchtlingen in Göttingen. Sie entwickelte sich bald zum kom-

281 Mitscherlich 1965, S. 34.

plexen Projekt, das auch Deutsch- und Alphabetisierungskurse einschließt. Bundesweit bestehen in der Zwischenzeit etwa 80 interkulturelle Gärten. Sie werden durch die Stiftung Interkultur unterstützt, beraten und mit Gartengeräten und Pflanzen ausgestattet. Ausgehend von der Erkenntnis, dass Integration Orte und praktische Bezüge benötigt, in deren Rahmen MigrantInnen ankommen, ihr mitgebrachtes Wissen anwenden, Neues kennen lernen und sich eigene Wege ausdenken können, sollen kulturelle Unterschiede anerkannt werden, aber gleichzeitig Raum zur Verständigung gegeben werden.

Gemeinschaftsgärten und interkulturelle Gärten gelten als Zeichen einer «neuen sozialen und ökologischen Idee»[282], wo Sicht und Zukunft des Städters gleichermaßen verbaut scheinen. Dabei tritt der ursprüngliche Protest gegen die Unwirtlichkeit der Städte in den Hintergrund. Es geht nun um Lebensräume und Begegnungsorte für Menschen unterschiedlicher Herkunft. Es geht um gegenseitiges Verständnis, das Kennenlernen verschiedener Kulturen und Gewohnheiten und um die Verständigung der Menschen untereinander, um die Überwindung von Vorurteilen.

Im Mittelpunkt steht der Garten als Symbol der Integration. «Die Wurzeln, die sanft in den Boden gepflanzt werden – ein Stück Heimat auf neuem Boden. (...) Die Knospen stehen für den Neuanfang, die nicht eingezäunten Beete sind Zeichen der Überwindung von Grenzen, die Äste Symbol der unendlichen Möglichkeiten, die durch den direkten Austausch im interkulturellen Garten entstehen: Diskussionen, Austausch von Wissen und Fertigkeiten, gegenseitige Hilfestellungen, politische Diskussionen, Freundschaften...».[283] Solche Glorifizierungen sind freilich übertrieben. SubsistenztheoretikerInnen haben die Idee aufgenommen. Für sie steht neben der internationalen Verständigung der Aspekt der Selbstversorgung innerhalb der eigenen Kommune im Mittelpunkt.[284] Wichtig ist die gemeinsame Bearbeitung der Gärten und, wenn möglich, auch ihrer Produkte durch Einheimische und MigrantInnen. Es gibt keine Zäune, Privatisierung ist nicht möglich.

---

282 Aigner 2009, S. 15f.

283 Aigner 2009.

284 http://www.zag-berlin.de/antirassismus/archiv/41mies.html (Zugriff: 8.4.10).

Längst handelt sich es nicht mehr alleine um besetztes Land. Kommunen werden aufgefordert, Land zur Verfügung zu stellen, beispielsweise soll in Oberhausen auf dem Gelände der früheren Stadtgärtnerei ein interkultureller Frauengarten entstehen. An anderen Orten entstehen bereits kleine Märkte, wo das Angebaute verkauft wird. In einem Township bei Kapstadt entstand der Frauenfriedensgarten. In Kalifornien wurde der Versuch gestartet, mit Gefangenen Nahrungsmittel anzubauen. Der Resozialisierungserfolg war offenbar erstaunlich. Die Rückfallquote der Gefangenen soll um 70 % niedriger sein als in anderen Gefängnissen. Weitere Projekte entstanden in Argentinien und Südafrika und in anderen Ländern der Welt. Inwieweit die Bewegung eine Antwort auf gesellschaftliche und politische Missstände wie Armut, fehlende Existenzsicherung und soziale Ausgrenzung sein, oder gar eine neue Perspektive für die Ausgegrenzten schaffen kann[285], muss offen bleiben. Zunächst bleiben sie «Graswurzeloasen»[286]. Angesichts von weltweit mehr als einer Milliarde hungernder Menschen ist die Ernährungsfrage eine der größten Herausforderungen für eine Solidarische Ökonomie. Elisabeth Voß stellt in ihrem Buch nationale und internationale Zusammenschlüsse von KleinbäuerInnen und LandarbeiterInnen und damit zusammenhängende Organisationen vor.[287]

6.3. Commons

Eine Gesellschaft ohne Gemeingüter ist wie ein Himmel ohne Sterne[288] – so überschreibt die Heinrich-Böll-Stiftung (HBS) ihre Studie «Gemeingüter – Wohlstand durch Teilen». Der Bericht untersucht die Rolle der Gemeingüter innerhalb unseres Wirtschaftssystems. Er skizziert mit der «commons based peer production» – von den Autoren provokant übersetzt mit «Gemeine Peer Produktion» – eine Wirtschaftsweise, die überall dort Realität werden sollte, wo der Markt versagt. So könnte die allgemeine Verantwortung für die Gemeingüter zum entschei-

285 Aigner 2009, S. 15.
286 Arndt/Haidle/Rosol 2004.
287 Voß 2010, S. 48ff.
288 Heinrich-Böll-Stiftung 2009, S. 3.

denden Baustein eines partizipativen und nachhaltigen Gemeinwesens werden.

Gemeingüter gab es schon immer, vor allem im Mittelalter, aber bis in die 1920er Jahre waren sie in Deutschland als Allmende, Ländereien im Besitz der Dorf- oder Stadtgemeinschaft, die allen Gemeindemitgliedern zur Verfügung standen, bekannt. Die Wissenschaft hat sie erst seit ca. 30 Jahren (wieder) entdeckt, und die sozialen Bewegen haben sie noch später zur Kenntnis und als Bestandteil globaler sozialer Rechte, als mögliche Orientierung auf das «Gute Leben» für alle in den Blick genommen. Spätestens seit die Politikwissenschaftlerin und Gemeinguttheoretikerin Elinor Ostrom 2009 für ihre Forschungen, die die Bedrohung für die nachhaltige Bewirtschaftung von Gemeingütern aufzeigen[289], als erste Frau mit dem Nobelpreis für Wirtschaftswissenschaften ausgezeichnet wurde, sind Gemeingüter als gemeinsames Besitzrecht (Commons), wenn auch nicht in aller, so doch in vieler Munde. Auch in vielen neueren Debatten um alternative Ökonomie nehmen Allgemeingüter eine zentrale Stellung ein. Was aber sind Commons? Luft und Wasser sind Gemeingüter, auch Badeseen, Fischgründe oder Weiderechte, ebenso öffentliche Gärten und Parks, aber auch die Software von Linux, Wikipedia, ein Carsharingverein oder eine Mitfahrzentrale können Gemeingüter sein.

Die AutorInnen der HBS-Studie definieren Gemeingüter als «die Dinge, die uns nähren, die uns erlauben, miteinander zu kommunizieren und uns fortzubewegen, die uns inspirieren und an Orte binden und die wir – nicht zuletzt – als Müllschlucker für unsere Abgase und Abwässer benötigen»[290]. Der klassische Eigentumsbegriff, der in erster Linie als das Recht des Einzelnen verstanden wird, bekommt durch die Besinnung auf ein gemeinschaftliches Recht an den Gemeingütern eine neue Dimension. Jeder Mensch hat ein Grundrecht auf Gesundheitsversorgung, Bildung und Mobilität, das durch gesellschaftliche Angebote befriedigt werden sollte. Das steht gegen die aktuelle Tendenz zur Privatisierung.

In den Wirtschaftswissenschaften wird es als «Tragödie der Gemeingüter» bezeichnet, dass deren allgemeine Nutzung zu deren Übernutzung bzw. Beschädigung führt, weil die Men-

289 Z. B. Ostrom 1999.

290 HBS 2009, S. 4.

schen nicht in der Lage seien, die gemeinsame Nutzung sozial zu regeln, das heißt: Was allen gehört, scheint niemandem etwas wert zu sein. Einzelne Individuen benutzten öffentliche Güter über Gebühr auf Kosten aller. Die neoklassische Ökonomie schließt daraus, dass die Lösung von Umweltproblemen unmöglich ist, wenn Markt und Staat versagen. Dagegen wendet sich Ostrom. Sie vertritt die Meinung, dass Institutionen entscheidend dazu beitragen können, diese «tragedy of the commons» zu entschärfen. Im Rahmen von Fallstudien über die Gemeinschaftsnutzung von Viehweiden, Bewässerungssystemen und Fischgründen, die sie für ihre Forschung erstellt hat, fand sie viel mehr Beispiele für gelungene Gemeinschaftsnutzung von Gütern als gegenteilige.[291] Sie unterlegt das auch mit Arbeiten von Geologen, Historikern und Ethnologen. Ihr Fazit ist, dass für eine nachhaltige, dauerhaft erfolgreiche Nutzung von Gemeinschaftsgütern nicht Privatisierung und Marktmechanismen, auch nicht staatliche Kontrollen und Regeln hilfreich sind, denn bei beiden drohe tatsächlich eine schädliche Übernutzung. Besser würden «institutionalisierte regionale Kooperationen der Betroffenen auf Gemeinde- oder genossenschaftlicher Ebene», also Commons, funktionieren. Ostrom warnt davor, auf globale Lösungen (z. B. ein globales Klimaabkommen) zu warten, konkrete Handlungsmöglichkeiten müssten auf lokaler Ebene erprobt werden. Allerdings plädiert sie für klare Grundprinzipien, die für die Bewirtschaftung der Gemeinschaftsgüter von allen Beteiligten gemeinsam bestimmt und die überwacht werden müssen. Den Einsatz von milden Strafen für Verstöße schließt sie nicht aus. Sie verweist auf selbstorganisierte lokale Gruppen der alternativen Ökonomie, die sich global vernetzen – in den Städten, in den Regionen der USA und Europas und auch in den Entwicklungsländern. Alternativ-ökonomische ökologieorientierte Projekte haben danach vor allem die wichtige Aufgabe, auf einer vernetzten Ebene experimentelle Erfahrungen mit der pfleglichen Nutzung von Gemeingütern zu sammeln. Die zunehmende Privatisierung und die Enteignungsprozesse von Commons stellen die AkteurInnen aber auch vor weitere Aufgaben. Nicht zuletzt gilt es, neue Commons zu produzieren und zwar im materiellen und immateriellen Bereich.

291 Vgl. Dehmer 2010.

Anregend hierfür sind auch die theoretischen Ansätze für eine Wirtschaftsweise jenseits von Warenproduktion und Markt (sog. Peer-Ökonomie). Peer-Production findet immer in Gemeinschaften statt, in denen Menschen in offenen, niemals abgeschlossenen Prozessen die Regeln, Organisations- und Institutionalisierungsformen entwickeln, die der Erreichung ihrer Ziele am besten entsprechen. In freier Kooperation stellen diese selbstorganisierten Gemeinschaften Erzeugnisse her, die für gewöhnlich Gemeingüter und frei verfügbar für alle (oder zumindest für alle am Projekt Beteiligten) sind.[292] Dass gemeinsame Produktion Spaß machen kann und dass sie angenehm und befriedigend sein kann, wissen alle, die sich in Projekten der alternativen Ökonomie engagiert haben. Der Autor des Buches «Beitragen statt tauschen», Christian Stiefkes, hofft darauf, dass der offene kooperative und selbstbestimmte Stil der Peer-Production ansteckend wirkt und viele Menschen aus der Gruppe derer, die im heutigen System kaum noch Möglichkeiten finden, aber auch solche, denen es darin gut geht, gemeinsam mit denjenigen, «die vom Markt die Nase voll haben», eine starke Allianz zur positiven Entwicklung der Gesellschaft bilden. Wie die Gesellschaft aussehen soll, bleibt dabei offen, denn für ihn und andere Vertreter der Peer-Ökonomie hängt es «von den Menschen und ihren Entscheidungen und Handlungen ab», wie die Zukunft aussehen wird.[293]

292 Vgl. hierzu Stiefkes 2008; Benkler 2006.

293 Stiefkes 2008, S. 147f.

7. Die Kommunebewegungen

Als Experimente für neue Lebens- und Arbeitsformen und als Beispiel für gelebte Gegengesellschaften können die Kommunen betrachtet werden.[294] Kommunen sind die wohl radikalste Form des gemeinsamen Wirtschaftens und des anderen Lebens und das weitestgehende Demokratiemodell innerhalb der alternativen Ökonomie. Sie vereinigen viele Elemente aus verschiedenen Konzepten, die bisher dargestellt wurden in einem gelebten Zukunftsentwurf.

Auch Kommunen sind keine Erfindung der 1970er Jahre. Es gab sie bereits im Mittelalter und in der Renaissance. Karl Kautsky beschrieb urchristlich-kommunistische Kommunen[295] bis hin zu den Wiedertäufern um 1534 in Münster[296]. Abgesehen von den damals vorherrschenden religiösen Orientierungen finden sich viele der Ideen und Ideale auch in den Kommunen der folgenden Zeiten wieder. Die seit Beginn der Industriegesellschaft agierenden PionierInnen der neueren Kommunebewegungen kämpften gegen abstrakten Individualismus, gegen Atomisierung und gegen den Verlust des sozialen Kontextes der Menschen untereinander. Damit forderten sie auch eine Abkehr von der Konkurrenzgesellschaft hin zu fürsorgender und am Anderen interessierten Gemeinschaft zwischen Frauen, Männern und Kindern. Ihre historischen Wurzeln haben Kommunen vor allem in den theoretischen Konzepten und den praktischen Experimenten der anarchistischen Bewegung[297].

Nach ihren Theorien und gelebten Praxen werden die sonst getrennt betrachteten Bereiche «Leben und Arbeiten» umfassend verbunden, «einschließlich der theoretischen, politischen und praktischen Förderung lokaler alternativer Ökonomie»[298]. Alle Menschen haben die gleichen Rechte und Pflichten, was sowohl das gemeinsame selbstverwaltete Arbeiten als auch die gemeinsame Arbeitsgestaltung und das Zusammenleben be-

294 Vgl. Kollektiv KommuneBuch 1986.
295 Kautsky 1991, S. 35ff.
296 Ebd., S. 386ff.
297 Vgl. Landauer 1924.
298 Möller et al. 1997, S. 168.

trifft. Kommunen geht es nicht nur um das gemeinsame andere Wirtschaften. Sie stellen die Partialisierung in «Leben» und «Arbeiten» oder in «Produktion» und «Reproduktion» zur Disposition und versuchen, in ihrer Alltagspraxis beides zusammenzubringen. Das unterscheidet sie von selbstverwalteten Betrieben. Kommunen entstanden und entstehen aus einer doppelten Kritik. Zum einen aus der Kritik des kapitalistisch-patriarchalen Wirtschaftssystems mit der Entfremdung der Produzenten von der Arbeit und der raffenden, schaffenden, Um- und Mitwelt zerstörenden Erwerbsarbeit in einer gnadenlosen Ellbogengesellschaft. Zum anderen aber auch aus der Kritik an der Familie als Agentur, die «die individuellen Neurosen produziert und damit am Fortbestand gesellschaftlicher Unvernunft wesentlichen Anteil hat»[299].

Folgerichtig wird auch die Gesamtarbeit, also bezahlt und unbezahlt geleistete Arbeit sowie politische Arbeit, selbstverständlich als Arbeit anerkannt. Arbeitszeit und Freizeit gehen ineinander über. Dadurch verliert die Freizeit ihren Kompensationscharakter gegenüber der Erwerbsarbeit. Idealtypisch gibt es keine geschlechtsspezifische Arbeitsteilung.[300]

Was sind Kommunen? «Kommune ist ein Zusammenschluss von Personen (Kommunarden genannt), oft Studenten und Studentinnen, die eine neue Form des Zusammenlebens (Wohn- und Wirtschaftsgemeinschaft) suchen», so steht es im Großen Brockhaus.

Karl-Ludwig Schibel – selbst seit Jahrzehnten Kommunarde in einer Kommune, zunächst im Bayerischen Wald, dann in Italien, definiert Kommune als «Vergesellschaftungsform in überschaubaren Gemeinschaften, deren Angehörige als Gleichwertige gemeinsam wichtige Bereiche ihres Lebens- und Arbeitszusammenhangs organisieren».[301] Setzen und Setzen formulierten in einem «ganz normalen» familiensoziologischen Buch aus dem Jahre 1978: «Als Kommune lassen sich vorwiegend Wohngemeinschaften von Sozialisten bezeichnen, die einerseits in einer kapitalistischen Gesellschaft sozialistische Lebensformen antizipieren wollen – auch um die Kinder für das Leben in einer

---

299 Fromm 1936, S. 87.

300 Zur Problematik der geschlechtsspezifischen Arbeitsteilung siehe Notz 1991a.

301 Schibel 1985, S. 9f.

geplanten repressionsfreien Gesellschaft zu erziehen – und die zugleich Basis und Organisationsform für den Kampf gegen die herrschenden Verhältnisse sind. Ihre Aufgabe sehen sie darin, die für den politischen Kampf notwendigen Verhaltensweisen praktisch zu erlernen und Ausgangspunkt des politischen Kampfes selbst zu sein». Hier wird der Gedanke der anarchistischen Konzepte, im Hier und Jetzt Experimente zu starten, aufgenommen. Ein Kapitel über Kommune oder Kibbuz fehlte damals in keinem Buch zur Familiensoziologie, denn alternative Lebensweisen begannen, wenn auch nur zögerlich und vorübergehend, Akzeptanz zu gewinnen. Kommunen praktizieren das richtige Leben im falschen und sie waren und sind Beweise dafür, dass man im Hier und Jetzt mit der gelebten Gegengesellschaft beginnen kann.

Kollektive Lebensweisen fanden sogar Beachtung im Zweiten Familienbericht der Bundesregierung von 1975. Familienministerin war damals die SPD-Politikerin Katharina Focke. Unter dem Einfluss der neuen Frauenbewegung war es nicht mehr möglich, kollektive Lebensformen einfach zu ignorieren. Im Bericht steht geschrieben, «dass nicht legalisierte Partnergemeinschaften, Wohngemeinschaften, Kollektive etc. gegenüber der historischen Form der heutigen ‹Normalfamilie› nicht benachteiligt werden dürfen, wenn gesichert erscheint, dass diese Gruppenformen – und unter welchen Bedingungen sie – für die Sozialisation der Kinder keine Nachteile mit sich bringen». Nun, von einer gleichberechtigten Behandlung von Wohngemeinschaften und Kollektiven sind wir bis heute weit entfernt. Schließlich wäre sie erst möglich, wenn keine Lebensform bevorzugt und damit auch keine benachteiligt würde.

Eine einheitliche Definition von Kommune ist wohl auch nicht möglich, denn in der Realität verbirgt sich hinter dem Begriff Kommune vieles. Wichtig erscheint daher der Hinweis, dass der Status einer Kommune zunächst nur besagt, dass es sich um eine Gemeinschaft mit kollektiven Strukturen handelt, möglichst egalitär und von den Mitgliedern selbst gegründet, in denen meist nicht verwandte Menschen zusammen arbeiten und leben. Gemeinschaftlich arbeiten und leben muss noch lange nicht emanzipatorisch sein. Ein Teil der Gemeinschaften, die heute zu finden sind, ist eindeutig spirituell-religiös oder therapeutisch orientiert, andere sehen ihre Aufgabe in politischen Aktionen gegen die Missstände in der Gesellschaft. Wieder andere sehen in ihrer Existenz bereits ein politisches Signal: Kommune oder Gemeinschaft als Arbeits-, Lebens- und Kommunikationsform sehen sie als Alternative zur anonymen individualisierten Massengesellschaft und ihren negativen Auswirkungen durch die Beschädigung der menschlichen Mit- und Umwelt.[302] Durch ihr Vorleben wollen sie deutlich machen, dass es auch anders geht. Kommunen können antifaschistische, antikapitalistische, antisexistische, antirassistische und antitotalitaristische, aber auch esoterische, konservative oder rechtskonservative Ziele verfolgen. Die Unterschiede in den Wertvorstellungen sorgen für Auseinandersetzungen zwischen Kommunen mit politischen Zielsetzungen und religiös-spirituellen oder esoterischen. Im Zusammenhang des Anliegens dieses Buches geht es vor allem um die politischen Kommunen, die in Deutschland im Netzwerk politischer Kommunen (Kommuja) zusammengeschlossen sind.

KommunardInnen aus diesen Zusammenschlüssen haben Ende der 1990er Jahre das «KommuneBuch» geschrieben. Darin bezeichnet Uwe Kurzbein als Kommunen «alle Gemeinschaften, die nach unserem Verständnis eine gemeinsame Ökonomie und ein soziales Miteinander entwickelt haben»[303]. Das klingt zunächst pluralistisch. Der Kommunarde Kurzbein geht jedoch in seiner Definition weiter. Zu den typischen Merkmalen, die eine Kommune ausmachen, zählt er auch: «Verzicht auf strukturelle Hierarchie, ganzheitliches Leben [das schließt ganzheitliche Arbeit ein – GN], Verzicht auf Ausbeutung». Das hieße auch, keine Unterdrückung Anderer und ebenbürtige Arbeitsteilung zwischen den Geschlechtern. Diese Bestimmung soll den folgenden Ausführungen als Mindestbeschreibung einer politischen Kommune zugrunde gelegt werden.

In Westdeutschland machte die aus den Protestaktionen der StudentInnenbewegung entstandene Kommunebewegung Ende der 1960er Jahre von sich reden und es mangelte nicht an Aufmerksamkeit.[304] Sensationelle Meldungen über Gruppensex und politische Aktionen haben dafür gesorgt, dass «die Kommune» zum Bürgerschreck wurde. Dennoch gaben sie an vielen Orten den Impuls, die Idee des befreiten Menschen

302 Vgl. eurotopia 2000/2001, S. 10.
303 Kurzbein 1996, S. 39.
304 Vgl. Notz 2006b.

und der humanen Gesellschaft in subkulturellen Milieus zu verwirklichen. Seitdem entstanden in Städten und auf dem Lande zahlreiche Kommunen mit dem Selbstverständnis von Kollektiven gleichberechtigter Mitglieder, die die Isolation der Einzelnen und die Fixierung der Geschlechterrollen in neuen Formen des Zusammenlebens- und arbeitens auflösen wollten.[305] Die ebenbürtige Zusammenarbeit in Kommunen ist ein Anliegen von Männern und Frauen. In den Kommunen erweisen sich die meisten Männer als ebenso kompetent in Haus- und Sorgearbeiten, Kindererziehung und Betreuung von alten und kranken KommunardInnen wie die meisten Frauen. Und in den Werkstätten arbeiten Frauen genauso selbstverständlich wie Männer. Gerade für Frauen ist das kollektiv organisierte Leben und Arbeiten eine Alternative zu patriarchalen Arbeitsstrukturen und Lebensformen.

Idealtypisch schließen sich in Kommunen Menschen mit gleichen oder ähnlichen Interessen zu überschaubaren sozialen Einheiten, Lebens- und Arbeitsgemeinschaften, freiwillig zusammen, um gemeinsam mit anderen solidarisch und ganzheitlich zu leben und zu arbeiten, nach eigenen Regelungen und Absprachen. Dazu gehört auch die konstruktive Auseinandersetzung mit den Schäden der modernen Zivilisation. Damit sind Schäden gemeint, welche die Umwelt, aber auch solche, die die zwischenmenschlichen Beziehungen betreffen. KommunardInnen weigern sich, vor Autoritäten den Hut zu ziehen. Sie wollen unter sich keine Sklaven sehen und über sich keine Herren. Kommunen bilden Gegenkulturen außerhalb von institutionalisierten Betriebsverfassungen und ohne Heiratsurkunden. Sie entwickeln neue Formen der Selbst- und gegenseitigen Hilfe und zwischenmenschlicher Beziehungen in einem kollektiv organisierten Leben, meist grenzen sie sich von kleinfamiliären Lebensformen ab und finden eigene Regelungen. KommunardInnen wollen das Verlangen nach einem würdevollen Leben, nach demokratischen Arbeitsstrukturen, nach ebenbürtigen Geschlechterverhältnissen und nach freier Ordnung, die sie in der kapitalistisch-patriarchalen Gesellschaft nicht finden können, verwirklichen. In ihren selbstgewählten Gruppen finden heute viele Menschen eine verlässlichere und zukunftsfähigere soziale Bezugsgruppe als in der Kleinfamilie.

305 Vgl. Kollektiv KommuneBuch 1996.

Auch politische Kommunen sind keine einheitlichen Gebilde. Sie haben viele Gesichter, werden beneidet, belächelt, auch diskriminiert und pathologisiert oder gar kriminalisiert. Viele Menschen, die heute in Kommunen leben, sind unermüdlich, stellen sich den Herausforderungen, versuchen aus Träumen Leben werden zu lassen. Kommunen versuchen das im Rahmen der bestehenden Verhältnisse Unverwirklichbare in die Realität umzusetzen. Sie erleben dabei nicht nur Gefühle des «Glücks ohne Rest»[306], sondern stoßen auch auf Schwierigkeiten und Grenzen.

Obwohl es nicht mehr – wie in den 1970er Jahren – vor allem intellektuelle Individuen sind, die sich in Gemeinschaftsprojekten zusammen schließen, ist der Anteil der Kollektive an der Gesamtgesellschaft relativ gering.[307] Schwendter verweist auf eine Reihe von Schwierigkeiten, die dem Ausbreiten der Kommunen im Wege stehen und die auch auf andere Gemeinschaftskonzepte übertragen werden können: die Gruppendynamik zwischen Machos und Feministinnen, zwischen Superaktiven und Zurückgenommenen, Auszeit und Austritt, die unvermeidbare Dauerdebatte im Austrittsfalle über Verlust des eingebrachten Geldes und Gefährdung der ökonomischen Subsistenz der Kommune.[308] Dazu kommen strukturelle Faktoren: Gebäude und Land sind knapp und teuer, egal ob man kauft oder pachtet. Die äußeren Bedingungen beschleunigen Erfolg oder Scheitern: mit zu kleinen oder zu schlechten Ackerflächen kann teilweise Selbstversorgung nur unzureichend gelingen. Mit schlecht ausgestatteten Werkstätten und Werkzeugen kann die Existenzgrundlage für Handwerksbetriebe nicht gewährleistet werden. Zudem belasten angespannte strukturelle Bedingungen auch das «innere Gerüst» einer Gruppe.[309]

Oft sind es auch überzogene Erwartungen, die mit solchen Projekten verbunden werden, und Euphorien, dass alle sich verstehen müssen und die andere Welt oder das «Gute Leben» sich dann von ganz alleine einstellt, die zu Überforderung führen, weil Alltag, Kleinkram und Überlebenssorgen ebenso wie

---

306 Bloch, zit. nach: Behr 1987.

307 Die Kommune Buchhagen besteht im Wesentlichen aus handwerklich ausgebildeten FacharbeiterInnen, die sich auf der Wanderschaft kennengelernt haben.

308 Schwendter 1996, S. 8.

309 Vgl. Jarchow/Klugmann 1980, S. 69.

Machtkämpfe, Eifersucht, Streit und Trennung ebenso zum Alltag von Gemeinschaftsprojekten gehören wie Höhenflüge.[310]

Die meisten Kommunen und Gemeinschaftsprojekte – zumindest diejenigen, die länger bestehen und für die auch das evtl. Ende des Höhenfluges keine Bruchlandung bedeutet hat, versuchen zwischen den Polen Vision und Wirklichkeit, zwischen konkreter Utopie und Minimalkonsens ihren Weg zu finden. Sie haben selten verallgemeinerbare Patentlösungen gefunden, aber Erfahrungen gesammelt, um mit Schwierigkeiten und Hindernissen kompetent umzugehen, ohne vorschnell aufzugeben.

Kommunen wollen sich möglichst weit lösen von den Prinzipien der neoliberalen marktwirtschaftlichen Ordnung und der damit verbundenen Warenbeziehung. Daher betreiben sie einen Teil Selbstversorgung, und auch der Tauschhandel mit bestehenden Gruppen floriert. Auch dann, wenn sie nach marktwirtschaftlichen Prinzipien arbeiten müssen, was ihnen von anderen Alternativen immer wieder zum Vorwurf gemacht wird, kaufen die KommunardInnen für ihre Kommunebetriebe keine Arbeitskraft von anderen, wie es «normale» Unternehmer und auch besser verdienende Familien tun. Sie vermarkten nur die eigene Arbeitskraft für Produkte, die direkt an die EndabnehmerInnen gehen. Alle Produktionsmittel gehören allen KommunardInnen gemeinsam. Aus diesen kollektiven Besitzstrukturen ergeben sich auch kollektive Entscheidungsstrukturen. Darin liegt das Demokratiepotential.[311] Freilich ist das Kommuneleben ebenso wenig problemlos wie andere Lebensformen. Das Leben in der Kommune hat Vor- und Nachteile, Licht- und Schattenseiten, wie das wirkliche Leben auch. Aber das Leben in der Kommune *ist* – zumindest für die KommunardInnen selbst – das richtige Leben im falschen. Darin liegen die Chancen dieser Lebensform, die Risiken freilich ebenso. Das wissen die KommunardInnen. Aus dem Grundsatzpapier der Kommune Niederkaufungen geht das deutlich hervor: «Ich will heute und hier das alles verändern. Ich will nicht warten auf eine neue, bessere Gesellschaft, ich will sie heute entwickeln, ich will heute anfangen zu leben. Natürlich habe ich Angst, an vielen Stellen mein Leben zu verändern, aber ich habe noch mehr

310 Vgl. eurotopia 2000/2001, S. 9.

311 Vgl. Bensmann 1996, S. 196ff.

Angst, mein Leben lang so weiter machen zu müssen: einsam, lust- und lieblos.»[312]

Möglicherweise potenzieren sich die Probleme durch die größere Anzahl der Beteiligten, aber die Lösungsmöglichkeiten potenzieren sich ebenso. Marcuse setzte große Hoffnungen auf solche Gemeinschaften, wenn er sie als «Inseln der Zukunft», als «Testboden humaner Beziehungen zwischen Menschen»[313] bezeichnete.

Heute hat der Begriff «Gemeinschaft» Konjunktur. Oft wird das Fehlen von Gemeinschaft und Gemeinsinn beklagt. Doch diejenigen, die sich in Kommunen und Gemeinschaften zusammenschließen, um sich mit den Schäden der modernen Zivilisation konstruktiv auseinanderzusetzen oder Widerstandspotentiale und Handlungsstrategien entwickeln, werden wenig gelobt, sondern oft sogar beschimpft. In der neuen Wertedebatte sind Gemeinschaften, die auf solidarische Individuen ausgerichtet sind und gleichberechtigte Beziehungs- und Kommunikationsformen, wirtschaftliche Interessen und politische Positionen entwickeln, (noch) nicht vorgesehen. Im 21. Jahrhundert scheinen Kommunen wieder als «Erlebnisse der experimentellen Art»[314], so die Aussage eines Berliner Kommunarden. In den Familienberichten der Bundesregierung spielen sie keine Rolle mehr.

Viele Projekte scheitern bereits im Planungsstadium – oft am Geld. Und oft, weil der Aufbau einer gemeinsamen Ökonomie, sei es durch Produktionsbetriebe, Dienstleistungs- oder Tagungsunternehmen, nicht gelungen ist. Eine funktionierende, einigermaßen krisenfeste gemeinsame und demokratisch organisierte Ökonomie ist jedoch eine der wichtigsten Voraussetzungen für eine gut funktionierende Gemeinschaft. Dass sich die Schwierigkeiten von kommunitären Gemeinschaften in der Praxis mit zunehmender Individualisierung, aber auch aufgrund von wirtschaftlichen Schwierigkeiten häufen, wird am Beispiel der Veränderungen, die in jüngster Zeit bei den wohl ältesten Kommunen der Nachkriegszeit, den Kibbuzim, zu verzeichnen sind, deutlich. Michal Palgi spricht von «Kibbutznik's Dilemmas»[315].

---

312 Kommune Niederkaufungen 1983, S. 2f.
313 Marcuse, zit. nach: Kraushaar 1978, S. 8.
314 Lehmann 2000, S. 31.
315 Palgi 2004, S. 317.

Beispielhaft will ich zwei Kommunen, die schon lange existieren, darstellen. Diese Auswahl habe ich vor allem deshalb getroffen, weil die entwickelten theoretischen Konzepte dieser Kommunen in die Praxis einer Reihe von weiteren Kommunen eingeflossen sind.

7.1. Die Kommune Niederkaufungen

Als Beispiel und zum Teil auch als Vorbild für andere Kommunen gilt die Kommune Niederkaufungen, eine links-alternative Kommune in der Nähe von Kassel. Die InitiatorInnengruppe der Kommune bildete sich Anfang der 1980er Jahre im Großraum Hamburg. Die Kerngruppe waren ca. 20 Menschen. Seit 1986 besteht die im Jahre 2012 aus 80 Menschen zusammengesetzte Kommune. Sie war von Anfang an geplant als Projekt für 100 Erwachsene plus Kinder. Die Zahl orientiert sich daran, dass für eine Stabilität in ökonomischer wie in menschlicher Hinsicht eine gewisse Gruppengröße notwendig ist. Zudem müssen Kollektive eine gewisse Größe haben, um solide wirtschaften zu können. Eine Vielfalt an Arbeitsbereichen soll einen guten Anteil der Grundbedürfnisse decken. In der Kommune leben die Menschen in 13 unterschiedlich zusammengesetzten Wohngruppen, die Kinderbetreuung ist auf mehrere Bezugspersonen verteilt. So sollen alle die gleiche Chance haben, ihren Berufs- und sonstigen Interessen nachzugehen. Kochen und Kinderbetreuung sind professionelle Arbeitsbereiche, Putz- und Spüldienste machen alle nach festgelegten Plänen. Reproduktionsarbeit hat denselben Stellenwert wie Erwerbsarbeit.[316]

Die Kommune umfasst Menschen aller Altersgruppen und ist eine der größten Kommunen in Deutschland. In der Zwischenzeit wird sie als «Musterkommune» auf Tagungen und Kongressen und bei Fernseh- und Rundfunksendungen präsentiert. Hervorgehoben wird ihre hervorragende Integration in nachbarschaftliche Verhältnisse. Die Popularität der «Niederkaufunger» hat den Bekanntheitsgrad von Kommunen generell erhöht, aber auch die Möglichkeit ihrer Vereinnahmung als Beispiel gegenseitiger Hilfe und Selbsthilfe, die darauf ausgerichtet ist, dem Sozialstaat Kosten zu sparen. Das ist nicht das

316 www.kommune-niederkaufungen.de (Zugriff: 23.7.2012).

Anliegen der Kommune. Sie wollen kein Musterbetrieb im kapitalistischen Staat sein. Sie wollen das Privateigentum aufheben und wie die Alt-AnarchistInnen im Hier und Jetzt mit der Verwirklichung einer besseren Gesellschaft, in der das «Gute Leben» für alle gilt, beginnen.

Die Erwachsenen haben meist vor ihrem Eintritt in die Kommune in sozialen Bewegungen gearbeitet oder auch in anderen Projekten gewohnt und gearbeitet. Einige Jugendliche leben seit ihrer Geburt in der Kommune. Wer neu einsteigt, hat zunächst eine Probezeit zu absolvieren. Es gibt Ausstiegsverträge, die schriftlich zwischen dem Verein Kommune Niederkaufungen e. V. und jedem Mitglied geschlossen werden. Solche Verträge schaffen nach der Meinung der KommunardInnen Eindeutigkeit und Sicherheit: Ich kann einfordern, was abgemacht wurde. Es steht mir zu.

Alle Arbeiten werden gleich bewertet, aber es gibt keine herkömmliche Haus-, Erziehungs- oder gar «Familien»arbeit. Das Verhältnis von bezahlter und unbezahlter Arbeit ist aufgelöst. Es gibt verschiedene Arbeitsbereiche, dazu gehören nach deren Selbstdarstellung:

- **Komm-Menü.** Dieser Arbeitsbereich verpflegt die Gruppe mit frischen vollwertigen Speisen vorzugsweise aus dem kontrolliert biologischem kommuneeigenen Anbau. Er bekocht die Gäste des Tagungshauses, der Kindertagesstätte und der Tagespflege. Außerdem nimmt der Bio-Partyservice Aufträge an, z.B. Catering für private und geschäftliche Feiern, für Tagungen und Kongresse. Man kann ihm auch Veranstaltungsorganisationen «mit allem Drum und Dran» anvertrauen.[317]
- **Kindertagesstätte.** «Die Wühlmäuse» arbeiten altersgemischt mit Kindern unter drei Jahren und älteren Kindern. Kinder mit Behinderungen bzw. besonderem Förderungsbedarf spielen und lernen gemeinsam mit «normal entwickelten» Kindern. Die Kindertagesstätte ist auch für Kinder außerhalb der Kommune offen. Durch die direkte Nachbarschaft von kommunezugehörigen Betrieben können die Kinder Einblicke in Arbeitswelt und Alltagsorganisation gewinnen, wie es heutzutage nur noch selten möglich ist.[318]

---

317 www.komm-menue.de (Zugriff: 23.7.2012).

318 www.kita-wühlmäuse.de/wp-content/uploads/2012/01/120129-Kitakonzept.pdf (Zugriff: 23.7.2012).

- **Gemüse- und Samenbau, Obstmanufaktur und Hofladen «Rote Rübe».** Dieser große Arbeitsbereich versucht eine Alternative zur wachsenden Agrarindustrie zu erhalten und unabhängig von den Marktmechanismen eine menschen- und umweltgerechte Landwirtschaft zu betreiben.[319] Der anerkannte Biolandbetrieb will Menschen aus unterschiedlichsten Zusammenhängen Einblick in die Nahrungsmittelproduktion und ihnen einen Bezug zu «ihrem» Gemüse ermöglichen. ***Der Bioland-Gemüseanbau*** baut eine breite Palette an Gemüse und Kräutern an, darunter auch alte Gemüsesorten und essbare Blüten. Das Saatgut stammt aus der kollektivinternen Saatzucht und von kleineren Biosaatgutvertrieben. Die Jungpflanzen werden selber angezogen. Pflügen wird weitestgehend durch alternative Techniken ersetzt; die Düngemittel sind überwiegend pflanzlich. Schadinsekten werden durch «natürlichen Gegenspieler» ausgegrenzt. Der ***Gemeinschaftsgarten «Rote Rübe»*** ist ein Selbsterntegarten mit 40 qm großen Parzellen. Diese sind bereits fertig bepflanzt und können für eine Saison durch Menschen aus der Umgebung gepachtet, weiterbearbeitet und geerntet werden. Am Ende der Saison übernimmt das Kommune-Kollektiv wieder die Bodenbearbeitung. In der ***Saatzucht*** werden ungefähr 30 Sorten alter Kulturpflanzen, Gemüse, Kräuter und Blumen züchterisch bearbeitet und vermehrt. Da sortenreines Saatgut (keine Hybride) verarbeitet wird, können alle diese Pflanzen weiter vermehrt werden. Das Saatgut kann übr einen Versand oder im Hofladen bezogen werden. Für Erwachsene, Schul- und Kindergartenkinder bietet der Arbeitsbereich im Rahmen seiner pädagogischen Arbeit ein ***PflanzenZeit-Programm*** an.[320] Die ***Obst Manufaktur*** beschäftigt sich mit der Erhaltung und Pflege historischer und bewährter Obstsorten. Sie bietet Kurse zu Obstbaumschnitten und zur Obstgehölzepflege an, stellt Obstsorten aus und vernetzt Menschen aus der beruflichen Praxis und dem Naturschutz, die sich für den Erhalt sowie die Pflege und Weiterentwicklung großkroniger Obstbäume, vorwiegend auf Streuobstwiesen, einsetzen. In Zusammenarbeit

319 www.kommune-niederkaufungen.de/rote-ruebe/ (Zugriff: 21.8.2012).
320 www.kommune-niederkaufungen.de/bildungsangebote-padagogische-arbeit/ (Zugriff: 21.8.2012).

mit Gemeinden und Kommune erarbeitet «Obst Manufaktur» ein Baumpflegekonzept für sämtliche Obstbäume auf Gemeindegrund, legt Streuobstwiesen an und bietet Schulungen von BauhofmitarbeiterInnen an. Der kommuneeigene ***Hofladen*** bietet eine große Auswahl an regionalem, saisonalem Gemüse und Obst von den Streuobstwiesen und der Obstmanufaktur. Das zugekaufte Gemüse soll nicht zu weit gereist sein, Flugware wird nicht angeboten. Brot, Eier, Obst, selbstgemachte Marmeladen, Aufstriche und eigenes Saatgut wird dort ebenso verkauft, wie Käse, Joghurt und Wurstwaren vom kommuneeigenen Landwirtschaftsbetrieb. Gemeinsam mit der Gärtnerei Wurzelwerk von der Lebens- und Arbeitsgemeinschaft gASTWERKe und den Anteilszeichnern aus Kassel und Umgebung bildet die «Rote Rübe» eine solidarische Landwirtschafts-Gemeinschaft (auch Community Supported Agriculture oder kurz CSA). Dabei decken die Mitglieder für eine Anbausaison die entstehenden Betriebskosten der beiden Gärtnereien durch monatliche Beiträge. Im Gegenzug produzieren die GärtnerInnen verschiedenstes frisches, regionales, saisonales Biogemüse, welches dann wöchentlich an verschiedenen Abholstellen in Kassel und Umgebung bereitgestellt wird.

- **Landwirtschaftsbetrieb.** *«Hof Birkengrund».* Zum Birkengrund gehören Tiere (Milchkühe, Nachzucht und Schweine) und eine Käserei sowie 20 Hektar Futterflächen.
- **Komm-Bau.** Der kommuneeigene Handwerksbetrieb mit den Schwerpunkten Bau- und Wärmetechnik, Fahrradabstellanlagen, Metallbau, Schreinerei, Fachwerksanierung, Zimmerei besteht aus langjährig erfahrenen HandwerkerInnen, die sowohl Umbau- und Sanierungsarbeiten übernehmen, als auch Neuanfertigungen. Der Kollektivbetrieb fertigt ausschließlich ökologisch sinnvolle Produkte, arbeitet möglichst mit einheimischem Material sowohl für den eigenen Bedarf als auch für Außenaufträge.
- **Komm-Rat.** Erfahrene und zum Teil Gründungsmitglieder der Kommune mit unterschiedlichen Ausbildungen und langjährigen Erfahrungen im Zusammenleben und im kollektiven Arbeiten der Kommune und in der Begleitung und Beratung von Einzelpersonen, Gruppen und Organisationen beraten Projekte und Lebensgemeinschaften, selbstverwal-

tete Betriebe und andere alternative Gruppen. Komm-Rat arbeitet mit einem ganzheitlichen, systemischen Beratungsansatz, in dem Themen nicht isoliert, sondern in ihrem Zusammenhang gesehen und behandelt werden. Ihm ist es wichtig, Potenziale und Kompetenzen von Menschen in ihrer Unterschiedlichkeit deutlich zu machen, wertzuschätzen und zu fördern. Statt Patentrezepte und vorgefertigte Lösungen bietet er Unterstützung bei der Entwicklung eigener Lösungswege an.

- **Tagespflege Lossetal.** Die Tagespflege will dementen Menschen aus der Umgebung der Kommune ein gemeinschaftlich organisiertes Alter ermöglichen. Generationsübergreifende Begegnungen in verschiedenen Werkstätten, einer Kindertagesstätte sowie Arbeit mit Tieren auf dem Gelände sind in das Arbeitsprogramm des Teams eingebaut. Vielfältige Aktivitäten und Kooperationen mit den Arbeitsbereichen bringen Abwechslung in den Alltag der Gäste und einen Bezug zu ihrem ehemaligen (Arbeits-)Leben. Ein multiprofessionell ausgebildetes Team betreut fünfzehn alte demente Menschen. Das Kollektiv wird in seiner Arbeit durch Gruppen- und Einzelsupervision unterstützt. Bei der Dienstplangestaltung achtet es auf eine kontinuierliche Betreuung durch bestimmte Pflegekräfte (Bezugspflege). Die Gäste werden von dem hauseigenen Fahrdienst von zu Hause abgeholt und wieder nach Hause gebracht.
- **Tagungs- und Begegnungshaus.** Angebote von Seminaren und Bildungsurlauben, z.B. zu den Themen Solidarische Ökonomie, gewaltfreie Kommunikation, Anders leben, anders arbeiten, anders entscheiden, Obstbau. Vermietung an externe Gruppen.
- **Verwaltung.** Die Verwaltung der Kommune ist ein Kollektiv, wie die anderen Arbeitsbereiche auch. Sie nimmt Anfragen aller Art entgegen und finden meist jemand in der Kommune, der sich für ein bestimmtes Anliegen interessiert und sich darum kümmern möchte. Sie versteht sich im Großen und Ganzen als Büro für alles, kümmert sich um die Kontoführung, viele Abrechnungen, Steuererklärungen, Bestellungen usw. Sie übernimmt die laufende Finanzplanung für die Kommune, die angeschlossenen Vereine und Betriebe.

Alle Personen, auch die (vorübergehend) Kranken können ihre Existenz durch die Einnahmen der Kommune und ihrer Betriebe sichern. Die Großkommune Niederkaufungen hat ihr Politikverständnis in einem bereits zitierten «Grundsatzpapier» niedergeschrieben: Darin heißt es u.a. auch: «Ich will nicht mehr konkurrieren, beziehungslos und vereinzelt durch die Welt laufen. Ich will nicht mehr unter den herrschenden Bedingungen meine Arbeitskraft, meine Gesundheit, meine Energie ausbeuten lassen. Ich will mich nicht mehr in der Kleinfamilie verkriechen, die mich wieder fit macht für die Arbeit. Ich will nicht mehr konsumieren und all meine unerfüllten Wünsche vergessen.»[321]

Dass sie ihr Ziel nicht erreichen können, wenn sie sich auf eine Insel oder «mittelalterliche Dorfidylle» zurückziehen, wissen die «Kaufunger». Nicht nur durch ihre nach außen geöffneten Betriebe und Einrichtungen, sondern auch durch ihre Seminare und politischen Aktivitäten tragen sie ihre Ideen nach außen in weitere Kreise.

Uli Barth, ein Mitglied der Kommune Niederkaufungen und beinahe seit der Gründung dabei, bezeichnete die Kommune 1998 als «eine Theorie mit elf Jahren Praxiserfahrung»[322]. Für ihn ist seine Kommune immer noch «Theorie», weil er der Meinung ist, dass «letztlich der Erfolg in größeren zeitlichen Dimensionen gemessen werden muss». Danach ist die Kommune so lange ein Experiment, bis die GründerInnengeneration eines natürlichen, altersbedingten Todes gestorben ist. Erst wenn das der Fall ist, würde er von einem erfolgreichen Modell sprechen.[323] In der Zwischenzeit ist die Kommune 24 Jahre alt und die KommunardInnen sind mit ihr «in die Jahre gekommen». Die politischen Zielvorstellungen für ihr Gemeinschaftsprojekt und für andere politische Kommunen, die ähnlich arbeiten, haben sie keineswegs aufgegeben. Wer dort lebt, hat sich mit den sechs Grundsätzen, die sich die Kommune selbst gegeben hat, einverstanden erklärt. Diese lauten: 1. gemeinsame Ökonomie, 2. Entscheidungsfindung im Konsens, 3. gemeinsam leben und kollektiv selbstbestimmt arbeiten, 4. Abbau kleinfamiliärer

---

321 Kommune Niederkaufungen 1983, S. 2f.

322 Barth 1998.

323 Uli Barth: Kommune Niederkaufungen. Wo sind die Grenzen des Kommuneansatzes? http://www.trend.infopartisan.net/trd0201/t090201.html (Zugriff: 11. Juli 2010).

Strukturen, 5. Abbau geschlechtshierarchischer Strukturen und 6. linkes Politikverständnis.[324]

Die Grundsätze sollen im Folgenden näher vorgestellt werden, weil sie Kerninnovationen auf dem Weg in eine radikaldemokratische Gesellschaft darstellen. Rund 40 Projekte mit etwa 600 Mitgliedern leben nach ähnlichen Prinzipien.[325] Etliche haben sich in der Plattform der politischen Kommunen Kommuja zusammengeschlossen.[326]

Die gemeinsame Ökonomie, als Umsetzung der sozialistischen Forderung nach Abschaffung des Privateigentums, bildet die Grundlage, um nicht untereinander in «Geldkonkurrenz» zu geraten. Dazu gehört auch das gemeinsame Eigentum an Grund und Boden und an Produktionsmitteln. Sie erstreckt sich auf alle Bereiche der menschlichen Grundbedürfnisse – Ernährung, Gesundheit, Wohnen, Bildung. [327] Auf dieser Grundlage wurden die bereits beschriebenen Arbeitsbereiche aufgebaut, die ökologisch und sozial verträgliche Produkte und Dienstleistungen herstellen und anbieten. Die Mischung von kleinbetrieblichen kollektiven Unternehmungen, Gartenbau, Kleintierzucht und Tagungs- und Gastronomiebetrieb, scheinen zur Erreichung dieses Zieles am besten geeignet. Gemeinsame Ökonomie schließt die Verständigung über Arbeitszeit, die Produktionsweise bzw. das Dienstleistungsangebot und die Qualifizierung der Arbeitenden ein. Sie schließt Besitzunterschiede und individuelle Rücklagen aus. Das heißt auch, dass Erbschaften Gemeineigentum werden.

Entscheidungsfindung im Konsens ist geeignet, jenseits der immer weiter fortschreitenden Arbeitsteilung und Hierarchisierung selbstverantwortlich zu handeln. Um das Ziel erreichen zu können, ist es Voraussetzung, dass jeder Schritt von allen gleichermaßen getragen werden kann. Wenn alle Entscheidungen im Konsens getroffen werden, erfordert das oft einen aufwendigen Diskussionsprozess, der während der wöchentlich stattfindenden Plenumssitzungen geführt wird. Das erfordert unter Umständen viel Zeit. Die sozialen Kompetenzen, die für

---

324 Kommune Niederkaufungen 1983; Shalmon 1998; Barth 2005.

325 Barth 2001, S. 75.

326 http://www.kommuja.de/wiki/index.php/ / im Juli 2012 waren es 27 Betriebe (Zugriff: 22.8.2012).

327 Barth 2005.

kollektive Entscheidungsprozesse und Kommunikationsformen notwendig sind, müssen sich die KommunardInnen teilweise erst aneignen, denn sie werden (bis heute) weder in der Schule noch in der Ausbildung noch an der Universität gelehrt. Trotz einiger Konflikte und Schwierigkeiten stand das Prinzip der Entscheidungsfindung im Konsens bis jetzt nicht zur Disposition.

Gemeinsam leben und kollektiv selbstbestimmt arbeiten. Die KommunardInnen betrachten Geld im Wesentlichen als Tauschmittel. Diejenigen, die in Kommune-Betrieben arbeiten, entscheiden gemeinsam, was mit wem für wen und unter welchen Arbeitsbedingungen, mit welchen Materialien hergestellt wird. Es gibt meist keinen Zwischenhandel. Alle Werkzeuge und Maschinen gehören den KollektivistInnen gemeinsam und niemand kann einen anderen Menschen für sich arbeiten lassen. Nachbarschaftshilfe und Tauschgeschäfte sind selbstverständlich, vor allem dann, wenn für Projekte mit ähnlichen Ansprüchen gearbeitet wird. Die vorhandenen Arbeitsmittel sind also kein fixes Kapital, wie es den kapitalistischen Produktionsprozess auszeichnet[328].

Der ***Abbau kleinfamiliärer Strukturen*** führt zu selbstgewählten Gruppen, in denen unterschiedliche Menschen in unterschiedlichen Formierungen zusammenleben und die Summierung verschiedener Fähigkeiten, Ideen und Phantasien erfahren. Sie machen ganz neue Erfahrungen mit sozialen Beziehungen und gegenseitiger Verantwortung ohne Besitzansprüche, und viele können sich kleinfamiliäre Lebensweisen nicht (mehr) vorstellen. Die Vielfalt von Beziehungsformen ist innerhalb der Kommunen ebenso groß wie sie «draußen» ist. Kinder sind in aller Regel gut in die Kommunen integriert. Die gemeinsame Kindererziehung ermöglicht den Kindern aller Altersgruppen vielfältige soziale und emotionale Kontakte, löst die Fixierung auf die eigene Mutter bzw. den eigenen Vater und fördert die Selbstständigkeit der Kinder. Für die Eltern ist das eine Entlastung, weil die Kinder nicht dauernd beaufsichtigt werden müssen. Kinder können sich ihre Bezugspersonen aussuchen. Die Kommune Niederkaufungen organisiert einen Kindergarten, der auch den AnwohnerInnen außerhalb der Kommune offen steht. Erste Erfahrungen zeigen, dass Kommunekinder ein auffallend hohes soziales und ökologisches En-

328 MEW Bd. 23, S. 97ff.

gagement und Wissen haben.[329] Noch selten leben alte oder gar pflegebedürftige Menschen in altersgemischten Kommunen. Aber auf dem Gelände der Kommune Niederkaufungen gibt es bereits eine selbstverwaltete Altentagesstätte. Gemeinsame Unternehmungen und Feste von älteren Menschen, Kindern und KommunardInnen wirken bereichernd für alle Generationen. Durch die Tatsache, dass Hauswirtschaft, Kindererziehung und Altenpflege Arbeitsbereiche darstellen, wird ein großer Teil der Haus- und Sorgearbeit vergemeinschaftet und den Produktionsarbeiten gleichgestellt.

Der ***Abbau geschlechtshierarchischer Strukturen*** und die ebenbürtige Zusammenarbeit ist, wie in den (meisten) Kommunen, das Anliegen von Männern und Frauen. Die (meisten) Männer erweisen sich als ebenso kompetent in der Leistung von Haus- und Sorgearbeiten, Kindererziehung und Betreuung von alten und kranken KommunardInnen, wie die (meisten) Frauen dies tun. Und in den Werkstätten arbeiten Frauen genauso selbstverständlich wie Männer. «Klassische Strukturen» der Arbeitsteilung zwischen Männern und Frauen werden abgelehnt, auch wenn die Gefahr, in alte Rollen zu verfallen, nicht übersehen werden kann.

Ein ***linkes Politikverständnis*** ist für die Kommune Niederkaufungen, aber längst nicht für alle Kommunen, selbstverständlich. Der Begriff «links» erscheint einigen als Schlagwort. Andere sind der Meinung, dass jede Kommune politisch ist, weil sie Kraft des Experiments nach außen wirkt. Die Anliegen der Kommune, die Warenbeziehungen zwischen den Menschen abzubauen, Zentralisierung von Macht zu vermeiden und keine geschlechterhierarchischen Diskriminierungen zuzulassen, sind ebenso wie die Versuche des Ausstiegs aus der Warengesellschaft, der (Wieder-)Herstellung von Lebens- und Erfahrungszusammenhängen, der neuen Formen des Zusammenlebens und der Integration von Arbeit und Freizeit als Versuche zur Entwicklung einer Gegenkultur zum industriellen und postindustriellen Kapitalismus zu werten.

Kommunen versuchen, die Arbeit als ein Instrument zurückzuerobern, durch das sie sich selbst verwirklichen können und mit dem sie auf die Gestaltung ihrer Mit- und Umwelt einwirken

---

329 Vgl. eurotopia 2000/2001, S. 15.

können. Die Sorge und Verantwortung für die MitkommunardInnen fördert das soziale Bewusstsein und eröffnet im Experiment beispielhafte Möglichkeiten für das Zusammenleben unterschiedlicher Generationen und Ethnien. Die Beteiligung an politischen Kampagnen und Aktionen ist für etliche Kommunemitglieder selbstverständlich. Sie ist Teil ihrer politischen Arbeit und wird daher auch als Arbeit gewertet.

Uli Barth nennt das Nachhaltigkeitsprinzip und soziale Absicherung als zusätzliche Kriterien, die für die Kommune wichtig sind. Er fragt: «Wo geht das besser als in der Kommune? Wer kommt schon mit 1/7 Auto aus und wer mit 1/35 Waschmaschine?»[330] «Wer kann als Single ein eigenes Blockheizkraftwerk, zwei Regenwasseranlagen und eine Solaranlage betreiben? (...) Wer transportiert seine Butter nicht 250g-weise sondern 10 kg-weise?» Obwohl über «Konsumverzicht» heute in den alternativen Projekten weniger diskutiert wird als in den 1970er Jahren, wird er offenbar konsequenter gelebt. Andererseits braucht auch niemand auf mehr oder weniger notwendige Güter zu verzichten, die das Leben angenehmer gestalten. Jede und jeder kann sich aus der Kleiderkammer bedienen, wenn er oder sie es nicht vorzieht, neue Kleidungsstücke zu kaufen, kann aus der Vielzahl der vorhandenen Tageszeitungen auswählen und sich der Bücher in der gemeinsamen Bibliothek bedienen. Auch bei den regelmäßig stattfindenden Treffen mit anderen Kommunen werden Tauschaktionen von Kleidungsstücken und anderen Gebrauchsgegenständen durchgeführt. Die KommunardInnen sind, unabhängig davon, was sie arbeiten, krankenversichert, haben eine – wenn auch geringe – Alterssicherung und sind über die gemeinsame Ökonomie faktisch, nicht juristisch, gegen Erwerbslosigkeit und Berufsunfähigkeit versichert. Auch die Kinder sind faktisch, nicht juristisch, für den Waisenfall abgesichert.

Mo Auerswald, eine der GründerInnen schrieb nach 20 Jahren Kommune: «Noch gibt es hier viele Entwicklungen – hin zu mehr Solidarität, Nachhaltigkeit und Kommunikationsbereitschaft – auf die ich mich freue und die ich mit tragen möchte. Und es leben so viele unterschiedliche Menschen hier, da wird's nie langweilig».[331] Die KommunardInnen der Kommune sehen

330 Barth 1999, S. 8f.

331 Kommune Niederkaufungen 2007, S. 16 f.

ihr Projekt auch 25 Jahre nach der Gründung als nicht abgeschlossen an. Viele Diplom- und andere Arbeiten sind schon über die Kommune geschrieben worden, auch die Forschung hat sie entdeckt und das Fazit einer Studie hat erbracht, dass «Lebensgemeinschaften wie in Niederkaufungen» deutlich ökologischer ausgerichtet sind, als die «bundesdeutsche Durchschnittsfamilie». Mittlerweile etabliert und akzeptiert kann die Kommune nicht nur in der Umgebung von Kassel wichtige Akzente setzen.[332]

7.2. Schäfereigenossenschaft Finkhof

Die vor über 40 Jahren (1971) als «Landkommune jugendlicher Aussteiger»[333] gegründete Kommune Finkhof, eine Schäferei im ländlichen Raum bei Isny im Allgäu, ist seit 1979, also seit mehr als 30 Jahren, als eingetragene Genossenschaft organisiert. Sie besteht heute aus 250 GenossInnen, zehn KommunardInnen, dazu kommen Auszubildende, PraktikantInnen, FreundInnen, die kamen und gingen und zahlreiche Schafe.

Die GründerInnen hatten sich als «locker verbundene Wohngemeinschaft der siebziger Jahre [...] zufällig und nach Sympatie zusammengefunden und wohnten unter einem Dach».[334] Zunächst war das gemeinsame Arbeiten noch eher im Freizeitbereich angesiedelt, altersgemäß betrieben die KommunardInnen zunächst ein Jugendzentrum. Das änderte sich mit dem Aufbau der Schäferei 1975 und einer zunächst kleinen Vermarktungsstruktur, vornehmlich auf Wochen- und Weihnachtsmärkten mit einem «Katalog», der aus einem kopierten Blatt bestand. «Alles ohne Chef, keine Familie, Selbstversorgung und politische Arbeit», hatten sich die jungen Leute auf die roten Fahnen geschrieben. Die Grundprinzipien, die noch heute gelten, waren:

Zusammen leben und zusammen arbeiten, keine Hierarchien, kein privates Eigentum an Produktionsmitteln, gemeinsame Bedürfniskasse, Entscheidungen im Konsens, Gleichwertigkeit aller Arbeiten.[335]

---

332 Kommune Niederkaufungen 2012.

333 finkhof.de/start/ueber-uns.html (Zugriff: 23.7.2012).

334 Caroline Dobring: Arbeit und Wohnen, in: Contraste Mai 2012, S. 9.

335 www.finkhof.de/start/ueber-uns.html (Zugriff: 24.7.2012).

1979 wurde der «Gasthof Adler», ein denkmalgeschütztes Gebäude aus dem 16. Jahrhundert gekauft. Mit der Gründung der Genossenschaft im gleichen Jahr entwickelten sich die Prinzipien «zusammen Leben und Arbeiten, Entscheidung im Konsens, Bedürfniskasse».[336] Gemeinsam wurden auf den Plenen die Arbeitsbereiche strukturiert. Zunächst herrschte ein gewisses Rotationsprinzip, das heißt ein Wechsel zwischen den (damals noch wenigen) Arbeitsbereichen. Für links-politisches Engagement, beispielsweise Hilfe für El Salvador oder die Arbeit für den Verein «Hilfe zur Selbsthilfe», konnten KommunardInnen von der Arbeit frei gestellt werden. Haushaltsarbeit wurde schon damals als gleichwertige Arbeit definiert. Um sozialversichert zu sein, wurde für jedes Mitglied ein Mindestlohn in die gemeinsame Kasse gegeben.

Mit der Gründung der Genossenschaft wollte sich die Kommune eine demokratische wirtschaftliche Rechtsform geben, weil die Erfordernisse, die der bürokratische Apparat des Staates verlangten, immer lästiger wurden. So musste z. B. jeder seine eigene Einkommenssteuererklärung machen, denn jeder wurde steuerlich als «Single» veranschlagt. Eine wirklich passende Rechtsform für die Kommune als kollektiven Lebens- und Arbeitszusammenhang gibt es bis jetzt nicht. Dass die KommunardInnen bei der Suche nach einer geeigneten Struktur bei der Genossenschaftsform hängen blieben, hatte – wie sie selbst sagen – vor allem nostalgische Gründe. Obwohl ihnen die alten Genossenschaften eigentlich zu wenig radikal waren, wollten die KommunardInnen an die Tradition der Produktivgenossenschaften als das «dritte Standbein» der Arbeiterbewegung anknüpfen. Die Auseinandersetzungen um die Erarbeitung der Satzung mit den Herren vom Genossenschaftsverband, die ständig Angst hatten, eine alternative Katze im Sack zu kaufen und denen die Satzung zu sehr auf Gemeinschaft hin formuliert war, können in diesem Zusammenhang nicht ausgebreitet werden.

Wichtiges Handicap ist, dass sich die Gesellschaftsform der Genossenschaft entweder auf die Organisation der Arbeit (Produktivgenossenschaft) oder auf das Wohnen (Wohn- und Wohnungsbaugenossenschaften) bezieht. Beide Genossenschaftsformen schließen die Möglichkeit aus individuelles Eigentum an

336 Dobring 2012, S. 9.

gemeinsam Erwirtschaftetem zu erwerben. Kommunen vereinen beide Formen unter einem Dach.[337]

Viele selbstverwaltete Betriebe und Projekte aus der Alternativökonomie werden (formal) nicht zu Genossenschaften, weil sie schon daran scheitern, dass für die Gründung der Genossenschaften bis vor einiger Zeit mindestens sieben Mitglieder (jetzt sind es drei) erforderlich waren. Zudem müssen die GründerInnen einen Vorstand wählen, der aus früher mindestens drei Mitgliedern (jetzt mindestens einem) besteht. Das passt nicht zu den anti-hierarchischen Strukturen einer Kommune. Das gleiche gilt für die Notwendigkeit, einen dreiköpfigen Aufsichtsrat und ein/e GeschäftsführerIn, der/die möglichst kaufmännisch vorgebildet sein sollte, zu etablieren. Auch die (jährlich vorgesehene) Generalversammlung, bei der jede/r Einzelne eine Stimme hat, wird zur Farce, denn in der Finkhof-Kommune ist – wie in den meisten anderen Kommunen auch – jede Woche «Generalversammlung» in Form des Plenums. Dort gilt das Konsensprinzip, nicht die Abstimmung. Obwohl die Mitglieder der Schäfereigenossenschaft Finkhof der Meinung sind, «Vorstand, Geschäftsführung, Aufsichtsrat, Posten und Honoratioren sind Sachen, die wir nicht brauchen»[338], haben sie sich formal auf diese Strukturen eingelassen. Allerdings haben die KommunardInnen stets abgelehnt, Privatvermögen in die Genossenschaft einzuzahlen. Das hatte gute Gründe, denn nach dem Genossenschaftsprinzip hat der/die GenossIn die meisten Anteile an der Genossenschaft, der/die am meisten Kapital einbringt. Bringt eine Genossin z. B. ein Erbe in die Genossenschaft ein, hat sie fortan ziemlich viele Anteile an der Genossenschaft. Verlässt sie die Genossenschaft, kann sie – wenn sie auf ihrem Recht beharrt – unter Umständen das gesamte Projekt ruinieren, weil die verbliebenen KommunardInnen nicht in der Lage sind, sie auszuzahlen, da mit dem Geld in der Zwischenzeit notwendige Investitionen getätigt worden sind.[339] Bei Konkurs haften GenossenschafterInnen mit ihren Geschäftsanteilen, also ihrem Privatgeld. Finkhof-KommunardInnen haben aber kein Privatgeld. Die Genossenschaftsanteile wurden gleichmäßig an alle Mitglieder überschrieben. Ein Mitglied, das aus der Genossenschaft austritt, bekommt seine An-

337 Ebd.
338 Leupolz 1983, S. 87.
339 Vgl. ebd., S. 88.

teile ausgezahlt. Da der Verein «Hilfe zur Selbsthilfe» Mitglied in der Genossenschaft ist, hält er fast die Hälfte des Eigenkapitals. Das wurde in den 1980er Jahren zur Kapitalneutralisation beschlossen. Zusätzlich gibt es betriebliche Abmachungen für die individuelle Altersvorsorge.

Um den Strukturen einer «Vollgenossenschaft», wie sich die Kommunen mitunter bezeichnen, gerecht zu werden, gälte es im Genossenschaftsrecht auch, die veränderten «privaten» Strukturen zu berücksichtigen. Die Mitglieder der Kommune Finkhof akzeptieren die Gesellschaftsform, die ihrem politischen Verständnis am nächsten kommt. Einige ihrer Prinzipien, wie gleiche Bewertung aller Arbeiten, keine Trennung von Hand- und Kopfarbeit, nicht das Geld ist entscheidend, sondern die Arbeitsleistung, konnten sie in der Genossenschaftsform durchaus unterbringen.

Eine Zäsur ergab sich 1991 nicht deshalb, weil die Schäferei anerkannter Bioland-Betrieb wurde. Im gleichen Jahr wurde mit der Einstellung der ersten Angestellten in der Gastwirtschaft das «Kollektiv ideologisch vom Kopf auf die Füße gestellt».[340] Der Betrieb stand nun im Mittelpunkt, die Lebensgemeinschaft trat in den Hintergrund. Auch in der Zukunft gelang es nicht, die über 20 Angestellten in die Genossenschaft zu integrieren. Das bedeutete eine Verabschiedung vom Prinzip zusammen leben und arbeiten. Leben und Beziehungen außerhalb der Gemeinschaft wurden immer wichtiger. Die Arbeitsbereiche entscheiden seitdem selbstständig über ihre Belange. Größere Anschaffungen und Neueinstellungen werden allerdings nach wie vor auf dem Plenum entschieden.

Die aktuellen Arbeitsbereiche sind Versand, Näherei, Pflanzenfärberei, Handweberei, Wanderschäferei und der Hofladen. Heute ähnelt die Schäferei einem kleinen mittelständischen Unternehmen. Sie ist Mitglied im Internationalen Verband der Naturtextilwirtschaft (IVN) und betreibt neben dem Hofladen einen Internetshop. Nicht mehr «Wolle, Felle und Socken aus der eigenen Wolle»[341] sind die Haupteinnahmequelle, sondern der «Handel mit hochwertigen Produkten aus dem Material Wolle». An der Form der Genossenschaft wollen die AkteurInnen auf jeden Fall festhalten. Sie hat sich für die KommunardInnen als

340 Dobring 2012, S. 9.
341 Ebd.

ideal herausgestellt und viele gruppendynamische Prozesse und betriebsbedingte Veränderungen überstanden. Weiter gilt: «Die kleinen Schritte sind die mühsamsten.»[342] Die Finkhöfler haben kleine und große Schritte gemacht – in die richtige Richtung, denn auch sie haben – wie die Niederkaufunger – eine Vorstellung von der anderen besseren Welt, die für alle gelten soll.

7.3. Die Bedeutung der Kommunen aus alternativ-ökonomischer Sicht

Die verschiedenen Einnahmequellen, die durch die Koordination der marktvermittelten, kommuneinternen und gemeinwesenorientierten Arbeiten möglich werden, lassen Kollektive zu Institutionen werden, die sich zu Zeiten der wirtschaftlichen Unsicherheit immer wieder bewährt haben. Auch zur Betreuung und Versorgungen von KommunardInnen, die sich noch nicht, nicht mehr oder vorübergehend nicht selbst helfen können, erscheint die Kommune der geeignete Lebensraum. Kommunen übernehmen zum Teil selbst die Grundausbildung der Kinder, pflegen sich bei Krankheit gegenseitig, pflegen alte und gebrechliche Menschen und niemand muss finanzielle Not leiden, weil alles geteilt wird. Die Möglichkeit der gegenseitigen Versorgung macht die vom «Vater Staat» geleisteten wohltätigen Unterstützungen und die Inanspruchnahme staatlicher «Einrichtungen» beinahe unnötig.

Naheliegend ist deshalb die Frage, wieso in Zeiten, in denen Selbsthilfe und ehrenamtliche Hilfe für andere groß geschrieben werden, Kommunen nicht ebenso von staatlicher Seite räumliche, finanzielle und beraterische Unterstützung erfahren, wie beispielsweise Freiwilligenagenturen und Selbsthilfegruppen.

Angesichts der aktuellen Debatten um den (scheinbar) verlorengegangenen Gemeinschaftssinn müssten radikaldemokratische Gemeinschaftskonzepte wie die Kommunen Hochkonjunktur haben. Dennoch werden sie eher diskriminiert und ausgegrenzt. Die Gründe für die Nicht-Unterstützung und für die Nicht-Wahrnehmung kommunitärer Lebens- und Arbeitsformen durch außerkommunitäre Institutionen, so meine These, liegen

342 Uli aus der Schäferei Finkhof. www.finkhof.de/start/schafe/erfahrungen /2011/09/09/die-kleinen-schritte-sind-die-muehsamsten-2011.html (Zugriff: 22.8.2012).

darin, dass kommunitäre Zusammenhänge ohne eine Kritik an der bürgerlichen Kleinfamilie und an kapitalistischen Unternehmensstrukturen nicht möglich sind, mögen sie sich selbst auch noch so «unpolitisch» verstehen. Und diese Kritik stellt die Grundstrukturen unserer Wirtschafts- und Gesellschaftsordnung in Frage. Allein der gelebte Hinweis «Es geht auch ohne Hierarchien und ohne geschlechterhierarchische Diskriminierungen und Abhängigkeiten in Zweierbeziehungen» rüttelt an den Grundfesten des zur «Normalität» deklarierten Wirtschaftens und Zusammenlebens. Der Hauptgrund für die Missachtung mag aber an Folgendem liegen: Wenn es darum geht, zu politischen und wirtschaftlichen Problemen, welche die Warengesellschaft produziert, Stellung zu nehmen, ist in einem Kollektiv mit gleicher oder ähnlicher politischer Grundeinstellung, ohne Chef und in einer Gruppe ohne Familienoberhaupt der beste Ort, um politische Aktionen zu organisieren, denn hier kann am schnellsten eine Flugblattaktion, eine Informationsveranstaltung, eine Demonstration oder eine wie auch immer geartete phantasievolle Aktion geplant und durchgeführt werden. Allein diese Möglichkeit – wenn sie auch oft nicht in die Tat umgesetzt wird – mag für diejenigen, die am Fortbestand des Bestehenden interessiert sind, bedrohlich wirken.

Kein Wunder, dass Autoren[343], die sich mit der Zukunft von Arbeit und Gesellschaft auseinandersetzen, die Befürchtung äußern, dass immer mehr, vor allem junge Menschen neue kommunitäre Lebensformen entwickeln, Autos, Wohnungen und teure Maschinen teilen, anstatt Familien zu gründen und Kinder zu bekommen. Warnfried Dettling, Autor, Publizist und Politikberater der CDU, führt das darauf zurück, dass der deutsche Sozialstaat zwar sehr transferlastig sei, aber nur wenig institutionelle Unterstützung für Familien mit Kindern bereithält. Und er folgert daraus, dass unter allen Umständen die (traditionelle) Familie aufgewertet werden muss und die Phase der Familiengründung massiv durch den Sozialstaat unterstützt werden muss[344], damit alternativen Lebensformen die Attraktivität entzogen wird. Mit solchen Befürchtungen werden die kleinen Bewegungen innerhalb der sozialen Bewegungen zweifelsohne (leider) total überschätzt. Dennoch wird deutlich, wie groß die

343 Z. B. Dettling 1997, S. 66.
344 Ebd., S. 67.

Angst derjenigen, die an dem Erhalt des status quo interessiert sind, vor jeder Art von «Abweichlern» und Experimentierern mit Alternativen zur neoliberalen Wirtschafts- und Familienform ist. Denn: «Familie gründen», das heißt nach ihrer Auffassung eben nicht, dass nicht verwandte Menschen zusammen kommen, um miteinander zu leben, zu arbeiten, zu lernen. Und so wollen sie scheinbar auch gar nicht wissen, was in kommunitären Lebensformen wirklich passiert.

In einigen Kommunen erfordert es viel Zeit und Kraft, das Lebensnotwendige herbeizuschaffen, und es bleibt für die KommunardInnen nur eine relativ geringe Zeitspanne, um politisch nach außen zu wirken. Für andere trifft zu, was der Kommunarde Kurzbein über Kommunen schreibt: «Die zur Zeit bestehenden Kommunen gehören zu den Reichen dieser Gesellschaft in einem der reichsten Länder der Welt. Sie verfügen allesamt über meist große Gebäude, große Grundstücke, über ihre Produktionsmittel.(...) Sie zahlen keine Miete und brauchen längst nicht so viel zu arbeiten, wie der normale Mensch in der bürgerlichen Welt. Die Möglichkeiten der eigenen Entfaltung sind in den Kommunen fast in jeder Hinsicht unbegrenzt. Dieser Reichtum verpflichtet. Er verpflichtet dazu, immer wieder an das politische Ziel zu erinnern und hartnäckig daran zu arbeiten. Er verpflichtet, aktiv an verinnerlichte Strukturen heranzugehen. Er verpflichtet, politisch zu sein. Er verpflichtet zur Öffentlichkeit.»[345]

Es erscheint müßig, den Kommunen immer wieder vorzuwerfen, dass sie in ihren Nischen verweilen oder dass sie sich ins private Überleben zurückziehen, oder nur eine kleine «Szene in der Szene in der Szene» sind, die gesellschaftlich-empirisch «nix bewirkt» haben.[346] Damit gibt man ihnen wiederum keine Chance, aus ihrem Nischendasein herauszukommen. Zudem wären ohne radikale Formen der betrieblichen Demokratie und ohne solche Gemeinschaftskonzepte viele Einrichtungen wie Mitwohn-, Mitfahrzentralen, Kinderläden, Tauschringe etc. gar nicht entstanden. Auch existieren Kommunen – wie z. B. Longo Mai[347] – die sich von Anfang an nicht auf eine Kolonie in einem

345 Kurzbein 1998, S. 67.

346 Waldemar Schindowski beim Seminar des Theorie-Arbeitskreises Alternative Ökonomie im Herbst 1999 in Verden.

347 «Longo maï» ist ein provençalisches Grußwort, das bedeutet: «Es möge lange dauern.»

Land beschränken wollten, um sich auf ein paar Hektar Utopie zurückzuziehen. Longo Mai ist an verschiedenen Orten, in verschiedenen Ländern tätig. Die KommunardInnen wollten lokal, regional, national und international politisch wirksam werden. Die verschiedenen Longo-Mai Kommunen kooperieren mit den Bauern in der jeweiligen Nachbarschaft sowie mit ländlichen und städtischen selbstverwalteten Betrieben und Projekten.[348]

Die Beteiligung an einigen Fernseh- und Rundfunksendungen in den letzten Jahren hat den Bekanntheitsgrad der Kommunen erhöht, aber auch die Zahl derer, die nur mal gucken wollen, wie Kommune so ist. Die «Niederkaufunger» werden heute bei (mehr oder weniger) etablierten Tagungen als «ein besonders weitgehendes Gemeinschaftsmodell»[349] präsentiert. Auch die Akzeptanz innerhalb der Bevölkerung scheint gestiegen. Als ich bei einem Fest der Kommune Buchhagen[350] mit einem älteren Ehepaar aus der Nachbarschaft darüber sprach, wie sich das kleine Dorf durch den Zuzug der Kommune verändert hat, wehrten sie sofort ab und erklärten mir, dass das «nur zum Guten» des Dorfes geführt habe. Und in einem vor einiger Zeit im ZDF gesendeten Film über die «Kaufunger» wurden Besucher einer lokalen Gastwirtschaft nach ihrer Meinung zur Kommune gefragt. Die einzige negative Äußerung bezog sich auf die unzureichende Beachtung des wöchentlich auf dem Dorfe zu beachtenden Rituals des Straßenkehrens. Bewohner, die einer solchen Kritik unterzogen werden, sind in der Regel bereits in das Dorfgeschehen integriert. Andere Kommunen werden allerdings von verschiedenen Seiten noch immer misstrauisch beäugt. So war die in Frankreich gegründete Kommune Longo Mai lange Verleumdungskampagnen ausgesetzt, weil sie bürgerrechtlich-politisch tätig war und ist.

---

348 Willette 1993.

349 Stiftung mitarbeit 3/99, S. 1.

350 Eine seit 1996 bestehende politische Kommune im Weserbergland, die wesentliche Elemente der Kommune Niederkaufungen übernommen hat.

8. Kritische Betrachtungen zur alternativen Ökonomie

Von alternativer Wirtschaft reden heute viele. Wie bereits aufgezeigt wurde, wird auch vieles darunter verstanden. Elisabeth Voß ist beizupflichten, wenn sie schreibt: «Dabei kommt es in der Praxis dieser Keimformen [der Solidarischen Ökonomie, G.N.] nicht auf die Begriffe an, unter denen sie sich zusammenfinden, sondern darauf, was die Menschen darin miteinander tun und vor allem wie sie es tun».[351] Es besteht kein Zweifel, die industrielle Arbeit wird weiter schrumpfen. Der Strukturwandel kann durch Wachstum nicht abgefangen werden, es sei denn, wir produzieren nach dem Motto: «Hauptsache Arbeit» zur Fertigung irgendwelcher Produkte, durch die der sowieso schon vorhandene Müllberg weiter vergrößert wird. Oder wir fordern die Herausgefallenen auf, Dienstleistungen im Niedriglohnbereich anzubieten, nach dem Motto: «Jede Arbeit ist besser als keine». Daher gibt es Anlass zur Hoffnung, dass die Gesellschaft gemeinschaftliche Lösungen aufzuspüren scheint, um der Stagnation und Isolation und dem «weiter so» entgegenzuwirken und neue Lösungen zu finden, um mit der gesellschaftlichen Veränderung im Hier und Jetzt zu beginnen. Projekte und Betriebe der alternativen Ökonomie sind jedoch überfordert, wenn sie als Allheilmittel, als alleinige Lösung oder gar als Ausweg aus der Krise angesehen werden. Das gilt auch dann, wenn sie ganzheitliche Problemwahrnehmungen, neue Muster der Lösung und Methoden für kooperative Prozesse der Umsetzung anbieten.

8.1. Gegenferment zur Erwerbslosigkeit?

Die alternative Wirtschaft verstand sich nie als Mittel zur Beseitigung der bestehenden und steigenden Erwerbslosigkeit. Dennoch bildeten mit zunehmender Erwerbslosigkeit auch Initiativen aus Arbeitslosenselbsthilfegruppen selbstverwaltete Betriebe und andere alternative Arbeitsformen. Die Glorifizierung

351 Voß 2010, S. 85.

von alternativer Ökonomie, Sozial- und Produktivgenossenschaften als Gegenferment gegen die Erwerbslosigkeit, wie sie vornehmlich von TheoretikerInnen der lokalen Ökonomie, der Subsistenzproduktion oder der gemeinwesenorientierten Wirtschaft in jüngster Zeit propagiert wird, muss äußerst kritisch betrachtet werden. Der Ab- und Umbau des Sozialstaats kann nicht durch Selbstverwaltung und Eigenverantwortung kompensiert werden. Wo die Arbeitsmarktpolitik versagt hat, und auch Arbeitsförderbetriebe, soziale Betriebe oder vergleichbare Modelle es nicht geschafft haben, Erwerbslose in großer Zahl zu integrieren, kann auch die alternative Wirtschaft – weder durch selbstverwaltete Betriebe noch durch internationale Gemüsegärten noch durch Tauschen oder Schenken – alleine als Allheilmittel wirken. Das gilt auch, obwohl Sozial- und Produktivgenossenschaften in der bundesdeutschen Debatte über die Perspektiven aktiver Arbeitsmarktpolitik bereits seit langem eine Rolle spielen. Zumal sich in der BRD seit Mitte der 1970er Jahre die Befürchtung durchgesetzt hat, dass herkömmliche Konjunkturpakete die Erwerbslosigkeit nicht mehr auf ein erträgliches Maß zurückbringen können und daher die politische Notwendigkeit wächst, Alternativen zu entwickeln.[352] Die entwickelten Alternativen umfassten Vorschläge zur Veränderung dreier Politikbereiche, nämlich in der Sozial-, Regional- und Bildungspolitik, Arbeitszeitverkürzung und die Aufwertung der «Arbeit für öffentliche Ziele».

Solche Vorschläge schließen nicht aus, dass kollektive Zusammenschlüsse und soziale Innovationen innerhalb einer aktiven Regional- und Strukturpolitik gefördert werden. Die Propagierung, Förderung und Unterstützung kollektiver Betriebs- und Projektgründungen ist wesentlich sinnvoller als die Förderung von ICH-AGs und Selbst-GmbHs, durch deren Gründung viele Individuen überfordert sind und die zudem oft zu Arbeitsverhältnissen führen, von denen sich diejenigen, die sie inne haben, nicht selbständig ernähren können. Bereits heute rechnen sich Vereine zur Selbst- und Fremdhilfe von Armen und Ausgegrenzten zur alternativen Ökonomie, innerhalb der Gemeinwesenökonomie spielen sie eine große Rolle. Oft sind es selbstorganisierte, durch Wohlfahrtsverbände und Kirchen unterstützte karitative Maßnahmen. Niemand wird ihre Notwendigkeit be-

352 Vgl. Bierter/von Weizsäcker 1986, S. 25.

zweifeln. Dennoch kann weder die Bestellung von ehrenamtlichen Lesepaten in Kindertagesstätten und Grundschulen noch die Gründung von «neuen Genossenschaften» als Hilfe zur Selbsthilfe für Erwerbslose sozialstaatliches Handeln ersetzen. Für 4,61 Millionen registrierte (!) Erwerbslose in der Bundesrepublik Deutschland (April 2010) sind andere Maßnahmen mit langfristigen Aussichten notwendig. Das Einrichten von «Tafeln» mit aussortierten Lebensmitteln für Arme und Hilfsbedürftige mindert den Reichtum der Wohlhabenden ebenso wenig wie es das Verteilen von Armensuppe zu Beginn der Industrialisierung getan hat. Es ist hingegen geeignet, das soziale Prestige der Wohltätigen zu mehren und die Hungernden zu demütigen.[353] Sie sind die BittstellerInnen und sie bleiben arm. Plausibel wäre es, auf die Krise und die zunehmende Armut mit politischem Engagement zu reagieren und nicht alleine mit Initiativen der Mildtätigkeit und mit Einrichtungen der Barmherzigkeit. Auch alternative Ökonomie wird sich die Maxime Adornos zu Eigen machen müssen: «Alle Versuche, gegen die alles durchdringende Kälte anzugehen, sind zum Scheitern verurteilt, die nicht direkt an die gesellschaftlichen Wurzeln rühren, das heißt, an die gesellschaftliche Ordnung, die die Kälte produziert und reproduziert.»

8.2. Selbstausbeutung oder Fremdausbeutung?

Immer wieder problematisiert, besonders durch gewerkschaftlich organisierte Individuen, wird die «Selbstausbeutung» im Bereich der alternativen Wirtschaft durch niedrige Entlohnung und lange Arbeitszeiten, verbunden mit mangelhafter sozialer Absicherung. Über kurz oder lang stellen sich tiefgreifende Widersprüche in ausnahmslos jedem alternativen Projekt ein, die den Kollektivzusammenhang in eine existenzbedrohende Zerreißprobe zwischen Marktmechanismen einerseits und Emanzipationsansprüchen andererseits, führen. Die Selbstausbeutung der Ware Arbeitskraft ist ein strukturelles ökonomisches Prinzip, demzufolge die Mehrwertschöpfung eine besonders große Rolle einnimmt. Auch die meisten Betriebe der Alternativökonomie müssen auf dem freien Markt konkurrenzfähig sein. So hän-

353 Notz 1999, S. 59.

gen – wie im richtigen Leben auch – Erfolg oder Misserfolg der Betriebe von der jeweiligen Marktsituation ab. Von den Kunden werden Alternativbetriebe bei Auftragsvergabe an den kapitalistischen Unternehmen gemessen, egal ob sie unter Kapitalknappheit und evtl. veralteten Produktionseinrichtungen zu leiden haben oder nicht.

Menschen, die in Alternativbetrieben arbeiten, sind oft, wie andere ArbeitnehmerInnen auch, Individuen, die um ihre Existenz kämpfen müssen und die in den wenigsten Fällen größere Produktionsmittel besitzen. Wenn das der Fall ist, haben sie gemeinsam Anteil daran. Oft wird die «Selbstausbeutung der Ware Arbeitskraft» tatsächlich bis an deren physische Grenzen vorangetrieben. Schließlich sind die Grenzen zwischen Arbeit und Nicht-Arbeit beinahe aufgehoben, das ist bei den meisten Konzepten erwünscht. Der Blick auf die Arbeit als Ganzes und die Aufhebung der entfremdeten Arbeit in *allen* Bereichen von Arbeit schließt eine Abspaltung zwischen Arbeit und anderen Lebensbereichen aus. Bei einer großen Anzahl von Betrieben und Projekten zählt die gesamte reproduktive Arbeit ebenso selbstverständlich als Arbeit wie die Produktionsarbeit, und sie soll daher auch nicht abgewertet und in den «Privatbereich» abgeschoben werden, wie das in vielen Kleinfamilien immer noch der Fall ist. Schließlich kann die geschlechtsspezifische Arbeitsteilung nur aufgebrochen werden, indem das «Private» auch als politisch betrachtet wird.

In der jüngeren Generation der AktivistInnen finden sich heute Menschen, die das Leben in einem «normalen Betrieb» gar nicht kennen lernen wollen und auch nicht kennen gelernt haben. Sie wurden in selbstverwalteten oder genossenschaftlich organisierten Betrieben ausgebildet oder in Kommunen hineingeboren und haben immer dort gelebt oder/und gearbeitet. Andere sind aus politischen oder/und ökologischen Motiven dazu gestoßen. Freilich gilt auch für jene, die in solchen Betrieben arbeiten, oft der harte Kampf ums Dasein und nicht selten führt das zu Ausgrenzungen. Bezeichnend ist, dass dennoch die «Selbstausbeutung» in alternativen Betrieben offenbar kritischer gesehen wird als die der Fremdausbeutung in kapitalistisch organisierten Betrieben.

Die hohe Identifikation der Beschäftigten mit ihrer Arbeit und ihren Betrieben, die hinter dieser «Selbstausbeutung» vermutet wird, mag andererseits einer der Gründe sein, die «normale» Unternehmer nach den Konzepten der alternativen Ökonomie schielen lassen, die ihnen mehr Motivation und Arbeitszufriedenheit ihrer Mitarbeiter versprechen, auch dann, wenn sie – wie die Alternativbetriebe – nicht mit Karriereaussichten locken können. Von den Alternativen haben sie gelernt, dass die Motivation trotz miserabler Bezahlung durch mehr Beteiligungsmöglichkeiten erhöht werden kann. Von den Alternativen haben sie auch gelernt, dass ein erfolgreiches Unternehmen auch ohne Hierarchien arbeiten kann. «Flache Hierarchien» scheinen mittlerweile ebenso wie Nachhaltigkeitsfragen, «grüne Produkte» und «grüne Technologien» zur Schauseite von (nicht nur) sich als progressiv oder links verstehenden Organisationen zu gehören. Strenge Hierarchien scheinen in unserer Gesellschaft immer weniger legitim, flache Hierarchien hingegen erscheinen innovativ und werden positiv besetzt. Wobei es keine Norm dafür gibt, wie viel Hierarchiestufen (noch) als flach bezeichnet werden können. Von entscheidender Bedeutung für «normale» Unternehmen ist ohnehin letztlich die Wirtschaftlichkeit einer neuen Arbeitsorganisation oder Produktinnovation.

Umgekehrt gewann unter dem Druck der Konkurrenz unternehmerisches Denken und Re-Hierarchisierung während der letzten Jahrzehnte innerhalb der Alternativbewegung immer mehr an Bedeutung.[354] Betriebe, die bei ihrer Gründung den Anspruch hatten, ein Projekt ohne Hierarchien zu sein, schufen sich im Laufe der Jahre eine Hierarchiestufe nach der anderen, auch wenn sie nicht immer sofort so benannt wurde und sich alle gegenseitig versicherten, dass sie anders ausgefüllt und gelebt werden sollte als in «normalen» Betrieben. In Wirklichkeit erhoffte man sich von der «Basta-Kompetenz» eines/einer ChefIn eine lukrativere Betriebsführung. Die ist nicht ohne die Zunahme von Machtkämpfen zu haben. So waren entsprechende Kurskorrekturen bis jetzt nur selten geeignet, Betriebe vor dem Ruin zu retten.

Die Entwicklung ist nicht ganz neu, Franz Oppenheimer hat sie mit seinem Transformationsgesetz schon lange festgestellt.[355] Möglicherweise ist sie aber auch «die logische Konsequenz einer Bewegung, die in den Nischen der Gesellschaft

354 Vgl. Neumann 2008.

355 Siehe den Abschnitt 3.7. in diesem Buch.

existiert und in dem Moment, wo sie diese Reservate auszudehnen versucht, zurückfallen muss in den Kapitalismus, aus dem sie erwuchs?», das schrieb die taz, die in der Zwischenzeit längst ebenfalls ihre Strukturen verändert hat, bereits am 23. Juli 1979 unter der Überschrift «Naturata: Ein alternativer Lebensmittelkonzern?»[356].

Trotz der diskutierten Schwierigkeiten könnten die Erfahrungen einer demokratischen und ökologischen Betriebs- und Arbeitsorganisation nicht nur für weitere alternativ-ökonomische Betriebe, sondern auch für die Weiterentwicklung gewerkschaftlicher Betriebs- und Tarifpolitik genutzt werden. Das war bis jetzt noch wenig der Fall. «Weniger arbeiten, anders arbeiten, besser leben», das war ein Slogan zu Beginn der Alternativökonomie-Bewegung, der auch für die Gewerkschaften aktuell war und für die Zukunft aktuell bleibt.[357] Wenn eine Zusammenarbeit gelänge, könnten die jeweiligen Erfahrungen für beide Seiten genutzt werden. Dadurch würde auch der Vorwurf, dass es sich bei den alternativen Unternehmungen oder gar der gesamten alternativen Ökonomie um nichts weiter als um Nischen oder Rückzugsräume für DissidentInnen handelt[358], entkräftet werden.

8.3. Alternative Wirtschaft und Neoliberalismus

Reform oder Revolution als Antwort auf das Elend, das der industrielle «Fortschritt» für die Arbeitenden mit sich brachte, ist eine Frage, die innerhalb der selbstverwalteten Wirtschaft, seit es sie gibt, heiß diskutiert wird.[359] Heute scheint sie zugunsten der Reform entschieden zu sein. Nach dem Zusammenschluss der beiden deutschen Staaten und mit dem Zusammenbruch der DDR und dem damit verbundenen Untergang des «real existierenden Sozialismus» flackerte die Forderung nach dem «dritten Weg» zwischen Kapitalismus und Sozialismus wieder neu auf. Nun rückte die Frage nach dem «mittleren Weg» der Reformen innerhalb weiterbestehender poli-

356 taz, 23. Juli 1979, S. 8.
357 Oetjen 1999, S. 146.
358 Z. B. Braun 1998.
359 Siehe den Abschnitt 4.1. in diesem Buch.

tischer und ökonomischer Grundstrukturen in den Mittelpunkt der Diskussionen.[360] Mit der Ablösung der sozialistischen Planwirtschaft durch die kapitalistische Marktwirtschaft wuchs die Verschiedenartigkeit von Unternehmens- und Organisationsformen. «Existenzgründung» und «neue Selbstständigkeit» im Sinne der Förderung des «Unternehmergeistes» sind nun Begriffe und Parolen, mit denen sich neue Hoffnungen für diejenigen, die in der kapitalistischen Marktwirtschaft in Ost und West nicht mehr gebraucht werden, verbanden. Hoffnungen nach alternativen Strukturen, Aufhebung von (geschlechts-)hierarchischen Arbeitsteilungen und Schaffung von selbstverwalteten Strukturen, Herstellung von sinnvollen ökologischen Produkten und ebensolchen Dienstleistungen, blieben oft auf der Strecke und sind Markterfordernissen und anderen Sachzwängen gewichen.

Der Vorwurf, dass die alternative Ökonomie mit ihren politischen Ideen und Idealen gescheitert ist und eigentlich nichts bewirkt hat oder vom kapitalistischen System vereinnahmt wird, ist alt und hilft nicht weiter. Es geht um eine Klärung der Bedingungen, unter denen soziales Leben überhaupt möglich wird. Arno Plack hat in seinem 1967 erschienenen Kultbuch «Die Gesellschaft und das Böse» bereits auf die Verkümmerung und Pervertierung unserer sozialen Begabung durch eine Moral, die vitale Antriebe unterdrückt und reglementiert, hingewiesen.

Mit der neoliberalen Globalisierung und der aktuellen «Wirtschaftskrise» erhalten Ansätze von solidarischen Arbeits-, Wirtschafts- und Lebensformen neue Bedeutung.

Prekarisierung, Entgrenzung von Arbeit und Leben, projektförmige Arbeit, «Arbeitskraftunternehmer» und andere Modernisierungs- und Flexibilisierungsstrategien in kapitalistisch organisierten Betrieben, «neue Selbstständige» im Kulturbereich, «die neuen Kreativen» sind Bezeichnungen, die typisch sind für eine Zeit, in der die Zukunft auf dem Spiel steht.

Auf die Fremdheit zwischen dem Verständnis von Autonomie in den Sechziger- und Siebzigerjahren und dem der neoliberalen Gegenwart hat Arndt Neumann (2008) in seinem Buch «Kleine geile Firmen» hingewiesen. Auch wenn die Alternativbewegung in der Zwischenzeit seiner Meinung nach ihren inne-

360 Vgl. Beywl 1991.

ren Zusammenhalt verloren hat, sieht er sie doch als wichtiges Experimentierfeld, das auf die New Economy der späten 1990er Jahre ebenso ausstrahlte wie später auf Start-up-Unternehmen und auf sich als «neue Unternehmenskultur» bezeichnende Managementstrategien.

Die Förderung von EinzelunternehmerInnen durch öffentliche Zuschüsse, die zumindest eine Zeitlang die Grunddefizite der Gründung überdecken konnten, führt, selbst wenn gewisse «Grundwerte» der alternativen Ökonomie nicht von allen aufgegeben werden, sondern mit Vernunft und Sachkenntnis heute weiter verfolgt werden, dazu, dass die UnternehmerInnen vereinzelt werden. Von individualisierten UnternehmerInnen werden kaum Impulse für eine grundsätzliche Veränderung zu erwarten sein. Viele rechnen sich dem «Dritten Sektor» zwischen Markt und Staat zu, der seit vielen Jahren mit prekären Arbeitsbedingungen, niedrigen Löhnen und viel ehrenamtlicher Gratisarbeit aufgebaut wird. Hier werden Leistungen angeboten, die nicht profitabel zu vermarkten, aber gesellschaftlich notwendig sind, um den Ersten Sektor (Privatwirtschaft) und den Zweiten Sektor (Staat) funktionsfähig zu halten. Das heißt, die autonome Selbstorganisation tritt an die Stelle des Staates, der sich zurückzieht. Oft handelt es sich um Symptombehandlung, mit der sich die Politik aus der Verantwortung zieht.

9. Perspektiven

Immer wieder gab und gibt es Alternativbewegungen. Im Grunde genommen gilt für alle, was Karl Marx in den «Ökonomischen Manuskripten» aus dem Jahre 1844 schrieb: «Es versteht sich, dass die Aufhebung der Entfremdung von der Form der Entfremdung aus geschieht, welche die herrschende Macht ist.» Das heißt, wenn die bürgerliche Gesellschaft aus dem Wert- und Kapitalbegriff verstanden werden soll, muss auch die Entwicklung der Kritik an dieser Gesellschaft mit dem Wert- und Kapitalbegriff in Zusammenhang gebracht werden. Schwendter denkt in diese Richtung, wenn er für Subkulturen – darunter können alternative Betriebe und Kommunen subsumiert werden – konstatiert: «Die Subkulturen entwickeln ihre aus der Negation der Normen und Institutionen der Gesamtgesellschaft entstammenden Normen und Institutionen zur Aufhebung der gesamtgesellschaftlichen Normen weiter (...). Dieser Prozess wird nicht ohne Widerstände vor sich gehen; inhaltlich hat er die grundsätzliche Veränderung des Bestehenden zum Ziel».[361] Um einen bestehenden Zustand grundsätzlich zu verändern, sind jedoch neue Ideen, neue Verhaltensweisen, neue Bedürfnisse erforderlich. Aber was sind «neue» Verhaltensweisen und Bedürfnisse? Entstehen sie nicht ebenso aus dem Alten? Die Gesellschaft mit ihren herrschenden Strukturen ist es, die die Entwicklung von Alternativprojekten und Kommunen mit radikaldemokratischen Strukturen immer wieder erzeugt. Sie ist es aber auch, die eine breite Ausdehnung dieser Bewegungen immer wieder zu verhindern versucht. Die Frage, ob es möglich ist, im Schoße der bestehenden Gesellschaft die Vorstellungen vom «Guten Leben» zu entwickeln oder ob dies unmöglich ist, weil die Gesamtgesellschaft samt ihrer Subkultur vom Warenfetisch durchdrungen ist, ist so alt wie die Frage nach dem «Guten Leben» selbst.[362] Auch der Vorwurf, dass sich solche Projekte für Reformen statt für die Revolutionierung der Verhältnisse entschieden haben, hat einen grauen Bart.

361 Schwendter 1981, S. 292f.

362 Vgl. Notz 1991b, S. 188ff.

Betriebe und Projekte der alternativen Ökonomie sind nicht nur «Glücksorte zum Wohlfühlen und Ankommen». Viele alternativ-ökonomischen Projekte, Betriebe und Kommunen scheitern bereits in der Anfangsphase. Oft, weil die Illusionen, die sie mit dem anderen Leben verbinden, so unermesslich sind, dass sie einfach nicht eingelöst werden können. Oder weil soziale Qualifikationen und Verantwortung, die zur Übernahme kollektiver Entscheidungsstrukturen notwendig sind, innerhalb der herrschenden Sozialisationsinstanzen nicht gelernt werden. Mehr Autonomie heißt schließlich nicht nur mehr Selbstbestimmung, sondern auch mehr Selbstverpflichtung. Lediglich «Minimalprojekte», wie Tauschringe zum Beispiel haben mit solchen Schwierigkeiten weniger zu kämpfen.

Was dringend notwendig wäre, ist eine Auseinandersetzung mit der breiten Empirie des Scheiterns und der Barrieren, die den Erfolgen im Wege stehen. Daraus könnten die lernen, die nicht alle bereits einmal gemachten Fehler selbst wiederholen wollen und auch die, die sich darüber Gedanken machen, wie ein Ausstieg aus oder eine Auflösung von Projekten sozial vertretbar für alle gestaltet werden kann.

Trotz vieler Schwierigkeiten kann alternative Ökonomie geeignet sein, das ökonomische Denken insgesamt zu erweitern und anders zu denken, hin zu einer «Ökonomie des Lebens», für die Ökonomie mehr ist, als die Lehre vom Geldverdienen und Geldverlieren. Für die AkteurInnen wird sie zur wichtigen und nicht delegierbaren Aufgabe, der sie sich stellen, auch wenn sie mitunter belächelt werden. Denn: Alternativökonomie, Genossenschaften und kommunitäre Lebens- und Arbeitsformen sind Versuche, die zeigen, dass es Möglichkeiten jenseits der kapitalistisch organisierten Wirtschaft gibt. Sie sind gelebte Gegengesellschaften, sind Schritte zur Verwirklichung des Projekts einer besseren Gesellschaft. Über die Kritik an den herrschenden Verhältnissen hinaus entwickeln sie konkrete Vorstellungen einer egalitären herrschaftsfreien Gesellschaft, die Suchenden eine politische Orientierung geben können und zu eigenen Konzepten kollektiven Zusammenlebens und -arbeitens anregen können. Weitere Schritte und andere Projekte werden folgen. Denn eines ist sicher: Die Experimente des anderen Wirtschaftens und Zusammenlebens werden weitergehen. Es hat keinen Sinn, immer nur über Vereinzelung, Abhängigkeit und Unterdrückung zu klagen. Nach wie vor gilt der alte Spruch: «Wer keinen Mut zum Träumen hat, hat keine Kraft zum Kämpfen.»

Allerdings werden angesichts des Siegeszugs der globalisierten Wirtschaft und der weltweiten Realisierung neoliberaler Umbauprojekte und mit fortschreitender Krise Konzepte notwendig, die nicht reduziert bleiben auf die Lenkung kleiner lokaler Betriebe durch die Produzenten selbst oder auf die Existenz eines wie auch immer bezeichneten neuen «alternativen» oder genossenschaftlichen oder auch nur geld- oder zinslosen Wirtschaftssektors, der gleichzeitig den Gesetzen der Warengesellschaft unterstellt ist, wenn nicht ein entsprechendes globales, politisches und ökonomisches System angestrebt wird und Handlungsstrategien zu seiner Verwirklichung eingeläutet werden.

9.1. Vernetzungen

Während die traditionelle Gewerkschaftsbewegung in die «Krise» geraten ist, entwickelt die «Alternativbewegung» ihre eigenen Strategien der sozialen und persönlichen Emanzipation und bildet regionale wie auch bundesweite und europäische und darüber hinausgehende Vernetzungen. «Netzwerkfähigkeit» – das heißt, die Einbindung von Unternehmen und Projekten in interne und externe Netzwerke, ist nicht nur für kapitalistische, sondern auch für alternative Unternehmen von Bedeutung. Umso mehr, weil Kooperation und Vernetzung der meist kleinen Unternehmungen eine Chance ist, gegenüber den etablierten Unternehmen bestandsfähig zu bleiben – oder zu werden und weil zwischenbetriebliche Kooperation Effizienzvorteile im Sinne verbesserter ökonomischer und politischer Durchsetzungskraft ermöglicht. Sie entscheidet über Zugang zu neuen Informationen, Kooperationen und Absatzmöglichkeiten. Gelingendes Networking hilft beim Neuaufbauen von Kompetenzen für eine Neuausrichtung oder Erweiterung von Betrieben und Betriebsteilen und bei Strategieprozessen.[363] Mitglieder des Theoriearbeitskreises Alternative Ökonomie (TAK AÖ) in der Arbeitsgemeinschaft Sozialpolitischer Arbeitskreise (AG SPAK), selbst ein Vernetzungszusammenhang von sozi-

363 Vgl. Flieger/Nicolaisen/Schwendter 1995.

alen Bewegungen, TheoretikerInnen, die sich mit alternativer Ökonomie beschäftigen und Betrieben und Projekten, definieren Kooperation als «freiwillige Zusammenarbeit selbständiger Projekte und Unternehmen mit der Absicht, ohne Aufgabe der Entscheidungsfreiheit gemeinsame Ziele wie politische Anerkennung, Leistungsfähigkeit, Kosteneinsparung oder Verbesserung der ‹Markt›-Präsenz zu erreichen. Auch ausschließlich ideelle Gründe der Zusammenarbeit sind eingeschlossen.»[364] Diese Definition reicht jedoch nicht aus, um das Phänomen der Vernetzung im Rahmen der alternativen Ökonomie zu begreifen. In Fliegers Veröffentlichung werden sehr unterschiedliche Formen der Annäherung an das Thema aneinandergereiht, um Ansätze für eine Theorie der Vernetzung zu entwickeln, die in diesem Zusammenhang nicht alle dargestellt werden können.[365] Darauf, dass alternative Vernetzungsversuche keine Erfindung der letzten Jahre sind, weist Schwendter hin.[366] Er lässt auch die alternativen Medien als Vernetzungsinstrumente nicht aus und analysiert das heute noch bestehende und 1978 gegründete Netzwerk Selbsthilfe und seine Konflikte. Immerhin gehörten dem Netzwerk Selbsthilfe in seiner Blütezeit 5000 Personen an. Schwendter rät den bestehenden Alternativbetrieben und -projekten aus seiner jahrzehntelangen Erfahrung die Einrichtung von «Zeitbudgets für vernetzende Tätigkeiten»[367]. Das erscheint sinnvoll, wenn man sich die zahlreichen lokalen, nationalen, europäischen und internationalen Vernetzungszusammenhänge ansieht, die Voß aufgelistet hat.[368] Eine Bewertung dieser heterogenen Initiativen ist bis jetzt nicht geleistet worden und kann auch in diesem Zusammenhang nicht geleistet werden.

Beispielhaft sei das 1986 gegründete «NETZ für Selbstverwaltung und Selbstorganisation» genannt. Es vernetzt unterschiedliche Betriebe aus verschiedenen Branchen der alternativen Ökonomie und eine Reihe von Infrastruktur- und Vernetzungseinrichtungen. Das «Netz» hat Unterstützungsstrukturen für den kooperativen und ökologischen Sektor entwickelt, z.B.

---

364 Flieger 1995, S. 10.
365 Vgl. Flieger/Nicolaisen/Schwendter 1995, S. 23–171.
366 Schwendter 1995, S. 24ff.
367 Ebd., S. 43.
368 Voß 2010, S. 67ff.

ein Versorgungswerk für betriebliche Alters- und Berufsunfähigkeitsabsicherung, sowie die Organisation eines bundesweiten Weiterbildungsprogramms und unterhält Beratungsbüros für «gemeinschaftliches Management». Das «Netz» ist auf europäischer und internationaler Ebene wiederum vernetzt und arbeitet eng mit *Contraste – Zeitschrift für Selbstverwaltung* zusammen.

Die Vorteile von Vernetzungen liegen auf der Hand. Hüten sollte sich die Alternativökonomie allerdings davor, dass Netze exklusive Verknotungen werden. In der globalisierten Welt sollte es keine abgeschotteten Inseln geben.[369] Notwendig sind Formen der Kooperation, des Dialogs und der Zusammenarbeit, durch die schon einmal begangene Fehler vermieden werden. Notwendig wird es auch, wieder gemeinsame Zielvorstellungen von einer anderen, besseren Lebens-Arbeitswelt zu entwickeln, denn es ist nach wie vor wichtig, eine Idee zu haben, wie die wünschenswerte Zukunft, die ein alternatives Mega-Netz durchziehen soll, hierzulande und anderswo aussehen könnte.

9.2. Blick über den nationalen Tellerrand

Wahrscheinlich gibt es keine Einrichtung, die auch nur annähernd einen Überblick über die alternative Wirtschaft auf der Welt hat.[370] Daher ist es auch unmöglich, sich auf eine gemeinsame theoretische Grundlage weltweiter alternativer Wirtschaft zu beziehen. Schwendter verweist darauf, dass es gerade die universelle Vielfalt ist, die jene Kooperation, welche die Negation der Globalisierung erfordert, ermöglicht.[371] Er nennt eine Vielfalt ideeller Paradigmen wie christlich, anarchistisch, buddhistisch, marxistisch, feministisch, anthroposophisch, personalistisch-existenzphilosophisch, islamisch und zionistisch, die die internationale alternative Ökonomie theoretisch beeinflussen. Diese Vielfalt markiert gleichzeitig auch die immensen Schwierigkeiten, die einer internationalen Kooperation im Wege stehen. Dennoch finden sich internationale Netzwerke, zum Beispiel «Fishnet» («Farmes International Self-Help Network»), in welchem sich Genossenschaften aus allen Teilen der Welt aus-

369 Vgl. auch Notz 1995, S. 60 ff; Voß 2010, S. 70.
370 Schwendter 1999, S. 68.
371 Ebd., S. 69.

tauschen.[372] Auch hier gilt der Hinweis auf die Praxisbeispiele, die Elisabeth Voß aufgelistet hat.[373]

Im Rahmen des Kongresses «Wie wollen wir wirtschaften? Solidarische Ökonomie im globalisierten Kapitalismus» im November 2006 wurde deutlich, dass der internationale Aufbruch nicht mehr aufzuhalten ist. Solidarische Ökonomie ist zur weltweiten Bewegung geworden. Der Erfolg des Kongresses speiste sich nach den Aussagen der OrganisatorInnen entscheidend aus dem Beitrag und den praktischen Erfahrungen der internationalen ReferentInnen aus Argentinien, Belgien, Brasilien, Frankreich, Großbritannien, Indien, Italien, Kanada, Polen, Sambia, Spanien und Venezuela.[374] Ohne die vorgebrachten guten Erfahrungen aus dem Ausland wäre es zu dem Aufbruch, den der Kongress zur Folge hatte, nicht möglich gewesen. Menschen aus den verschiedenen Ländern diskutierten ihr Selbstverständnis, die Entstehung und Entwicklung der Solidarischen Ökonomie in verschiedenen Ländern und Kontinenten, stellten Gemeinsamkeiten und Unterschiede fest und überlegten Möglichkeiten der Kooperation und Vernetzung auf nationaler und internationaler Ebene.[375] Fertige Antworten waren freilich nicht zu erwarten. Die Diskussionen und praktischen Aktionen gehen weiter.

Ein Beispiel aus der Praxis stellt die Kooperative Cecosesola in der Millionenstadt Barquisimeto östlich von Caracas dar. Anlässlich ihres 45-jährigen Bestehens waren drei Mitglieder in Deutschland unterwegs, um über ihre langjährigen Erfahrungen zu berichten. Die Kooperative hat über 1000 aktive Mitglieder. Ihre drei Gemüsemärkte werden wöchentlich von ungefähr 55.000 Menschen besucht. Auf den Gemüsemärkten verkauft sie Erzeugnisse der angeschlossenen Lebensmittel-Produktiv-Kooperativen. Die Aktivisten zahlen sich Einheitslohn, Chef oder Chefin gibt es nicht, es gibt ein gewisses Rotationsprinzip und bei den Versammlungen in den verschiedenen Arbeitsbereichen der Kooperative gilt das Konsensprinzip. Prinzipien sind: Kooperation statt Konkurrenz und solidarischer Umgang miteinander.[376]

372 Siehe auch www.leibi.de/fishnet.
373 Vgl. Voß 2010, S. 71ff.
374 Vgl. Giegold/Embshoff 2008, S. 132–173.
375 Birkhölzer 2008, S. 128f.
376 Cecosesola: Auf dem Weg – Gelebte Utopie einer Kooperative in Venezuela, Berlin 2012

9.3. Schlussbetrachtungen

Unsicherheit und Ungleichheit nehmen europa- und weltweit zu und die Armut steigt in erschreckendem Maße. Prekäre Arbeitsbedingungen und soziale Risiken, die bis in die Mittelschichten reichen, sind fast schon zur Normalität geworden. Gleichzeitig sinkt die Fähigkeit und die politische Bereitschaft der Nationalstaaten, dem globalen Kapitalismus sozial-ökologische Grenzen zu setzen. Was Karl Heinz Roth 1980 geschrieben hat, gilt selbstverständlich auch heute: «Die Selbstverwirklichung ist ein sozialer Prozess, sie verlangt die soziale Aneignung und Umverteilung des gesamten gesellschaftlichen Reichtums.» Es geht nach wie vor um nicht mehr und auch nicht weniger als um die Lebenssicherung für alle Menschen und um die Verantwortung für das ganze Leben.

Darauf wollen die jetzt tätigen AkteurInnen verständlicherweise nicht warten. Sie haben ein Fenster in eine herrschaftsfreie Welt aufgetan. Sie setzen auf die Kraft des Vorlebens und des Experiments, stellen sich den Herausforderungen der GrenzgängerInnen und versuchen, aus Träumen Leben werden zu lassen. Etliche verbinden subversive, kollektive (Über-) Lebensstrategien mit politischen Aktionen. An ihrer Existenz kann beispielhaft aufgezeigt werden, dass Möglichkeiten einer anderen, demokratischeren und ebenbürtigen Lebens- und Arbeitswelt nicht nur in den Köpfen und Büchern von Menschen zu finden sind, die sich theoretisch damit auseinandersetzen, sondern dass sie in Ansätzen hier und heute lebbar sind. Und das, obwohl heute utopisches Denken nicht gerade hoch im Kurs steht und Visionen unter dem Verdikt konkreter Machbarkeit stehen.

Vielleicht gelingt es solchen Zusammenschlüssen wirklich, «ihre Anschauungen in neue Kreise zu tragen»[377] wie es AnarchistInnen für die neu entstehenden Bewegungen nach dem Zweiten Weltkrieg erhofft hatten, die die wirtschaftlichen und sozialen Mängel der Gesellschaft erkannt hatten und deren Absicht es war, strukturelle Veränderungen einzuleiten. Wenn das gelänge, wäre alternative Ökonomie mehr als ein Phänomen ökonomischer Selbstorganisation einer Minderheit von

377 Rocker 1947.

«Aussteigern» oder von solchen, die auf dem «normalen» Arbeitsmarkt nicht gebraucht werden, sondern sie würde zum Instrument der Veränderung in einer unsicheren Wirtschafts-, Familien- und Arbeitswelt. Ein Instrument, das nicht (nur) dort angewendet wird, wo der Markt nicht effizient funktioniert, sondern vor allem dort, wo innovative Ideen auf fruchtbaren Boden fallen, weil sie MitstreiterInnen finden. Erst dann könnte die Bedeutung und Übertragbarkeit der verschiedenen Theorieansätze als Möglichkeit für einen gesellschaftlich relevanten Anteil der Bevölkerung diskutiert werden. Dass die Alternativbewegung bis heute kein relevanter Machtfaktor und die Alternativökonomie kein relevanter Wirtschaftsfaktor ist, ist nicht in erster Linie ihrer fehlenden Größe zuzuschreiben, sondern der fehlenden Anerkennung ihrer Anschauungen und Aktivitäten; auch bei denjenigen MitstreiterInnen selbst, die allzu schnell die Projekte verlassen, wenn sie mit Abweichungen von ihren Idealen einer «Mustergemeinschaft» konfrontiert sind.

Auf der Suche nach einer Antwort auf die Frage, ob Theorien bei der Lösung der in diesem Buch aufgeworfenen Fragen hilfreich sein können, stieß ich auf ein Zitat von Peter Schneider (1969), dem ich mich anschließen möchte:

«jagen wir die gemalten wünsche aus den museen hinaus auf die straßen. holen wir die geschriebenen träume von den brechenden bücherborden der bibliotheken herunter und drücken wir ihnen einen stein in die hand, an ihrer fähigkeit, sich zu wehren, wird sich zeigen, welche von ihnen in der neuen gesellschaft zu brauchen sind und welche verstauben müssen.»

Für die Rolle der WissenschaftlerInnen im Zusammenhang mit diesen Fragen gilt, was Pierre Bourdieu über deren Aufgabe innerhalb der neuen sozialen Bewegungen schrieb: «Es gilt, neue Kommunikationsformen zwischen Forschern und politisch Aktiven bzw. eine neue Arbeitsteilung zwischen ihnen zu erfinden.»[378]

378 Bourdieu 1998, S. 65.

Literaturverzeichnis

A

Theodor W. Adorno (1971): Erziehung nach Auschwitz, in: Ders. (Hrsg.): Erziehung zur Mündigkeit, Frankfurt/Main.

Theodor W. Adorno (1997): Minima Moralia. Reflexionen aus dem beschädigten Leben, in: Rolf Tiedemann (Hrsg.): Gesammelte Schriften, Band 4, Frankfurt/Main.

Isolde Aigner (2009): Was zusammenwächst... Die Bewegung der interkulturellen Gärten, in: Wir Frauen, Heft Winter 4.

Willy Albrecht (1994): Der Sozialistische Deutsche Studentenbund (SDS). Vom parteikonformen Studentenverband zum Repräsentanten der Neuen Linken, Bonn.

Elmar Altvater (2009): Globale Finanzkrise und der Staat. Die Chancen des ökologischen Keynesianismus, in: Widerspruch, H. 57/09, S. 5–18.

Helmut K. Anheier et al. (Hrsg.) (1997): Der Dritte Sektor in Deutschland, Berlin.

Michael Antoni (1992): Sozialdemokratie und Grundgesetz, Bd. 2, Der Beitrag der SPD bei der Ausarbeitung des Grundgesetzes im Parlamentarischen Rat, Berlin.

Christoph Arndt / Ella Haidle / Marit Rosol (2004): Graswurzeloasen – Innerstädtische Gemeinschaftsgärten in Buenos Aires und Berlin, in: Trialog – Zeitschrift für das Pflanzen und Bauen in der Dritten Welt, Nr. 81, H. 2/2004.

Jan Ole Arps (2010): Frühschicht. Linke Fabrikintervention in den 70er Jahren, Berlin.

Attac und Kongressträgerkreis «Solidarische Ökonomie» (2006): Pressemitteilung vom 26. November.

B

Uli Barth (1999): Konsens als Entscheidungsform, in: Los geht's. Selbstbestimmt leben – Gruppen Gründen. Reader zum Pfingsttreffen '99 in Kaufungen, S. 8–10.

Uli Barth (2001): Was bewegt sich in den Gemeinschaftsszenen?, in: AG Spak Bücher (Hrsg.): Jahrbuch Nachhaltiges Wirtschaften, Ausg. 1, Neu-Ulm, S. 71–78.

Uli Barth (2005): Arbeit in Gesellschaft und Kommune, in: Contraste, Januar, S. 5.

August Bebel (1890): Charles Fourier, sein Leben und seine Theorien, Neuauflage, Teddington/Middlesex 2008.

August Bebel (1980): Die Frau und der Sozialismus, Bonn, Neuauflage von 1879.

Ulrich Beck (1986): Risikogesellschaft. Auf dem Weg in eine andere Moderne, Frankfurt/Main.

Sophie Behr (1987): Merkwürdige Möglichkeiten der männlichen Metamorphose, taz vom 24.10.

beiträge zur feministischen theorie und praxis (1989): Der Kaiserin neue Kleider. Feministische Denkbewegungen, H. 24.
Yochai Benkler (2006): The Wealth of Networks: How Social Production Transforms Markets and Freedom, New Haven.
Veronika Bennholdt-Thomsen / Maria Mies (1997): Eine Kuh für Hillary. Die Subsistenzperspektive, München.
Dieter Bensmann (1996): Gemeinsame Ökonomie, in: Das KommuneBuch. Alltag zwischen Widerstand, Anpassung und gelebter Utopie, Göttingen, S. 196–230.
Heide Berndt (1968): Kommune und Familie, in: Kursbuch 17. Frau, Familie, Gesellschaft, S. 129–144.
Eduard Bernstein (1969): Die Voraussetzungen des Sozialismus und die Aufgaben der Sozialdemokratie, Reinbek.
Wolfgang Beywl (1991): Selbstverwaltete und produktivgenossenschaftliche Unternehmen in Deutschland. Perspektiven für gewerkschaftliches Handeln?, in: Gisela Notz et al. (Hrsg.): Selbstverwaltung in der Wirtschaft, Köln, S. 40–62.
Willy Bierter / Ernst von Weizsäcker (1986): Strategien zur Überwindung der Arbeitslosigkeit, in: Rolf Schwendter (Hrsg.): Die Mühen der Ebenen. Grundlagen der alternativen Ökonomie – Teil 2, München, S. 25–36.
Karl Birkhölzer (2008): Soziale Solidarische Ökonomie – eine weltweite Bewegung, in: Sven Giegold / Dagmar Embshoff (Hrsg.): Solidarische Ökonomie im globalisierten Kapitalismus, Hamburg 2008, S. 128–131.
Ernst Bloch (1959): Das Prinzip Hoffnung, Frankfurt/Main.
Ina Boesch (2003): Gegenleben. Die Sozialistin Margarethe Hardegger und ihre politischen Bühnen, Zürich.
Knut Borchardt (1978): Perspektiven der Wachstumsgesellschaft, in: Klaus von Beyme et al. (Hrsg.): Wirtschaftliches Wachstum als gesellschaftliches Problem, Königstein/Taunus, S. 175–168.
Pierre Bourdieu (1998): Gegenfeuer. Wortmeldungen im Dienste des Widerstandes gegen die neoliberale Invasion, Konstanz.
Anneliese Braun (1998): Arbeit ohne Emanzipation und Emanzipation ohne Arbeit?, Berlin.
Anneliese Braun (2003): Auf der Suche nach einer feministischen Theorie des Wirtschaftens, in: UTOPIE kreativ, H. 152, S. 543–554.
Lily Braun (1979): Die weiblichen Dienstboten, in: Gisela Brinker-Gabler (Hrsg.): Frauenarbeit und Beruf, Frankfurt/Main.
Manuela Braun (2010): Die Rückkehr des Dorfladens, in: mobil, 1, S. 52–54.
Gerard Braunthal (1992): Politische Loyalität und Öffentlicher Dienst: der Radikalenerlass von 1972 und die Folgen, Marburg.
Brockhaus Enzyklopädie in zwanzig Bänden, Zehnter Band, Wiesbaden 1976.
Margit Brückner / Simone Holler (1990): Frauenprojekte und soziale Arbeit, Frankfurt/Main.
Bundesminister für Jugend, Familie und Gesundheit (Hrsg.) (1975): Zweiter Familienbericht. Familie und Sozialisation – Leistungen und Leistungsgrenzen der Familie hinsichtlich des Erziehungs- und Bildungsprozesses der jungen Generation, Bonn.

Bundesministerium für Familie, Senioren, Frauen und Jugend (Hrsg.) (2006): Familie zwischen Flexibilität und Verlässlichkeit. Siebter Familienbericht, DS 16/1360 vom 26.4., Berlin.

C

Tommaso Campanella (1602): La cittá del sole, Neuauflage Paderborn, 2007.

Rolf Cantzen (1983): Wiederaneignung verschütteter anarchistischer Theorieelemente – analysiert im Blick auf alternative Gesellschaftskonzepte der Gegenwart, Diplomarbeit, Freie Universität Berlin.

Rolf Cantzen (1987): Weniger Staat – mehr Gesellschaft, Frankfurt/Main.

Rolf Cantzen (1989): Gemeinschaft, Einzelner und der Heilige Geist, in: TRAFIK, Internationales Journal zur libertären Kultur und Politik, Nr. 32, 2.

Club of Rome (1972): Die Grenzen des Wachstums. Bericht zur Lage der Menschheit, Stuttgart.

Mike Cooley (1988): Produkte für das Leben statt Waffen für den Tod, Reinbek.

Thomas Coutrot (2005): Démocratie contre capitalisme, Paris.

D

Dagmar Dehmer (2010): Interview mit Elinor Ostrom: «Kleine Gruppe, großes Vertrauen», in: Der Tagesspiegel, 26.6.

Judith Dellheim (1997): Zur Veranstaltung der PDS zum Genossenschaftsgedanken am 8. Juni 1996, in: AG Wirtschaftspolitik beim Parteivorstand der PDS (Hrsg.): Die Genossenschaftsidee, ein lebensfähiges wirtschaftliches und soziales Konzept, Berlin, S. 5–8.

Warnfried Dettling (1997): Jugend Gesellschaft Zukunft. Zur Situation junger Menschen in einer veränderten Welt. Möglichkeiten und Grenzen der Politik. Sieben Thesen, in: Bundesarbeitsgemeinschaft Jugendsozialarbeit, Zeitschrift für Jugendsozialarbeit 2, S. 63–67.

Die Tageszeitung, 19.4.10

Caroline Dobring: Arbeit und Wohnen, in: Contraste Mai 2012, S. 9.

Dossier 3 (1968): Konkrete Utopie. Zweiundsiebzig Gedanken für die Zukunft, in: Kursbuch Nr. 14/1968, S. 110–115.

Georg Draheim (1955): Die Genossenschaft als Unternehmenstyp, Göttingen.

E

Dagmar Embshoff / Sven Giegold (2008): Solidarische Ökonomie im globalisierten Kapitalismus, in: Sven Giegold / Dagmar Embshoff (Hrsg.): Solidarische Ökonomie im globalisierten Kapitalismus, Hamburg, S. 11–24.

Klaus Engert (2010a): Bedürfnisschrumpfung oder schrumpfende Bedürfnisse?, in: SoZ Nr. 7–8, Juli/August.

Klaus Engert (2010b): Ökosozialismus – das geht!, Karlsruhe.

Hans Magnus Enzensberger (1968): Berliner Gemeinplätze I, in: Kursbuch Nr. 11/1968, S. 151–169.

eurotopia (2000/2001): Verzeichnis europäischer Gemeinschaften und Ökodörfer, Ökodorf Sieben Linden, 2. Aufl.

Hans-Dieter Evers (1990): Subsistenzproduktion und Hausarbeit – Anmerkungen zu einer Kritik des sog. Bielefelder Ansatzes, in: Zeitschrift für Soziologie, H. 19, S. 471–473.
Hans-Dieter Evers / Joan Smith / Immanuel Wallerstein (1984) (Hrsg.): Households and the World Economy, Beverly Hills / London.

F

Helmut Faust (1977): Geschichte der Genossenschaftsbewegung, Frankfurt/Main.
Dörthe Fischbach / Gisela Notz (1981): Lernprozesse in der beruflichen Bildung, Weinheim.
Ossip Flechtheim (1986): Der Weg vom traditionellen zum Ökosozialismus. Ein Gespräch mit Ossip K. Flechtheim, in: Klaus Jürgen Scherer / Fritz Vilmar: Ökosozialismus? Rot-grüne Bündnispolitik, Berlin.
Burghard Flieger / Bernd Nicolaisen / Rolf Schwendter (Hrsg.) (1995): Gemeinsam mehr erreichen. Kooperation und Vernetzung alternativökonomischer Betriebe und Projekte, München.
Burghard Flieger (1995): Kooperation und Vernetzung ist Arbeit, in: Burghard Flieger / Bernd Nicolaisen / Rolf Schwendter (Hrsg.): Gemeinsam mehr erreichen. Kooperation und Vernetzung alternativökonomischer Betriebe und Projekte, München, S. 9–22.
Burghard Flieger (1996): Produktivgenossenschaft als fortschrittsfähige Organisation. Theorie, Fallstudie, Handlungshilfen, Marburg.
Burghard Flieger (1998): Sozialgenossenschaften: Neue Kooperativen zur Lösung gemeindenaher Aufgaben, in: Tilo Klöck (Hrsg.): Solidarische Ökonomie und Empowerment, Neu-Ulm.
Burghard Flieger / Bundesverein zur Förderung des Genossenschaftsgedankens / Paritätische Bundesakademie (Hrsg.) (2003): Sozialgenossenschaften. Wege zu mehr Beschäftigung, bürgerschaftlichem Engagement und Arbeitsformen der Zukunft, Neu-Ulm.
Charles Fourier (1829): Die industrielle und sozietäre Neue Welt, Paris.
Charles Fourier (1977): Aus der Neuen Liebeswelt, Berlin.
Else Fricke / Gisela Notz / Wilgart Schuchardt (1982): Beteiligung im Humanisierungsprogramm. Zwischenbilanz 1974–1980, Bonn.
Erich Fromm (1936): Autorität und Familie, Paris.
Barbara Füller et al. (1995): LET-Systeme und Kooperationsringe. Ein Handbuch über Formen und Ausgestaltungsmöglichkeiten lokaler Verrechnungssysteme, Version 2.0, Frankfurt/Main.

G

Norman Geras (1979): Rosa Luxemburg. Kämpferin für einen emanzipatorischen Sozialismus, Berlin.
Geronimo (1990): Zur Geschichte und Gegenwart der Autonomen, Berlin.
Silvio Gesell (1916): Die natürliche Wirtschaftsordnung durch Freiland und Freigeld, Les Hauts Geneveys.
Sven Giegold / Dagmar Embshoff (Hrsg.): Solidarische Ökonomie im globalisierten Kapitalismus, Hamburg 2008.
André Gorz (1980): Abschied vom Proletariat, Frankfurt/Main.
André Gorz (1983): Wege ins Paradies, Berlin.
André Gorz (1994): Kritik der ökonomischen Vernunft, Berlin.

H

Friederike Habermann (2009): Halbinseln gegen den Strom. Anders leben und wirtschaften im Alltag, Königstein.

Friederike Habermann / Carola Möller / Ulla Peters (2008): Dissidente Praxen, Königstein.

Dieter Halbach / Wolfram Nolte (2000/2001): Verzeichnis europäischer Gemeinschaften und Ökodörfer, in: eurotopia, Ökodorf Sieben Linden, Poppau, 2.Aufl.

Wolfgang Harich (1975): Kommunismus ohne Wachstum? Babeuf und der «Club of Rome». Sechs Interviews mit Freimut Duve und Briefe an ihn, Reinbek.

Frank Heider / Beate Hock / Hans-Werner Seitz (1997): Kontinuität oder Transformation? Zur Entwicklung selbstverwalteter Betriebe. Eine empirische Studie, Gießen.

Frank Heider / Margarethe Mevissen (1991): Selbstverwaltete Betriebe in Hessen, Gießen.

Heinrich-Böll-Stiftung (Hrsg.) (2009): Gemeingüter – Wohlstand durch Teilen, Berlin.

Rolf Heinze / Claus Offe (1990): Organisierte Eigenarbeit. Das Modell Kooperationsring, Frankfurt/Main.

Michael Heinrich (2005): Kritik der politischen Ökonomie. Eine Einführung, Stuttgart, 8. Aufl.

Peter Heisig (1991): Das Genossenschaftsprinzip von Montragón, in: Gisela Notz et al. (Hrsg.): Selbstverwaltung in der Wirtschaft. Alte Illusion oder neue Hoffnung?, Köln, S. 303–320.

Silke Helfrich et al. (2009): Die Rolle der Gemeingüter – Wohlstand durch Teilen, Berlin.

Jens Herrmann (1999): Politische Kommunen. Eine empirische Studie anhand neuerer Projekte. Diplomarbeit, Freie Universität Berlin.

Hella Hertzfeldt (1997): Tauschen statt schuften. Tauschringe als Alternative zur Geldökonomie, in: Das Argument Nr. 220, Berlin, S. 409–415.

Hella Hertzfeldt (2001): Feministischer Blick auf Tauschringe als Teil des Non-Profit-Sektors, in: Katrin Andruschow (Hrsg.): Ganze Arbeit. Feministische Spurensuche in der Non-Profit-Ökonomie, Berlin, S. 179–190.

Colin Hines (2000): Localisation. A global Manifesto, London.

Josef Huber (1984): Die zwei Gesichter der Arbeit. Ungenutzte Möglichkeiten der Dualwirtschaft, Frankfurt/Main.

Bernd Hüttner (2000): Die Linke und die (Zukunft der) Arbeit, in: Trend online Zeitung.

J

Klaas Jarchow / Norbert Klugmann (1980): Heumarkt. Versuche anderen Lebens zwischen Stadt und Land, Berlin.

K

Karl Kautsky (1991): Vorläufer des neueren Sozialismus, Band 1 und Band 2, Berlin.

Margrit Kennedy (1989): Die Lösung der Bodenrechtsfrage, Teil 3, in: Der Gesundheitsberater, Dezember 1989, S.22–23.

Kollektiv Kommunebuch (Hrsg.) (1996): Das KommuneBuch. Alltag zwischen Widerstand, Anpassung und gelebter Utopie, Göttingen.
Kommune Niederkaufungen (1983): In Gefahr und größter Not bringt der Mittelweg den Tod! Grundsatzpapier, Hamburg.
Kommune Niederkaufungen (2007): 20 Jahre Kommune. Momentaufnahme aus Niederkaufungen, Niederkaufungen.
Kommune Niederkaufungen (2012): 25 Jahre Kommune Niederkaufungen, Niederkaufungen.
Wolfgang Kraushaar (1978): Thesen zum Verhältnis von Alternativ- und Fluchtbewegung, in: Wolfgang Kraushaar (Hrsg.): Autonomie oder Ghetto? Kontroversen über die Alternativbewegung, Frankfurt/Main.
Iris Kunze (2006): Sozialökologische Gemeinschaften als Experimentierfelder, in: Matthias Grundmann / Thomas Dierschke / Stephan Drucks / Iris Kunze (Hrsg.): Soziale Gemeinschaften. Experimentierfelder für kollektive Lebensformen, Münster, S. 171–188.
Kursbuch Nr. 11/1968.
Kursbuch Nr. 14/1968.
Uwe Kurzbein (1996): Schrittweise (Geschichte der Kommunebewegung), in: Kollektiv KommuneBuch (Hrsg.): Das KommuneBuch. Alltag zwischen Widerstand, Anpassung und gelebter Utopie, Göttingen, S. 37–68.

L

Gustav Landauer (1924): Beginnen – Aufsätze über Sozialismus, Dortmund / Köln.
Gustav Landauer (1967): Aufruf zum Sozialismus, Frankfurt/Main.
Gustav Landauer (1968): Zwang und Befreiung, Köln.
Gustav Landauer (1977): Beginnen – Aufsätze über Sozialismus, Wetzlar.
Ferdinand Lassalle (1964): Aus seinen Reden und Schriften, Wien.
Leh Lehmann (2000): Über die Zeiten hinweg und mit Zorrows Grundsätzen vermischt, in: TAKAÖ: Rundbrief Alternative Ökonomie Nr. 90/1, S. 31–32.
Thomas-Dietrich Lehmann (1996): Befreites Gebiet? (Anti-)rassistische Irritationen im kommunitären Wohnprojekt, in: Kollektiv KommuneBuch (Hrsg.): Das KommuneBuch. Alltag zwischen Widerstand, Anpassung und gelebter Utopie, Göttingen, S. 177–194.
Ilse Lenz / Renate Rott (1984): Frauenarbeit im Entwicklungsprozeß, Saarbrücken / Fort Lauderdale.
Wilfried Leupolz (1983): Der lange Marsch zum kollektiven Leben. Schäfereigenossenschaft Finkhof, Weingarten.
Gudrun Linne / Michael Schwarz (Hrsg.) (2003): Handbuch Nachhaltige Entwicklung. Wie ist nachhaltiges Wirtschaften machbar?, Opladen.
Rosa Luxemburg (1898): Rede über den politischen Kampf der deutschen Sozialdemokratie auf dem SPD-Parteitag 1898 in Stuttgart, in: Protokoll über die Verhandlungen des Parteitages der SPD, abgehalten zu Stuttgart vom 3.–8.10.1898, Berlin.
Rosa Luxemburg (1912): Frauenwahlrecht. Propagandaschrift zum II. sozialdemokratischen Frauentag, Stuttgart, 12. Mai.

Rosa Luxemburg (1913): Die Akkumulation des Kapitals, Berlin.
Rosa Luxemburg (1972): Massenstreik, Partei und Gewerkschaften, in: Gesammelte Werke, Bd. 2, Berlin.
Rosa Luxemburg (1898): Reden auf dem Stuttgarter Parteitag der Sozialdemokratischen Partei Deutschlands, Stuttgart / Berlin.
Rosa Luxemburg (1899a): Bemerkungen zur sogenannten Zusammenbruchstheorie, in: Protokolle über die Verhandlungen des Parteitages der SPD, abgehalten zu Hannover vom 9. bis 14. Oktober 1899, Berlin, S. 171–175.
Rosa Luxemburg (1899b): Sozialreform oder Revolution, Leipzig.
Rosa Luxemburg (1980): Zur gesellschaftlichen Situation der Frauen in der bürgerlichen Gesellschaft, in: Frederik Hetmann / Rosa Luxemburg: Ein Leben für die Freiheit, Frankfurt/Main.

M

Mascha Madörin (2001): Care-Ökonomie – ein blinder Fleck in der Wirtschaftstheorie, in: Widerspruch, H. 40, S. 41–45.
Karl Marx (1844): Ökonomisch-philosophische Manuskripte, MEW Bd. 40, S. 552ff.
Karl Marx (1864): Inauguraladresse der Internationalen Arbeiter Assoziation, in: Der Social-Demokrat, Nr. 2 und 3 vom 21. und 30.10.
Karl Marx (1953): Frühschriften, Stuttgart.
Karl Marx / Friedrich Engels (1988): Manifest der Kommunistischen Partei, Berlin, 55. Aufl.
Karl Marx (1890/91): Kritik des Gothaer Programms, in: Die Neue Zeit, Nr.18, 1. Band.
Karl Marx (1962): Das Kapital, MEW Bd. 23 und 25.
Karl Marx, / Friedrich Engels (1973): MEW Bd. 18. Berlin.
Maria Mies (1988): Patriarchat und Kapital, Zürich.
Maria Mies / Vandana Shiva (1995): Ökofeminismus. Beiträge zu Theorie und Praxis, Zürich.
Alexander Mitscherlich (1965): Die Unwirtlichkeit unserer Städte. Anstiftung zum Unfrieden, Frankfurt/Main.
mitarbeiten – Informationen der Stiftung Mitarbeit (1999): Individualität und Gemeinschaft, H. 3.
Carola Möller (1996): Feministische Ansätze zu einer alternativen Ökonomie, in: Bundesweites Feministisches Bündnis (BFB), Rundbrief Nr. 4.
Carola Möller et al. (1997): Wirtschaften für das «gemeine Eigene». Handbuch zum gemeinwesenorientierten Wirtschaften, Berlin.
Carola Möller (2001): Theoretische Zugänge zu solidarischer Ökonomie aus feministischer Sicht, in: TAKAÖ, Rundbrief 93, Februar.
Thomas Morus (1516): Utopia, London.

N

Arndt Neumann (2008): Kleine geile Firmen, Hamburg.
NJUUZ, 22.4.2010
Gisela Notz (1991a): Du bist als Frau um einiges mehr gebunden als der Mann. Die Auswirkungen der Geburt des ersten Kindes auf die Lebens- und Arbeitsplanung von Müttern und Vätern, Bonn.

Gisela Notz (1991b): Gibt es ein richtiges Leben im falschen? – Frauen in der Selbstverwaltungswirtschaft, in: Gisela Notz et al. (Hrsg.): Selbstverwaltung in der Wirtschaft. Alte Illusion oder neue Hoffnung? Köln, S. 188–215.
Gisela Notz (1991c): Selbstverwaltung – mehr als Beteiligung und Mitbestimmung. Beispiele aus drei Betrieben, in: Gisela Notz et al. (Hrsg.): Selbstverwaltung in der Wirtschaft. Alte Illusion oder neue Hoffnung? Köln, S. 87–125.
Gisela Notz / Klaus Dieter Heß / Ulrich Buchholz / Theo Bühler (Hrsg.) (1991d): Selbstverwaltung in der Wirtschaft. Alte Illusion oder neue Hoffnung?, Köln.
Gisela Notz (1995): Vernetzung wider Vereinzelung, in: Burghard Flieger / Bernd Nicolaisen / Rolf Schwendter (Hrsg.): Gemeinsam mehr erreichen. Kooperation und Vernetzung alternativökonomischer Betriebe und Projekte, München, S. 60–74.
Gisela Notz (1999): Die neuen Freiwilligen. Das Ehrenamt - Eine Antwort auf die Krise? Neu-Ulm, 2. Aufl.
Gisela Notz (2003): Nachhaltiges Wirtschaften und die Bedeutung für ein zukunftsfähiges Geschlechterverhältnis, in: Gudrun Linne / Michael Schwarz (Hrsg.): Handbuch Nachhaltige Entwicklung. Wie ist nachhaltiges Wirtschaften machbar?, Opladen, S. 423–432.
Gisela Notz (2006a): Arbeit – mehr als eine Beschäftigung, die Geld einbringt, Berlin, ver.di.
Gisela Notz (2006b): Warum flog die Tomate? Die autonomen Frauenbewegungen der Siebzigerjahre, Neu-Ulm.
Gisela Notz (2008): Der gefährliche Einfluss der Frauen-Blätter. Feministische Medienkultur in Deutschland, in: Lea Susemichel / Saskya Rudigier / Gabi Horak (Hrsg.): Feministische Medien. Öffentlichkeiten jenseits des Malestream, Königstein/Taunus.
Gisela Notz / Christl Wickert (2009): Die geglückte Verfassung. Sozialdemokratische Handschrift des Grundgesetzes, Berlin.
Klaus Novy et al. (Hrsg.) (1985): Anders leben. Geschichte und Zukunft der Genossenschaftskultur, Berlin/Bonn.

O

Hinrich Oetjen (1999): Auf der Suche nach Alternativen, in: DGB-Bundesjugendschule (Hrsg.): Kapitalismus ohne Alternativen?, Neu-Ulm, S. 143–146.
Franz Oppenheimer (1896): Die Siedlungsgenossenschaft. Versuch einer positiven Überwindung des Kommunismus durch Lösung des Genossenschaftsproblems und der Agrarfrage, Leipzig.
Elinor Ostrom (1999): Die Verfassung der Allmende. Jenseits von Staat und Markt, Tübingen.
Robert Owen (1813): New View of Society, London.

P

Michal Palgi (2004): Social Dilemmas and their Solution: The Case of the Kibbutz, in: Wolfgang G. Weber / Pier-Paolo Pasqualoni / Christian Burtscher (Hrsg.): Wirtschaft, Demokratie und soziale Verantwortung, Göttingen, S. 317–332.
Arno Plack (1967): Die Gesellschaft und das Böse, München.

P.M. und Freunde (1990): Olten alles aussteigen. Ideen für eine Welt ohne Schweiz, Zürich.
Sibylle Plogstedt (2006): Frauenbetriebe. Vom Kollektiv zur Einzelunternehmerin, Königstein/Taunus.

R

Martina Racki (1988): Frauen(t)raum im Männerraum, München.
Jeremy Rifkin (1995): Das Ende der Arbeit und ihre Zukunft. Frankfurt/ Main / New York.
Ripess – Internationales Netzwerk zur Förderung der sozialen und solidarischen Ökonomie (1997): Erklärung von Lima.
Rudolf Rocker (1925): Hinter Stacheldraht und Gitter. Erinnerungen aus der englischen Kriegsgefangenschaft, Berlin.
Rudolf Rocker (1947): Zur Betrachtung der Lage in Deutschland. Die Möglichkeit einer freiheitlichen Bewegung, New York / London / Stockholm.
Florian Roth (2002): Vortrag an der Volkshochschule in München am 15.11., Manuskript.
Karl Heinz Roth (1980): Die Geschäftsführer der Alternativbetriebe, in: radikal, Zeitung für unkontrollierte Bewegungen, Nr. 79, S. 10ff.

S

Saral Sarkar (2009): Die Krisen des Kapitalismus. Eine andere Studie der politischen Ökonomie, Neu-Ulm.
Werner Sauerborn (2009): Neustart Arbeitszeitpolitik, in: ver.di publik, Juni/Juli.
Helmut Schelsky (1967): Wandlungen der deutschen Familie in der Gegenwart, Stuttgart, 5. Aufl.
Klaus-Jürgen Scherer / Fritz Vilmar (1986): Ökosozialismus? Rot-grüne Bündnispolitik, Berlin.
Karl-Ludwig Schibel (1985): Das alte Recht auf die neue Gesellschaft. – Zur Sozialgeschichte der Kommune, Frankfurt/Main.
Waldemar Schindowski (1990): Alternative Ökonomie. Eine Bibliographie, Amsterdam.
Tilmann Schiel / Georg Stauth (1981): Subsistenzproduktion und Unterentwicklung, in: Peripherie, H. 5/6.
Sarah Schilliger (2010): Care-Arbeit im neoliberalen Geschlechterregime, in: Lunapark21, H. 9, S. 31–32.
Peter Schneider (1969): Rede an die Deutschen Leser und ihre Schriftsteller. Kursbogen zu Kursbuch 16.
Ursula Schröter / Renate Ullrich (2004): Patriarchat im Sozialismus? Nachträgliche Entdeckungen in Forschungsergebnissen aus der DDR, Berlin.
Antje Schumann (1996): Frauen als Produzentinnen von Gemeinschaft, Manuskript, Universität München, unveröffentlicht.
Regina Schwarz (2002): Tauschen ohne Wachstumswahn – Die Freiwirtschaft als humane und ökologische Alternative, in: Netzwerk gegen Konzernherrschaft, Infobrief Nr.10, S. 41ff.
Rolf Schwendter (1981): Theorie der Subkultur, Frankfurt/Main, 3. Aufl.
Rolf Schwendter (1994): Utopie. Überlegungen zu einem zeitlosen Begriff, Berlin / Amsterdam.

Rolf Schwendter (1995): Zur neueren Geschichte alternativer Vernetzungsversuche, in: Burghard Flieger / Bernd Nicolaisen / Rolf Schwendter (Hrsg.) (1995): Gemeinsam mehr erreichen. Kooperation und Vernetzung alternativökonomischer Betriebe und Projekte, München, S. 24–43.

Rolf Schwendter (1996): Zum Geleit, in: Kollektiv KommuneBuch (Hrsg.): Das KommuneBuch. Alltag zwischen Widerstand, Anpassung und gelebter Utopie, Göttingen, S. 7–9.

Rolf Schwendter (1999): Thesen zu Kapitalismus ohne Alternativen?, in: DGB-Bundesjugendschule (Hrsg.): Kapitalismus ohne Alternativen?, Neu-Ulm, S. 131–142.

Rolf Schwendter (2001): Von der Theorie der Subkultur zur Theorie der Vernetzung, in: Theoriearbeitskreis Alternative Ökonomie: Rundbrief Alternative Ökonomie, 93/1, S. 19–24.

Renate Setzen / Karl M.Setzen (1978): Familie in der Bundesrepublik Deutschland – Eine Orientierungshilfe für erzieherische Berufe, Ravensburg.

Shlomo Shalmon (1998): Die Kommune Niederkaufungen. Portrait einer heutigen Großkommune im Landkreis Kassel, Lage.

Vandana Shiva (1989): Das Geschlecht des Lebens. Frauen, Ökologie und Dritte Welt, Berlin.

Hans Joachim Sperling (1991): Ein Blick zurück: Arbeiterbewegung und Genossenschaften, in: Gisela Notz et al. (Hrsg.): Selbstverwaltung in der Wirtschaft. Alte Illusion oder neue Hoffnung?, Köln, S. 27–39.

Gerhard Stavenhagen (1969): Geschichte der Wirtschaftstheorie, Göttingen.

Christian Stiefkes (2008): Beitragen statt tauschen. Materielle Produktion nach dem Modell Freier Software, Neu-Ulm.

Stiftung Fraueninitiative / Carola Möller / Ulla Peters / Irina Vellay (2006) (Hrsg.): Dissidente Praktiken. Erfahrungen mit herrschafts- und warenkritischer Selbstorganisation, Königstein/Taunus.

Horst Stowasser (1995): Freiheit pur. Die Idee der Anarchie, Geschichte und Zukunft, Frankfurt/Main.

Luise Strothmann (2010): Hierarchien haben Vorteile, in: die Tageszeitung, 19.4.2010.

T

Edward Palmer Thompson (1963): The Making of the English Working Class, London.

Edward Palmer Thompson (1971): The Moral Economy of the Englisch Crowd in the Eighteenth Century, in: Past and Present, H. 50, S. 76–136.

William Thompson (1830): Practical Directions for the Speedy and Economical Establishment of Communities on the Principles of Mutual Co-operation, United Possessions and Equality of Exertions and the Means of Enjoyments, London.

William Thompson (1903/04): Untersuchung über die Grundsätze zur Verteilung des Reichtums zu besonderer Beförderung menschlichen Glücks, Berlin.

U

Otto Ullrich (1993): Lebenserhaltende Tätigkeit jenseits der Lohnarbeit, in: Werner Fricke (Hrsg.): Jahrbuch Arbeit und Technik, Bonn, S. 84–89.

Unabhängiger Frauenverband Berlin / Streikkomitee Köln/Bonn / FrauenAnstiftung e.V. Hamburg (1995): FrauenStreikTag 8.März '94, Hamburg.

V

Genevieve Vaughan (2008): For-Giving, Königstein/Taunus.

Elisabeth Voß (2010): Wegweiser Solidarische Ökonomie. Anders Wirtschaften ist möglich!, Neu-Ulm.

Elisabeth Voß (2006): Von einander lernen, in: Contraste September 2006, S. 10.

W

Alexandra Weiss (2009): Selbstverwaltung der Armut. Tauschringe: Zwischen gesellschaftlicher Utopie und rechter Ideologie, in: lunapark21, H. 5, S. 26–31.

Christine Weizsäcker / Ernst Weizsäcker (1978): Für ein Recht auf Eigenarbeit. Entwurf eines Manifestes, in: Technologie und Politik, H. 10.

Claudia von Werlhof / Maria Mies / Veronika Bennholdt-Thomsen (1983): Frauen, die letzte Kolonie, Reinbek.

Christa Wichterich (1988): Überlebenspragmatikerinnen – ein Bein in der Subsistenz-, das andere in der Warenproduktion. Erfahrungen mit Stammesfrauen in Indien, in: beiträge zur feministischen theorie und praxis, H. 23, S. 9–20.

Christa Wichterich (1992): Die Erde bemuttern. Frauen und Ökologie nach dem Erdgipfel in Rio, in: Heinrich-Böll-Stiftung (Hrsg.): Schriftenreihe Bd. 16, Köln.

Christa Wichterich (2009): Frauen als soziale Air Bags. Ein feministischer Blick auf die globalen Krisen, in: lunapark21, H. 6, S. 22–25.

Wildcat (1986): Die Alternativbewegung, in Nr. 40.

Luc Willette (1993): Longo Maï. Vingt ans d'utopie com munautaire, Paris.

Winfried Wolf (2009): Verkehr. Umwelt. Klima, Wien.

Y

Iris M. Young (1995): Unparteilichkeit und bürgerliche Öffentlichkeit. Implikationen feministischer Kritik an Theorien der Moral und der Politik, in: Bert van den Brink / Willem van Reijen (Hrsg.): Bürgergesellschaft, Recht und Demokratie, Frankfurt/Main, S. 245–280.

http://www.marxists.org/deutsch/archiv/luxemburg/1899/sozrefrev/ (Zugriff: 14.9.2010)

Andrea Trumann

Feministische Theorie.
Frauenbewegung und weibliche Subjektbildung im Spätkapitalismus

3. Auflage, kart., 204 Seiten, ISBN 3-89657-580-5

Diese kenntnisreiche und originelle Einführung vermittelt einen fundierten Überblick über die Geschichte der Neuen Frauenbewegung und die wichtigsten Themen, Debatten und Strömungen feministischer Theoriebildung der letzten drei Jahrzehnte. Von den Auseinandersetzungen im SDS über den Kampf gegen den § 218 bis zur Queer-Theorie. Dabei erweist sich die Geschichte der Neuen Frauenbewegung als Prozess der Verinnerlichung des staatlichen Zwangs zur Bevölkerungspolitik unter dem Banner der Selbstbestimmung.

Josef Moe Hierlmeier

Internationalismus.
Eine Einführung in die Ideengeschichte des Internationalismus

2., erw., Auflage, kart., 214 Seiten, ISBN 3-89657-594-5

Ein kompakter Überblick zur Geschichte einer zentralen Bewegung der Linken und zugleich eine reflektierende Einführung in ihre wesentlichen Debatten sowie philosophischen und soziologischen Grundlagen. Ausgangspunkt ist dabei nicht die Situation in den Ländern des Trikont, sondern die Wahrnehmung der sogenannten Dritten Welt und ihre Projektion auf die gesellschaftlichen Verhältnisse hierzulande. Vom ausgeprägten ideengeschichtlichen Optimismus der 1960er und 1970er über die lebensphilosophischen Theoreme der 1980er bis hin zu den dialog- und konsensorientierten Ansätzen der 1990er Jahre zeichnet der Autor die theoretischen Raster einer ebenso wichtigen wie widersprüchlichen Bewegung nach und fragt nach Perspektiven und neuen Denkansätzen.

Manuel Kellner

Kritik der Religion und der Esoterik – Außer sich sein und zu sich kommen

Kart., 240 Seiten, ISBN 3-89657-587-2

Im europäischen Mittelalter, im 12. Jahrhundert, wagte der Verstand sein Recht zu fordern, weil er immerhin eine Gottesgabe sei. Die Frühscholastiker dienten dem Dogma, doch keimte mit ihnen eine Saat, die im Zeitalter der Aufklärung aufblühte. Im 17. und 18. Jahrhundert schienen Glaube und Aberglaube widerlegt. Doch heute grassieren weltweit religiöser Wahn, Spiritualismus und Esoterik. Der Siegeszug der Diesseitigkeit ist schon lange von gestern: Das Problem ist offenbar nicht erledigt.

Der Autor geht den verschiedenen Argumentationsmustern der Religionskritik nach und fragt nach ihrer Tauglichkeit.

Michael Heinrich

Kritik der politischen Ökonomie. *Eine Einführung*

10. Auflage, kart., 240 Seiten, ISBN 3-89657-593-7

Umfassende Analysen des globalen Kapitalismus haben wieder Konjunktur, und mit ihnen kommt auch der zwischenzeitlich totgesagte Karl Marx wieder zu Ehren, wie die Bücher von Negri/Hardt, Robert Kurz u.a. zeigen. Freilich scheint diese Auseinandersetzung durchweg recht oberflächlich, findet zumindest Michael Heinrich und plädiert deshalb für eine Neuaneignung der marxschen Theorie jenseits des traditionellen, weltanschaulichen «Marxismus». Plastisch und verständlich skizziert Heinrich die historischen, ökonomischen und sozialen Rahmenbedingungen für die Entstehung der «Kritik der politischen Ökonomie», geht auf deren methodische Grundlagen ein und stellt die wichtigsten Begriffe und Konzepte aus allen drei Bänden des Marxschen Hauptwerkes «Das Kapital» vor. Was ist eigentlich Kapitalismus, und was hat es mit der ominösen Dialektik auf sich? Was ist «abstrakte Arbeit» und wie entsteht Mehrwert? Was ist Fetischismus? Wie kommt es zu Krisen? Wie verhält es sich mit Politik und Staat?

Michael Schwandt
Kritische Theorie.
Eine Einführung
3. Auflage, kart., 240 Seiten, ISBN 3-89657-664-x

Dieser Band gibt eine verständliche, weitgehend voraussetzungslose und eingängig geschriebene Einführung in die Kritische Theorie. Es wird erstmals der Versuch einer Bilanz der Kritischen Theorie zu Beginn des 21. Jahrhunderts unternommen – das Dilemma politischen Engagements in der Gegenwart immer im Blick. Der Vergleich von Adorno und Marcuse, an dem sich die Darstellung orientiert, ist neu und verspricht auch erfahrenen Lesern einen Erkenntnisgewinn.

Michael Schwandt zeichnet zunächst die Geburt der Kritischen Theorie aus der Krise des Marxismus nach und skizziert die Geschichte des Frankfurter Instituts für Sozialforschung. Vor diesem Hintergrund wird die Spannweite möglicher Antworten der Kritischen Theorie auf das Praxisproblem herausgearbeitet: Wie soll, wie kann sich politisch verhalten, wer diese Welt aus tiefstem Herzen ändern will, aber mit klarem Verstand erkennen muss, dass die Chancen dazu verschwindend gering sind?

Gerald Abl
Kritische Psychologie.
Eine Einführung
2., durchgesehene Auflage, kart., 216 Seiten,
ISBN 3-89657-662-3

Gerald Abls Buch ist ein historischer Streifzug durch wesentliche Leistungen früherer emanzipatorischer Psychologie bis hin zur Konzeption neuerer psychologischer Strömungen mit kritischem Selbstverständnis. Es vermittelt einen Überblick über Bezugspunkte, die vor allem aus den Bemühungen verschiedener psychologischer Schulen um eine marxistische Orientierung erarbeitet wurden und von offiziellen Institutionen oftmals gerne übergangen werden.

In dieser Nachzeichnung kritischer Ansätze in der Psychologie werden Problemstellungen verdeutlicht, Kontroversen nachvollziehbar gemacht und dabei auch wesentliche Elemente einer kritischen Methodik vorgestellt. Was kritische Psychologie sein kann, wird hier schließlich vor allem aus psychoanalytischen Ansätzen heraus entwickelt.